「運」のトリセツ!

～宿曜占星術で見つけた開運法

高畑三恵子

説話社

はじめに

人生には、いくつもの試練や選択の場面が訪れます。時には、それが予測できない大きな波となり、私たちを揺さぶることもあります。私は企業で36年間、マネージメントや教育の職務に携わり、多くの人々と向き合ってきました。その中で、私自身の処世術として大きな力となったのが「宿曜」です。

宿曜は、ただの占いではありません。私にとって、それは人生を乗り越えるための指針であり、未知の未来に光を灯す羅針盤でした。日々の決断や人間関係の中で、宿曜を活用することで、私は多くの困難を乗り越えてきました。そして、その力を他の人々にも伝えたいという思いから、定年退職後に「一般社団法人　宿曜秘宝協会」を設立し、スクールやコンサルティングを通じて、多くの方々にその知恵を伝えてきました。

本書は、そんな私自身の経験と、宿曜を通じて、運を味方にして、人生の難局を乗り越えていった多くの方々のエピソードを第2章に綴っております。「運を操る力」を信じ「運のギフトの使い方」を模索し、まさしく「運」は自分で選べることを実感された方々ではないかと思います。

また、第3章では美容面からの開運のアプローチ、そして、第4章で「宿曜」の世界に初めて触れる方に向けて解説し、宿曜27宿の特徴をキーポイントで書き記しました。第5章「相性占い」では6つの相性と11の関係性を記し、対人関係のコツをご紹介しました。

私たち一人ひとりが持つ「運」や「可能性」を最大限に引き出し、よりよい人生を歩むための道しるべとして、本書が役立つことを願っています。宿曜の力を知り、自らの人生を新たな視点で見つめ直すことで、きっとあなたの未来にも新たな光が差し込むことでしょう。

高畑　三惠子

もくじ

「運」のトリセツ！
～宿曜占星術で見つけた開運法

第1章
運を味方にする方法

第2章

いい運は出会いが運んでくる　〜27の実例

第3章 運を味方につける美の習慣

第4章　「宿曜占星術」とは何か

27宿の特徴

第5章

宿曜の相性占いと対人関係

第1章

運を味方にする方法

運は天から与えられたギフトです

なぜあの人は常に幸運を引き寄せるのだろう？

どうしてあの人だけが次々といいことに恵まれるのか？

この疑問は多くの人が抱くものです。

人は「運がいい」「運が悪い」と言いますが、9割の人が勘違いをしています。実は運にはいいも悪いもない。**運は生まれながらにして、各自に天から与えられたギフトなのです。**

日々の小さな選択や積極的な姿勢、ポジティブな人間関係の構築が、結果として幸運を引き寄せるのです。

また、困難な状況に直面しても前向きに解決策を探し、挑戦を恐れない心がさらなるチャンスを生み出す原動力となっていくものです。ただ単に「運がいい」のではなく、その運を掴むための努力をして行動しているはず。

運は自ずとついてくるものではなく、自分で作り出すもの。だからこそ、あの人は常に「ラッキー」を引き寄せ、行動や姿勢にほとばしるオーラが出てくるのです。

運とは、一見、偶然や外部の力によって左右されるように思われがちです。しかし、運は「自分しだい。自分で作っていくこと」、運の「扱い方」です。実は自分自身の行動や心構えしだいで大きく変わるということ。

まず、運は偶然の産物ではなく、日々の習慣や考え方によって築かれていきます。運がいい人々の共通点として、プラス思考、前向きな行動、そして継続的な努力が挙げられます。これらの要素が、結果的に運を引き寄せるのです。

また、失敗や困難に直面した際の対処法についても、運が悪いと感じる時こそ、冷静に状況を分析し、前向きなアプローチを取ることが重要です。具体的な成功事例や実践的なアドバイスを通じて、どのように運を自分のものにするかを、次の章でご紹介します。

さらに、運を引き寄せるための具体的な方法として、毎日のルーティンの見直しや、新しいスキルの習得、人間関係の改善などを、企業に36年在籍していたときの経験や退職後に得たクライアント、受講生を見て学ぶことができました。そして、低迷しているときの運の取り方、使い方、引き寄せ方など、運気がみるみる上がった方法をお伝えしてきました。誰でも自分の運を向上させることが可能なのです。

本書は、運を科学的かつ実践的に捉え、誰もが自分の運命をコントロールできるという希望を与える一冊です。運を変えたいと思っているすべての人にとって必読になるでしょう。

星座は12星座ではなく27星座

「運」と最強タッグを組み、共存共栄の関係を築ける人を「運の魔法使い」と呼びます。誰もが運を味方に「運を操る」存在になれる。その時の「占い」に一喜一憂せず、運使いマスターになれば、一生悩まない！　倍速で夢や願いが叶う魔法を伝授します。

運使いマスターは、一言で言えば「あなた」のことです。人は誰でも生まれながら

「運」を持っています。運にはよいも悪いもない。ただ運の扱い方を知っているかどうか。そんな運を自由に操る人が「運」の使い手なのです。あなたに与えられた運を自在にコントロールできれば人生は思い通り！　あなたの夢はすべて叶います。

そして「運」の使い手になるカギは、あなたの誕生日です。あなたは「運命」という言葉を聞いたことがあるでしょう。まさに本当の意味での「運命」とは誕生日のことなのです。そして、重要な羅針盤となるのが「月の運行」と「太陰太陽暦」（旧暦）です。

人間が生まれた日には「月」があります。その月が地球を1周する軌道を27等分したものを「27星座」といいます。一般的な**12星座は太陽の位置**のこと、**27星座とは月の位置**のことです。太陽の位置だけでは運を知るのには不十分なのです。月の位置を知ってこそ、運の使い手としての道が開けます。

この「星」という字は、「生まれた日」と書きます。それが「生年月日」なのです。

そして、その生まれた日、命が宿った日の「27星座」にはそれぞれ特徴があり、また、運命を導く石「ヒーリング・ストーン」というものがあります。本書では、この魔法の石「ヒーリング・ストーン」をご紹介します。あなたと運の仲介役となり、あなたの隠れた気質や才能を解き明かしてくれます。

また、本書の元になっている「宿曜占星術」とは何かを解き明かし、空海秘術の宿曜経典の中にある27星座の特長を各星座（宿）ごとにお伝えします。

あなたは、どの星座でしょうか？　誕生日から調べる方法が巻末の早見表と二次元コードを読みとる方法と2つあります（P.36参照）。

今の身体はご先祖様の贈り物

この世に生まれ、時間を与えてくれたのは両親であり、先祖が一人でもいなかったら、今の自分はいなかった……。この世に生を受けた奇跡に感謝です。

さかのぼれば何代も続くご先祖様があってこそ。今、生きていることは先祖の代表である「私」ということになるのですから、自然に感謝という言葉が出てきます。

今は大きな事業をされている著名な方々でも、過去には売上げが下降し、社員が定着せず離職者続き、経営破綻をされた方もいらっしゃいます。そんな会社経営者が口をそろえておっしゃっていること。

それは、朝起きて顔を洗い、歯磨きをする行動と同じ、当たり前のようにルーティンで行っている、**ご先祖様に手を合わせ、大切にしている**ということ。先祖を大切にする人は、成功に導かれていく宇宙の法則に従っているような気がします。

先祖の代表が「今のあなた」です。先祖を大切にすることは現世に生きている自分を大切にして、自分を喜ばせて自分に優しくしてあげることで、ご先祖様も喜んでくれるのです。

そして、ご先祖様は、そのお礼としてあなたを守護してくれるということ。ですから、まずはご先祖様にお礼を伝えながら、思いを成し遂げることを約束してみることです。

その思いを「ありがとうございます」「感謝」「幸せ」「うれしい」「楽しい」と言葉にして、自分とご先祖様に伝えることです。「生かせ命」をいただいたこの命、今ここに、この世に、この地に、いただいた奇跡的な命を生かしていけることへの感謝。そして、その思いを口にする、言葉に出してご先祖様に言う。これ！　すごく大事です。人にも言ってみる、叶うという漢字も「十回口に出す」。目は口ほどに物を言う、ではなく、しゃべらなければ伝わらない。

感謝を口にして、「生かせ命」を行動に移すことで運の流れが断然よくなり、運が自分に味方してくれているような感覚になってきます。だからこそ、ますます、運が上がっていくのではないでしょうか！

強運を呼び寄せるコツ

「運が強い」「いい運が回っている」「ツイている」というように……自分自身で運がいいと思っていると、そこでもう運が味方してくれます。事業をされているそのほとんどの方々は、「何だか、いつも、ツイている」「何だか、うまくいく」「自分は強運持ちだと思う」「運がいい」「逆境になっても救いの手が入る」とおっしゃいます。

生まれとか、育ちとか、学歴とか関係なく結局、**「自分は運がいい」**と思っていると、なぜかシンクロが起きる！　願いが叶う！　奇跡が起こる！　不思議なことが目の前にやってくる。そのひとつには「自分を信じている」から「自信」が強運を呼び込むということ。そのマインドを通して天や宇宙のお天道様、その方の守護神様、ご先祖様、あらゆる方々が助けてくれている……ということを、信じること。

そして「運がいい」という波動を放つと、大きなトラブルがあっても九死に一生を得る、間一髪で助かる、「災いを転じて福となす」「雨降って地固まる」……誰もが持っている不運を幸運に転じるように運が味方して、最終的にはいい流れに乗れるようになるのです。

人からも「運がよさそう」「運がいいね」と言われるようになっていく。その方の生き様を見ていて痛感します。

反対に自分を卑下する言葉を口癖のように使う方も少なくないようです。自分のことを「ダメ人間」「ツイてない」「運がない」と言葉を放つ中に自分を承認しない、したくないという表現が入ってきます。そうすると、神様、天は「そうなんだ！　そういう人生を選びたいのか！」という神様判断が起こります。運を味方につけることなく、磨くことなく「悪い運」「悪い波動」を引き寄せてしまうものです。

花屋さんの事業を始める前から、「自分には無理かも」「周りが味方してくれないかも」と言いながらも、お店を3年間やってこられた知人がいます。そこで「ここまでやってこられたことをありがたく思っている」という感謝の気持ちを天に伝えることをお伝えしたのですが、「無理、無理」の心と言葉でした。その後、残念ながらコロナ禍をきっかけに「お客様が減少」して、店を閉めることになってしまいました。

最初から無理という制限をかけてしまうと神様、ご先祖様の味方や応援の手が止まり、せっかくの強運を呼び寄せるコツを活かせないのかもしれません。

思いは言葉にして口に出す

願いを叶えるには、まず**その思いを言葉にして口に出す**ことが大切です。言葉には強い力があり、自分の願いや夢を具体的に口にすることで、その実現に向けた行動が自然と引き寄せられます。

心の中で漠然と考えているだけではなく、言葉にして表現することで、自分自身の意識が明確になり、行動に移しやすくなります。それも現在進行形で口にしてみると、実際にこの方法で40代の働く二児のママは、早期発見の乳がん患者ですが、「私はこのプロジェクトを成功している」「私は健康な身体に感謝している」といった具体的な言葉を使うことで、よい現状維持が生み出されています。

この人はもう「その世界を生み出している」と神様は認識します。「有言実行」という言葉通り、周囲の人々にも自分の思いを伝えることで、協力やサポートを得ることも可能になります。

願いを言葉にすることは、自己宣言&他者へのアピールでもあるのです。さらに、言葉にすることで、「言霊」になり自分の内なる思いが調《ととの》い、この過程で、自分の望みがどんどん実現できてしまうのです。

願いを叶えたければ、思っているだけではだめです。まずはその思いを言葉にして口に出しましょう。言葉の力を信じ、自分の夢や目標を明確に表現することで、その実現に向けた第一歩を踏み出すことができます。

日常生活の中で、自分の願いを積極的に言葉にし、行動に移していくことで、夢は現実のものとなるのです。言葉を口に出すことは、私たちの思いや感情を伝えるための強力なツールであり、他者や自分自身に対して大きな影響力を持っています。

この方の健康を害する乳がんが早期発見された段階で、「健康であることに感謝」の言葉を天に口に出して伝えているのです。この方は、今も元気で働いています。

お金に愛される人の秘密

お金を受け入れる態勢が整っていないと、お金は素通りしてしまうかもしれません。無駄遣いはお金を乱暴に粗末に扱っていることの気づきをもたらしてくれます。「安物買いの銭失い」という言葉がありますが、自分のお金を大切に扱っていないことに気づかされます。自分に必要なお金を粗末に扱うことは、自分を大切に扱っていないのと同じです。お金は生きていくうえで必要なエネルギー源なのです。「着るものがあって感謝」「ご飯が食べられて感謝」「寝るところがあって感謝」お金を貴重なものとして、感謝して上手に遣うことは大切なことです。

お金を大切に扱う人ほどお金を生み出す力を持っているな！　とつくづく思います。お金持ちは財布選びに強いこだわりを持つ人が多いようです。例えばお金を大切に扱うお金持ちは、長財布を持つというイメージがある人は多いのではないでしょうか。

というのも、日本では昔からお札《さつ》は、神社仏閣でいただくお札《ふだ》と同じように大切に扱うべき！　という風習があります。お札をしまうときに折り曲げてしまうと、大切に扱う心が薄れます。そのため、長財布は縁起がよいとされています。キャッシュレスなど時代の流れと共にコンパクトな二つ折りの財布を使っている人も増えていますが、お札のみを入れてスマートに持っています。「お金はきれい好き」「きれいな財布は、お札の寝室」です。ごちゃごちゃした環境は苦手なのです。

金運アップ&幸運アップに必要な「氣のエネルギー」はプラスの「氣」を大きくすれば上昇まちがいなし！　お金がない！　ツイてない！　運が回ってこない！　運が悪い！　というようにマイナスの「氣」が大きくなると、自分に入ってくる幸運&金運をどうも堰《せ》き止めてしまうようです。

マイナスの「氣」を浄化してプラスの「氣」を引き寄せる金運アップの「氣の浄化」のひとつには、新札（新券）の一万円札がよりパワーが強いといいます。最低10枚を使わずに長財布にずっと入れておくのもグッドポイント！　新札は何の色にも染まっていないまっさらなエネルギーそのもの。流通しているお札はいろんな人を通じてあなたのもとにやってきます。そのお札には良いも悪いも、いろいろなエネルギーがくっついてきますから、新札で邪気を祓い浄化させてあげます。

そして、新札のエネルギーをお財布の中に充満させてお財布に記憶させると、より大きなお金を引き寄せてくれることでしょう。物にはすべて「うつる&引き寄せる」という法則があります。その新札はしばらく使わないことが大事。お札は顔を上に向けて、お札だけのきれいで安心、安全、安泰なお部屋（財布）にしてあげてください。

帰宅後は、財布からレシートなどを取り除いて、きれいで清潔、整理整頓された環境にしてあげると喜びます。財布は「お金の神様」が住む場所ですから。

キャッシュレス化が進んで、昔のように紙幣そのものの流通は少なくなってきているからこそ、大切に扱うことで運気の流れに影響が出てくるということも言えます。

私は日ごろから、お札がやってきたときは「来てくれてありがとう」と感謝を伝えます。出ていくときは、「行ってらっしゃい」「また帰って来てね」と挨拶を伝えています。すると、お金の巡り合わせがどんどんよくなってきました。これは私の日課となっています。ご縁があって、私のところに来てくれたお金です。財布に滞在中は大切におもてなししています。

そんな気持ちでお金を大切に扱うと「幸せな波動と一緒に仲間を引き連れて戻って

来る」と、お金持ちの人はつぶやきます。

「ありがたい」という「感謝の心」を表して、きれいな「お金のお部屋」をつくって「感謝をカタチ」にしておもてなしをすれば、お金は大切にしてくれる、あなたのところに集まってくるでしょう。

金運アップといえば「トイレの神様」

「トイレを清潔に保つことは、金運を向上させる」。日本人の心に根づいた考えですね。日本にのトイレには、烏枢沙摩明王《うすさまみょうおう》という守り神がいるとの言い伝えがあるぐらいですから、トイレが運気アップの場所なのです。

家を建てた時には多くの神様が家主の元へ贈り物を持って来るとの言い伝えがあります。それほど私たちは、神様の恩恵を受けられると信じられています。烏枢沙摩明《うすさまみょう》王《おう》は、不浄を清める力を持つ神様。ですから、トイレという場所はその力が最も発揮されると信じられ、トイレを丁寧に掃除することが、運気をよくする一つの手段とされています。

実際、事業展開されている方々は、社長自らトイレを念入りに掃除している、と語る方が多いです。風水的にもトイレと金運は関係が深く「トイレの神様」という歌もあるぐらいですから実行する価値は大いにありですね。

また、部屋も同じく家全体の「氣」の流れを通すように毎朝の換気は大切ですね。特に玄関周りや水回りは手を抜けません‼ 金運と掃除は切っても切れない大事なこと。常にスッキリと片づけられた状態が金運力アップのベストな行動なのです。

人と会うたびに幸運を引き寄せる ～運磨き

周りを見渡してみると、「あの人はついているよね！ 運がいいよね！」という人は必ず存在しているはずです。そのような人の周りには、なぜかしら運のいい人が多いものです。そうなると、相乗効果でさらにどんどん運がよくなっていきます。

人も一人ひとり、目には見えない電波や音波のように、「波動」を出していると、そう感じるときってないでしょうか？　この本を手に取っているあなたならきっとわかるはずです。うまくいく人は、自分がどうなりたいのか、お手本となる人を見つけて、運のいい人のそばに行ってマネをすることから始めています。

「まねる」は「まなぶ」です。人は、誰と出会って誰と過ごすのか、その出会う人で人生が変わると言っても過言ではないのです。

成功している人は、運を味方につけて、「運磨き」をしています。そのよい運を使う人に出会えるということは、それに見合う運を持っているということ。そして、よりよい影響を受けて幸運を引き寄せているのです。どんなにうまくいっている人でも、幸運しか起こらないという人はいません。うまくいく人は、それをわかっていて、そのうえで、いいことが起こるように確率を高めています。

大切なことは、「人のために何ができるだろうか」、「誰かを喜ばせることを見つけることを苦にしない」と普段から心がけましょう。人のためにお金を使う、努力を重ねていくからこそ、「大難を小難に、小難を無難」にできるのです。

うまくいく人は、こんなふうに運を磨く心がけをして、いい状態をキープしているのです。あなたも私も、無意識のうちに波動を放って生きています。同時に周りの人や物、環境が放つ波動からも影響を受けているのです。

目に見えないスピリチュアルな世界観のようですが、最近の量子力学で証明されつつある事実です。運を味方につけて運磨きをしたいなら、自分の行動や意識を変えるのと同じくらい、自分を取り囲む環境をよくしていくことで人と会うたびに幸運が引き寄せられてくるのです。

運を好転させる「さしすせそわか」

運のいい人、運の強い人が無意識にしていることは「誰かの役に立ち」「神様がついている」という「力を信じてみる」、運が味方しているという力があることを、「信じる力」を持つことです。

何事にも感謝しているから、何気なく、自然に振る舞う中で人を助けていたり、発する言葉や笑顔が周りに元気を与えていたりもします。

「運」の「好転暗転」というものは生まれつき決まっているものではなく、その人の考え方や行動の仕方でいくらでも変わるということ。「運がいい」と思い込み、物事に取り組む時に、プラスの自己イメージが大事なのかもしれません。

運勢を好転させる言葉の頭文字に「さしすせそわか」があります。

さ　さわやかであること
し　幸せを口にすること
す　素直であること
せ　誠実であること
そ　掃除をすること
わ　笑うこと
か　感謝すること

小林正観《こばやしせいかん》さんの言葉です。いつも素直で誠実な心を持ち、幸せ言葉を口にできる、身の周りが片づいているからこそ、さわやかな笑顔で感謝の毎日を過ごすことができるのです。普段の生活でも、仕事でも、大切な心の持ち方であり、感謝しながら過ごすことで、よい出会いとよい「運」が巡ってきます。

もうひとつは大安や一粒万倍日などの「時の運」と宿曜の運気リズムで見る「自分の運の動き」を知っていることも大事です。その通りに動くと、さらに運命が好転するものです。

※運の動きは、P.36の二次元コードでご覧になれます。

試練をバネにして成功を掴む

試練の壁がある時はチャンス！　毎日の中で、ときには試練に立ち向かうことは避けて通れませんが、捉え方もいろいろ。「なんで私だけ……」「運に見放された私」というふうにマイナスに思ってしまうか、または、「来た、来た、今度は何が来た！（笑）」「どれだけ、魂を磨けというのか！（笑）」というふうにプラスに思えるか、そのマインドによって、次のステップやステージにつなげられるかが変わってきます。

避けて通れない試練には、くじけない精神で挑戦し続けることで、魂が磨かれ、あなたの輝きが増していくのです。

古代中国の思想家、孟子の「試練は、乗り越えられる者にしか与えられない！」という言葉があります。これは、天から選ばれた人にだけ試練が訪れるということで、立ち向かう勇気が湧いてきますね。

また、英国の名宰相、ウィンストン・チャーチルの名言に「成功とは、失敗から失敗へと熱意を失わずに進む能力のことである」という言葉があります。過去に業績を残した人は、試練をチャンスとして捉え、それをバネにすることで成功を収めている、ということです。

イチロー選手の名言にも「壁というのは、超えられる可能性がある人にしかやってこない。できる人にしかやってこない。壁がある時はチャンスだと思っている」とあります。イチロー選手はその試練をバネにしたからこそ、成功を収めてきたともいえます。

がむしゃらに立ち向かう行動は、空回りになることも多々あります。それゆえに自分の運気を見て「今は攻めどき」または「守りどき」を知って動くと、安心と自信につながっていくものです。試練を乗り越えることで、あなたの人生はより輝き、成功への道が開けるでしょう。自分の運気を見極め、適切なタイミングで行動することで、その試練をバネにして、さらなる高みへと進んでいくことができるのです。

運を上げる秘訣の色

「ツイてない！」なんて言葉は口にしない。それどころか「ツキがいい」「ツイてる」「運がいい」と普段から口に出しています。また、努力もしたけど「運もよかった！」と宿曜を学び活用している人々からよく聞く言葉です。

秘訣にはいろいろありますが、そのひとつに「色」があります。なんといっても持ち物や洋服を明るい色を選ぶと運も勢いが上がります。特に赤色は情熱のシンボルでもあり開運カラーです。

そういえば鳥居の赤も魔除けや邪気祓いになるといわれています。白も神聖で清潔感がある、クリアなイメージです。この赤白は紅白幕にも使われていてお祝い事には欠かせない色でもあります。

全国各地で龍神超開運講演会を開催している「今村寿豪二朗《こうじろう》氏」が後援者の方々に伝えている開運法のひとつが、下駄箱の上段は神様の「お履物」の場所。何も置かずに開けておく、できれば紅白幕を敷いてお迎え準備をしておくこと。すると、それを聞いてすぐ行動に移した方々は不思議とよいことが起こり、運氣がどんどん上昇しているそうです。

また、スピリチュアリズムでは幸運の神様は、ピンクやマゼンダを好むといわれています。そう、赤に白を加えればピンク色。赤と白、高貴な紫を混色すればマゼンダ色。男性もネクタイやワイシャツのアクセントカラーにするといいですね。

アクセサリーはキラキラ輝きのあるシルバー系、プラチナ系の色は効果があると言われています。ダイヤモンドは最強ですね。鏡もシルバー系ですから魔除けになります。

人生で最も若い日は今日

まだまだ若いことに気づく。何かをスタートするのに遅すぎるということはないです。もう自分は歳だから、と思っても未来の自分から見たら今の自分はいつでも若く可能性にあふれています。

大事なのは早いか遅いかではなく、その気になれば何でもできる！　人の一生は長いようで短い！　いいも悪いも経験を積んでいくごとにいろいろな感動があると信じること。たくさん生きていれば、経験から生まれた知恵や能力、技術の引き出しが増えていくのです。

人によって「どんなにいろんなことを経験して積み上げたって結局、何もなくなってしまう」と思う人もいるようですが、それでは生きていることの意味を見失ってしまうでしょう。

「命が尽きるまでこの世ではやりたいことを思いっきりやろう」と決めて、ダメ元でもいいから手をつけてみる、そうすると不思議と力が湧き出てきます。何かを成し遂げようという焦りよりも、何かを経験することが大事です。

チャレンジしたことは失敗と思わず、経験が増えただけ！　その経験は自分の宝物です。悶々としていても、何も変わらない！　人生100年時代の今、40歳はこれから、50歳、60歳の人はここからが折り返し！　諦めて生きるには長すぎる。もし、年齢を理由に躊躇しているなら、今スタートすれば、残りの人生で今日が一番若い瞬間です。

私はまだまだやりたいことが山ほど残っています。この世で果たせないぐらい時間が足りない、と思う毎日です。この後も空海の秘術を通してそんなことを伝えていきます。

感謝と敬意の表現「六方拝」

私のルーティンである六方拝の方法は、ミリオンセラーの作家、佐藤伝氏からのお伝えです。仏教における礼拝の一つです。

六方拝では、東西南北上下の６つの方向に対して感謝の気持ちを示します。これには、天地自然や人々、先祖や師、といった自分を取り巻くあらゆる存在への感謝が含まれます。自分が存在することができるのは、これらの存在のおかげであるという認識から、その恩恵に対して敬意を払い、感謝を捧げる行為です。

心の浄化と安定

心の浄化と安定を図ります。日常生活の中で、私たちはさまざまなストレスや困難に直面しますが、六方拝を通じて心を落ち着かせ、ネガティブな感情を浄化することができます。これにより、心の平穏とバランスを保ち、精神的な安定を得ることに。

宇宙との一体感

天地四方上下という宇宙全体に対する礼拝でもあります。これにより、自分が宇宙の一部であり、自然や他者とのつながりの中で生きていることを実感。宇宙全体との一体感を感じることで、自分の存在をより広い視野で捉えることができます。

謙虚さと反省

自分を支えてくれている周囲の存在に対して、謙虚な姿勢を持つことにもつながります。また、６つの方向に礼拝することで、自分の行いや態度を振り返り、自己反省を行うきっかけにも。これにより、自分自身の成長やよりよい心がけにつながります。

身体をその方向に向けて、声に出します。

1 東　両親とご先祖様への感謝と供養　水子の霊　子どもの魂の供養
2 南　恩師、恩人、恩書、恩物への感謝
3 西　家族、親戚への感謝
4 北　仕事関係でお世話になっている方々　友人、知人、ご縁のある方々
5 地　南無地蔵菩薩（オン　カァカァビィ　サンマエイ　ソワカ）
6 龍　南無青龍大権現（オン　メギャ　シャニエイ　ソワカ）
7 天　南無八代弁財尊天（オン　ソラソバ　テイエイ　ソワカ）
8 自分（オン　自分の名前　ソワカ）
9 宇宙のシナリオ
（今日の宇宙のシナリオに感謝します。お任せして受け入れます）
10 大日如来の真言を唱えて終わります
（オンアビラウンケン　バザラダトバン）

あなたの「宿《しゅく》」を調べるには？

２つの方法で調べることができます。

1

巻末の

本命宿早見表

2

宿曜秘宝協会

無料占い

第2章

いい運は出会いが運んでくる

～27の実例

この章では、実際にあった事例を通し、
宿曜占術の教えがいかに人々の運を開いていくかについて
お伝えしたいと思います。
私が企業に在籍していた頃の経験、
退職後に開いた宿曜占術講座を通して知り合った人たちの実体験を元に
書き進めましたが、一部を除き、仮名にしてあります。

1

夫婦の絆を深める心理学 ～横並びに座ると対立が減少する

「あなたのせいで、私の人生、めちゃくちゃ」

5年前に結婚したるり子さんは、かつて誓いを交わした夫との間でとげとげしい会話を繰り返しています。るり子さんたち夫婦に限らず、死ぬまで仲良く添い遂げることは簡単ではありません。

結婚前というのは、スポットライトに照らされたステージ上の相手を見ている状態です。しかし、結婚すると、大半は楽屋裏を見ているようなもの。結婚は「素」を出し合う場なのです。

「こんなはずではなかったのに……」と思いつつも、最初はたいてい我慢します。でも、些細な出来事だからと「大したことではない」と自分の中にため込んでしまうと、危険信号が点《とも》ります。

小さな不満も、積もり積もれば恐ろしい結果につながります。夫婦になったからといって、お互いが「個人」であることには変わりありません。長く連れそう「夫婦といえども他人」の関係なのです。

それでも、「ほんと、そうそう」「あるある、わかる」と共感する会話が多ければ、笑顔も生まれます。一方で、「でもね……」「ちょっと違うんじゃない」といった反対意見が出始めると、一気に雲行きが怪しくなってきます。口げんかのほとんどは、ちょっとした反対意見から始まるのです。

私はそこで、るり子さんに「反対意見が減り、共感が増える」ポジションのアドバイスをしました。

座っていても立っていても、会話をするときに真正面に位置すると、対立しやすくなります。真正面の人には、「NO」と言いたくなるのです。

そうではなくて、横に並んで会話をすると反対意見が言いづらくなる、という奇妙な習性が人間にはあります。高級店の接客でもよく見かけるシーンで、心理学用語で「スティンザー効果」と言います。

夫婦で話をするときも、お互い正面で向き合うよりも、横に並んで話すと友好的に会話が進みます。

ソファーに横並びに座って話す、隣に座ってテレビを見ながら話すというのもいいでしょう。食事もカウンター席のように並んで摂るのが理想ですが、テーブル席なら向き合わずL字型に座るのがおすすめです。

るりこさんはエネルギッシュで活動家の胃宿《いしゅく》で、ご主人は繊細で温厚柔和の奎宿《けいしゅく》です。相反する二人ですが、精神性がつながれば信頼感や安心感が絶大的な絆の強いカップルなのです。

その関係性も活かしつつ、このちょっとした工夫をすることで会話の対立が減少し仲がよくなったと、報告があったばかりです。

2

運気リズムに合わせて、回復が早まった
～たいへんな闘病経験からもたくさんの学び

小さい頃から科学に興味を持っていた佐藤さんは、周囲の大人たちに「なぜ？」と質問を投げかける好奇心旺盛な少年でした。学校では成績優秀、とくに理科の授業が大好きでした。大学に進んで物理学を専攻し、教授からも一目置かれる存在になったようです。それでも彼は満足せず、昴宿《ぼうしゅく》の最後までやり抜く精神を生かし、常に探究心を失わずに研究に取り組みました。

そして、ついに新しいエネルギー源について画期的な発見をした矢先、脳梗塞に倒れてしまいました。おそらく、睡眠を削りながらの研究生活を続けたことが響いたのでしょう。研究は中断。治療の日々を送っているなかで、奥様から相談を受け、彼にお目にかかりました。

私は、宿曜の「運気リズム」に従って適切な時期に治療や休息を取り入れることで、

回復を早めることができると考え、運気の取り方を佐藤さんに伝えました。

すると、彼は自分のバイオリズムを分析し、運気の上昇期に合わせて治療を集中的に行う計画を自ら立てました。さらに、運気が低下する時期には、無理をせず、リラクゼーションと精神的なケアに重点を置くことも心がけてくれました。

こうして、病気と向き合う方法を自分の研究と同じように捉えた彼は、治療にも計画性を持って取り組み、バランスの取れた治療計画を実践したのです。

もちろん、家族や友人、同僚の支えも大きな力となったことでしょう。彼の誠実で公正な人柄が、周囲の人々の協力を得る助けとなり、彼自身もこれまで以上に人との絆を大切にし、感謝の気持ちを持ちながら治療に専念しました。そして数ヵ月後、見事に病気を克服し、再び研究の第一線に戻ることができたのです。

たいへんな経験ではあったものの、病気を通じて得た新たな視点は、彼の研究にもよい影響を与えました。宿曜で見る3つのサイクル「休息期間」「計画期間」「活動期間」の運気リズムに沿って生活習慣を見直したことで、そのときの自分にとって最適な行動を取れるようになったからです。

3

打破できると信じる信念
～親権を取り戻した因果応報の考え方

幼少期から強い意志と正義感を持って育ったさと子さん。大学を卒業後、結婚して一男一女の母となりましたが、夫との関係はしだいに悪化し、離婚に至りました。離婚後、わが子と共に新しい生活を始めようとしたものの、大きな試練に直面。夫が突然親権を主張したのです。

別れた夫は弁護士を雇い、法廷での戦いを繰り広げました。彼女もまた、自らの正義感と母としての強い愛情を武器に、裁判に臨みました。愛する子どものために自分自身を奮い立たせ、法的知識を学び、子どもたちにとって最良の環境を提供できることを証明するために、彼女は宿曜の運気を見ながら全力を尽くしました。

度重なるストレスと不安に苛まれながらも、決して諦めることなく最後まで闘い通す原動力となったのは、鬼宿《きしゅく》が持つ強い母性本能です。

裁判が進む中で、彼女は強く感じることがあったそうです。「輪廻転生をしている自分の過去の行動や決断が、因果応報してこの状況をつくっている。だから、今世で絶対に打破しよう！」と。

仏教では、「この世に生まれる前に、自分で決めてきたことがある」と考えられています。だから、今の人生で問題解決から逃げていると、来世で宿題として同じことが起こるとも言われているのです。

さて、判決の日が訪れました。法廷での激しい論戦の末、裁判官は彼女の主張を認めたのです。彼女の人生には新たな光が差し込み、今は子どもたちと共に明るく前向きに暮らしています。

人生において予想もしなかった大きな困難に遭遇することは、誰にでもあります。そんなとき「なんで私だけ……」と不遇や不運を嘆き、前に進むのを諦めてしまいがちです。しかし、逆境や試練は乗り越えられる人にしか訪れないことを、このエピソードは示しています。

4

その出会いは必然、今の自分に必要な人
～目の前にいる人は宝

自己中心的な振る舞いによって孤立し、周囲との人間関係が悪化したケースを見ていきましょう。

企業の中で大きな任務を与えられた女性プロジェクトリーダーの由美さんは、人間関係や仕事において宿曜の哲学を活かしていました。おかげで、自分と関わる一人ひとりの特性を理解しながら交流し、多くの人から信頼を得ることで、よい運やエネルギーをたくさん受け取ってきました。

しかし、あるときから周囲の人々に対して冷淡で自己中心的な態度を取るようになっていきました。特に、部下や同僚に対して厳しすぎる要求をし、関係が悪化。成功を追い求めるあまり自分の要求を前面に出しすぎて、しだいに孤立していったのです。

こうした振る舞いは彼女の評判を傷つけ、信頼関係を崩壊させる結果となりました

宿曜には年の運勢、月の運勢、日の運勢がありますが、調べてみると、ちょうどそのときの彼女の「年の運勢」と「月の運勢」が「壊」にあたっていました。

彼女が該当する觜宿《ししゅく》は、極端な二面性を持っています。知的で頭脳明晰、落ち着きがある一方で、好奇心旺盛で気の向くままに行動する面があるのです。

後者の自分が表出した結果、周囲の人たちをひどく傷つけてしまったことに気づいた彼女は、それからはその性格を上手にコントロールすることに注力しました。そして、やればできるのです。この経験によって、彼女は大きく変わりました。

宿曜の教えの中に、そばにいる人、目の前にいる人は、今の自分に必要だから会わせてくれている人、サインを送ってくれる人、学ばせてくれる人だというものがあります。つまり、どんな出会いも必然なのです。

「縁」も「運」も運んでくるのはいつでも「人」です。由美さんも、「自分の周りに必要な素晴らしい人たちがいてくれている」と思った瞬間から、目の前の空気感が変わったそうです。

5

経営難を立て直し強運を引き寄せた
～従業員を守り通した選択

宝飾店を経営している井上さんは、もともとは家族から医者になることを期待されていました。しかし、自分が望む宝石デザインの道を選び、持ち前の創造力と強運で数々の成功を収めてきました。

ところが、世界的な経済不況の影響で、宝飾業界全体が低迷し、彼の店も売上げが急減。やむなく店を閉めるか、従業員をリストラするかの二択を迫られました。彼にとって苦渋の選択です。

従業員を無下に解雇することに強い抵抗を感じていた彼は、悩んだ末に、最大限のサポートを約束したうえで希望退職者を募ることにしました。この選択は人手不足を招くリスクがありましたが、残った従業員たちの理解と協力を得られ、店舗の運営を続けることとなりました。

彼の宿曜は、一度落ち込んでも再び上昇する力を持つ参宿《さんしゅく》。困難に直面しても冷静さを保ち、周囲の意見を尊重しながら最善の行動をとることができたのです。

彼は、新しいマーケティング戦略を導入し、オンライン販売を強化するなど、売上げの回復に向けた具体的なアクションを起こしただけでなく、チームの結束力を高めるために尽力しました。その結果、売上げは徐々に回復し、以前よりも効率的で強固な運営体制が整いました。

この危機を通して彼は、強運を引き寄せる組織の作り方を学んだと言います。

まずは、自分の周りに集まる人材は自分の写し鏡であり、己を知る必然的な人だということを再認識しました。さらに、感情判断ではなく能力に合わせて社員を配置していくことで、最強のチームビルディングが可能になることも痛感しました。

こうして彼は、家族の期待に背いてまで切り開いてきた宝飾店経営の道をしっかりと守り抜くことができたのです。

6

重度身障者のわが子を支える愛の力
～「親なき後」をサポートするシェアハウス開設

宿曜を広めた空海の考え方に「輪廻転生」があります。輪廻転生とは、私たちは生まれ変わり、そのたびに時代に合わせた使命や役割を担っているということです。だから、人生で起こるすべてのことは意味がある。幸せも苦難も全部、意味のあることだと理解し、魂の成長を遂げている女性、和美さんを紹介しましょう。

２００８年、和美さんの19歳になる息子さんが無保険車の暴走事故の被害に遭い、重度の脳障害になってしまいました。

親は年老い、いずれいなくなります。「親なき後」の問題は当事者にとって非常に深刻な問題でした。

この悲惨な事故から4年後の２０１２年、わが子の在宅介護をしつつ、和美さんは法人を立ち上げ、２０１９年には群馬県高崎市に「重度身体障害者も暮らせるアパート&シェアハウス」をオープンさせました。

「めざしているのは、重度障害者が一人でも普通の暮らしができる家です」

こう語る和美さんは、ぬぐえぬ「親なき後」への不安を払拭するかのように、20名以上のスタッフと共に日々奮闘しています。

もちろん、和美さんに行動を起こさせた最大の動機は「息子のため」です。一方で、論理的で雄弁、交渉上手な井宿《せいしゅく》ならではの立ち向かいでもあります。

和美さんは今、「この事業展開は、何がなんでも継続していかなければならない」という強い使命感で日々動いています。目標は、全国に「重度障害者も暮らせるアパートシェアハウス展開」ができる事業者をつくることです。

スタッフのチームビルディングも宿曜の相性、人間関係から学んでおり、よりよい収益とよりよい人間関係が構築されています。

和美さんは、たいへんな困難を「すべては魂の磨きと成長のため」と受け取り、前を向いて歩き続けているのです。

7

「今」の積み重ねが「未来」をつくる
～人生を投げ出さない人の思考

山本さんは、短大卒業後、20歳で化粧品会社に入社。一度決めたことは最後までやり通す畢宿《ひっしゅく》の強い意志を持っています。

その姿勢は入社当初から際立っており、美人で人柄もよいこともあって、上司にも同僚にも恵まれ、周囲からも信頼される存在でした。

仕事に対する真摯な姿勢と、確実に成果を上げる能力が評価され、若くして多くの役職も与えられました。

こうして、自分の信念を貫きながらキャリアを築いていたものの、長年の仕事のストレスや過労が原因で、婦人科系の病気を患ってしまいました。それでも、持ち前の強い意志で、治療を受けながらも仕事を続け、結婚はせずにキャリアに全力を注ぎ、定年を迎えるまで勤め上げたのです。

定年後も、彼女はその強い意志で新しい挑戦を続けていましたが、再び病気に見舞われてしまいます。新たな治療を模索する中で、ある日、アドバイスを求めて私のところへやって来ました。

彼女は、宿曜のバイオリズムの存在を知っており、興味を持っているようでした。そこで、彼女の運気リズムを伝え、運気の上昇期と下降期に応じた生活習慣を取り入れる提案をしてみました。

すると、しだいに体調がよくなり、体力が回復するにつれて、彼女は再び新しいことに挑戦する意欲を取り戻します。趣味やボランティア活動に積極的に参加するようになり、今では、資格を取りカウンセラーとして人に伝える仕事をしています。

自分の「今」は、今までの積み重ねの「結果」です。だから、今のあなたの積み重ねは、これからの未来のあなたにつながっていきます。

彼女はまさに、新しいスキルを学んだり、健康的な生活習慣を取り入れたり、人間関係を大切にしたりする今を積み重ね、素晴らしい未来をつくり出しているところです。

8

前向きな姿勢が人生を好転させる
～幸せの中の落とし穴

家族を何よりも大切にする藤井さんは、50代半ばになるまで何不自由なく過ごし、幸せな家庭を築いてきました。

夫は優秀な医師であり、経済的にも恵まれ、愛する家族と共に穏やかな日々を送っていました。ところが、宿曜を知り「運」についても学んでいる最中、夫が大腸がんと診断されたことで、一家の平穏は突然打ち砕かれました。

今まで支え合ってきた夫が病に倒れたことはたいへんなショックで、彼女の心に深い不安をもたらしました。夫の治療、これからの生活、子どもたちの将来に対する懸念で頭がいっぱいになりました。

しかし、ここで立ち止まるわけにはいかない……。

彼女は、夫の治療に全力で取り組むことを誓い、まずは自分が前向きでいることが大切だと考えました。自分自身の健康管理を怠らず、ストレスをためないように心がけ、慌てずに冷静に運気リズムに合わせた生活をするように努めました。

もちろん、夫の運気も見ながら全力で看病し、医師や看護師と密に連絡を取り、最善の治療法を探る一方で、家族全員が協力し合うための環境を整えました。

こうして夫の治療が進む中で、彼女は新たな人生の目標を見出していきます。これまでセレブな生活に満足していましたが、家族の健康と幸せ、自分自身の体も大切にすることの重要性にあらためて気づいたのです。

この気づきを与えてくれた日々に感謝し、友人や近所の人々と交流を深め、助け合う関係を積極的に築いていくようになりました。

うれしいことに夫の手術後の経過も順調です。

柳宿《りゅうしゅく》の彼女は、もともと面倒見がよく、人からの相談事も多く受けていましたが、しだいにカウンセラー的な存在になっていきます。

今は、オンラインで講座や個人セッションも行い、これこそが自分の使命であるという確信に至っています。

9

持っている運を開花させたポジティブ思考
～リストラ後の七転び八起き人生

人生は、まさに七転び八起きの連続です。何度も転び、挫折を味わい、しかし、そのたびに立ち上がり、前を向いて歩く。それが、私たちに与えられた道です。

大島さんは、50歳になるまで芸能プロデューサーとして長く活躍し、多くの人々の相談に乗り、表舞台を支える重要な役割を果たしてきました。しかし、彼の人生はある日、大きな転機を迎えることになります。会社からリストラされたのです。

突然のリストラは、彼にとって大きな衝撃。築いてきたキャリアや人脈が一瞬で崩れ去り、生活の基盤が失われてしまいました。蓄えも少なく、転落していく自分を感じることになりました。

とはいえ、もともと荒波の中を生き抜いてきた人です。試練がついてまわる人生を恐れることはなく、「いつか日の目を見られる！」という強固な意志を持ち続けました。

彼の宿曜は虚宿《きょしゅく》。「持って生まれた才能を発揮して生きる人生は一度きり」と自らを奮い立たせ、経験と知識の引き出しを生かし、再起を図ります。

古い友人や同僚と再び連絡を取り、人間関係や相性を調べながら協力を求めました。するとそんな彼の努力と人脈で、新しい仕事の機会が次々と舞い込んできました。不屈の精神は、運を引き寄せる力となり、彼に再び輝かしい未来をもたらしたのです。

彼のような生き方ができる人に共通した思考があります。

「お天道様は見ている」と信じている。

「試練があっても、それを乗り越えることで得られる幸運が必ずある」と捉える。

「転んだ分だけ、起き上がったときに得られるものも大きい」と考える。

こうして、どんなに困難な状況でも決して諦めず、自分を信じて行動し続けることで、必ず道が開けます。

実際に大島さんは、リストラされた後も、それ以前も、自分を信じる力と、絶対に諦めない精神に支えられ、前を向いて歩き続けています。常にポジティブな姿勢を保ち、自分の道を切り開いていったのです。

10

「好き」を磨き才能と運を開花

～抑圧からの脱出をチャンスに

厳格で抑圧的な親のもとで育った木村さんは、子どもの頃からほめられることがほとんどありませんでした。それどころか、親の厳しい言葉が長く心に引っかかり、トラウマとなっていました。

そんな環境から逃れたい一心で彼女は家を出て、東京の短大に進みます。そして、大手企業に就職し、取引先の男性と知り合い結婚します。

相手は、親の会社を引き継ぎ社長になったばかりでした。最初はそんな彼の仕事に対する情熱や責任感に魅了され、考え方の違いも刺激的に感じられました。

しかし、しだいに彼が仕事に没頭しすぎて家庭を顧みないことに疑問を抱くようになります。二人の結婚生活は、昭和時代に典型的だった「夫は仕事中心、妻は家」というものでした。「主婦として、母としての役目をこなすのは当たり前」と考えている夫は、彼女をほめることなどありませんでした。

そのうえ、夫が別の女性と関係を持っていることを知りました。

それでも、3人の子どもにめぐまれており、「子どものためなら何とか頑張れる」という気持ちで木村さんはやってきました。とはいえ、長い間、離婚を決断できずに悶々としていたのは事実です。心の奥底では本当の幸せを探し求めていたのです。

子どもたちが成人する頃、彼女はついに離婚を決意します。

ただ、そこで慌てて動かず、まずは運気バイオリズムを調べました。そして、「自分」と「夫」の運気のよい状況を見ながら行動することで、すんなりと条件のよい離婚に持ち込めたのです。

経済的な保証も得られた彼女は、自分の「好き」を制限なく追求する張宿《ちょうしゅく》らしく、絵画や書道、ダンスなど、興味のあったさまざまな活動に積極的に取り組み始めました。

長年、抑圧されて暮らしてきた反動もあり、大きな情熱を注ぐことで、どんどん才能が開花し、今は趣味の域を超え、人に教えるまでになっています。

11

スピリチュアルと論理性は融合できる
～相乗効果を生む考え方

20代でニューヨークに移住し、アメリカ国籍の日本人と結婚した翼宿《よくしゅく》の森さんは、特殊な能力を持っています。

彼女は、小さい頃から見えないものを感じる力があり、しだいに、宇宙からのメッセージが降りてくるような感覚にさえ目覚めました。

そんな彼女ですから、周りから不思議な目で見られ、孤立することも多く、子ども時代は生きづらさを感じていました。そうしたこともあって、異国に身を置くことを決めたのです。

ニューヨークに渡ってから彼女は、むしろ、その感覚を活かしてスピリチュアルカウンセラーとして活動を始めます。歌手やモデル、アーティストとして活動をしながらメッセージを伝えるという彼女のカウンセリングスタイルは、多くの人々に支持され、クライアントから感謝の声が寄せられるようになりました。

しかし、彼女はスピリチュアルな感覚に頼るだけでなく、論理的に物事を学びたいという強い欲求を持っていました。目に見えないスピリチュアル感覚を、ロジックで説明できるカウンセリング手法に高めたいと考えていたのです。

そのときに出会ったのが、宿曜の統計学に基づく占術でした。彼女は、宿曜の学びに没頭し、その知識を使って人間関係や運勢を分析し、クライアントに伝えることでより理解が深まっていきました。

その幸運なクライアントの一人が、日本とアメリカを結ぶ重要なビジネスを展開する彼女の夫です。

彼女は、夫のビジネスパートナーやスタッフ、取引先の相性を分析し、最適な人間関係を築くためのアドバイスを提供し続けました。それは、単なる占いではなく、実際のビジネスや人間関係に具体的な影響を与えるものでした。その結果、夫のビジネスの収益は年商が二倍にまでアップしたのです。

今も彼女は、多くの人々に宿曜秘宝の知識を広めるために海外で活躍しています。

12

暗闇からの脱出
～「これが私なのだ！」を見つけよう

占星術には、時代の大きな流れを「火・地・風・水」の4つで捉える考え方があります。2020年まで続いた「地の時代」では、社会の厳しいルールや固定観念に縛られ、かおりさんは生きづらさを感じて過ごしてきました。

自分らしさを見失い、常に心の中に不安と葛藤を抱え、仕事も長続きせず、転職を繰り返す日々でした。「この世に私は必要とされないのだ」と感じ、リストカットで自分を傷つけてしまうことさえありました。

コロナ禍が始まった2020年は「風の時代」への移行期でした。これまでの常識が覆され、多様性が重視される新しい時代に突入したことで、彼女の人生にも変化が訪れる兆しが見えました。

ただ、自分の本質がわからず、心の落ち着きを取り戻すことは難しい状況でした。目に入ってくるものに次々と興味を引かれてしまい、自分が何を本当に求めているのかわからなくなるのです。

そんな迷走の日々にあって、宿曜占術に出会います。宿曜占術は古代から伝わる統計学に基づく占いであり、自分の才能や本質を見出すための指針となります。

かおりさんは、角宿《かくしゅく》であり、その才能や本質は、手先の器用さを活かしながらエネルギッシュに行動できるところにあります。

宿曜の学びを進めるうちに、「これが私なのだ！」というものを理解し、自分の持って生まれた能力に対して真剣に向き合うようになったかおりさんは、鉛のように濁った重い心がどんどん軽くなっていくことを感じたそうです。

誰でも、その人なりの才能を持っています。問題は、それを正しく見極められるかどうかです。

他の人の得意分野を見て「私にはあれがない」と考えていたら、いつまでたっても「これが私なのだ！」はつかめません。

13

起業した女性社長の毎日の習慣
～先を見据えているからこそ思いつくこと

みどりさんは20代で起業して、さまざまな苦難、試練を乗り越えてきました。

本当にこれでよかったのか？

他にやるべきことがあるのではないか？

チームや組織を活性化するにはどうしたらいいのだろう？

大きな決断を迫られたら何を根拠にすればよいのか？

そうした果てのない疑問が次から次へと襲ってきては、若いみどりさんを悩ませました。心がぐらついていれば、取るべき行動も間違えてしまいます。しかし、彼女はさまざまなルーティンを自らに課すことで、ぶれずにいられました。

彼女のルーティンとは、具体的に以下のようなものでした。
●ご近所の氏神様に毎朝、参拝する。その神社が栄えていくことを祈願し、日々暮らせることへの「感謝」を伝える。最後の言葉は「1億円の入金利益をありがとうございます」とする。
●5時に起床。運動と瞑想の後、健康的な朝食を取り入れる。
●その日の「やることリスト」のを確認し、優先順位を決める。
●業界内でのネットワーキングや関係構築に時間を使う。
●読書、YouTube、オンライン、セミナー参加などを通じて毎日新しいことを学ぶ時間を作る。
●リラックスして充電するための休息を取る。
●その日の達成事項や改善点を振り返る。
●日々の生活を感謝する。
●ボランティアやメンターシップなど、コミュニティへの還元活動、社会貢献。
●事業で言われている「我よし、人よし、社会よし」三方よしの考えを実践。
「1億円の入金利益をありがとうございます」には、みなさん驚いたかもしれません。
でも、「言葉にして口に出す」のはとても大事なことなのです。

言葉は魂を持っています。叶うという字も「口で十」言うと書きます。つまり、言い続けることが重要なのです。

思っていただけでは、相手には届かない。ましてや遠い宇宙、神様には届いていかない。思考は現実をつくると言われますが、その思考を口にし、行動することで最短で願いを叶えていけるというのが、みどりさんのやり方です。

みどりさんの亢宿《こうしゅく》には、「継続は力なり」の優れたパワーがあり、彼女はこのルーティンを続けました。

その結果、一億円どころか三億円の年商実績を達成しました。

もちろん、人の何十倍、何百倍の努力の積み重ねがあったからこそ。そんな女性社長みどりさんのことを、神様は見ていて願いを聞いてくれたのでしょう。

14

白い巨塔の人間関係
～どん底を乗り越えたドクター

大学病院で長年にわたり、多くの患者を診てきた名医が一郎さんです。大学病院の医師という立場は、誰もがうらやむエリートですが、外科医として彼の歩んだ道のりは決して平坦ではありませんでした。

一郎さんの宿曜は底宿《ていしゅく》。タフでエネルギッシュな魂を持ち、どのような逆境にあってもやり抜く底力を発揮しますが、どこの世界でも見られる上下関係、同僚関係、派閥争いなどの人間関係が、多くの試練を与えていたのです。

彼が働いていた大学病院では、本来患者のために尽力すべきドクターたちが、昇進や名声を巡って激しい競争に巻き込まれていました。そんな中で、彼もまた優秀な人たちとの厳しい競争に立ち向かっており、多くの眠れない夜を過ごし、手術のプレッシャーに耐え続けました。

彼にとって最もつらかったのは、自分を信頼してくれた患者さんを救えなかったときでした。どれだけ尽力しても、時には病に勝てないことがあり、そのたびに彼は深い悲しみに沈みました。

しかし、その痛みは強さの源となり、精神を鍛え上げられもしました。競争に晒されることも、心を磨く一助となりました。

一方で、人間関係の煩わしさは依然として苦しいものであり続けた彼は、ふとした折にインターネットの「宿曜占いサイト」を目にします。宿曜は、空海の秘術から解かれた経典とありました。

とくに、「人間関係の相性はコインの裏表」という表現に「確かに！」と釘づけになりました。読み進めるうちに、「どのような相手でも、その相性を知ることで、いい形のつき合いになる」ことを理解しました。

実際に、周囲のドクターたちに優しく接することができるようになりました。このことは、医療人として生きていくうえで、かけがえのない財産となっています。

15

「ココロのセラピー学園」誕生秘話 ～2つの人生を生きる

ここでは、50ページに紹介した和美さんの息子さん、良くんのお話をしましょう。
車の暴走事故で重度の脳障害（遷延性意識障害）を負った良くんは、微細な手の動きから文字を読み取る手法「介助つきコミュニケーション法（特別な筆談）」を身につけるべく奮闘していました。

そして、その筆談で会話ができるようになってからは、頻繁にこんなことを訴えるようになりました。

「コロナ禍だから余計に増えている感じがするんだけど。自殺する人が……」
「お母さん。自殺願望のある人や引きこもりの人とかをなんとかできない？　自分の身は自由に動かすことができないけれど、この人たちは心がなんとかなればなんでもできるのだから、もったいない。なんとかサポートできない？」

「お母さんなら、何か考えられるでしょ？　寝たきりで、どこも動かすことができない僕だけど、この身をさらけ出しても構わないから、何か考えて！」

母親の和美さんは、良くんが事故に遭った時から「この子の手足になろう」と思って生きてきました。だから、「この子が言うことなら私が動かなければ」と、頭をフル回転。試行錯誤を繰り返し、２０２２年に「ココロのセラピー学園」が誕生しました。

第一回講演会は、和美さんと良くんの「年と月と日」の最良日を選び、「僕の心を届けたい」という良くんの願いを叶えました。

「事故に遭い、19歳まで元気いっぱいに体を動かしていた僕は、倒れてから新たな人生を歩んでいます。この2つの異なる人生は、一本の糸でつながっていると感じています。倒れる前は、常に体を動かし、活発に生きていました。そのときの僕は、事故に遭うことがどれほど人生を変えるか想像もしていませんでした。しかし、倒れたことによって、素晴らしい人たちに囲まれていることに気づきました。倒れなければ絶対にわからなかったことも多くあり、母にはとても感謝しています。母は新たな展開を、好奇心を持って楽しんでいるように見えます。僕は不自由ですが、不幸ではありません」

房宿《ぼうしゅく》の良くんは、もともと相手を観察し、分析するタイプです。事故後は心のセンサーが働くかのように、勘や閃《ひらめ》きを受け取ることができるようになりました。それを母親である和美さんに伝えることで、和美さんの人生がみるみる変わっていくのを実感しているそうです。

「僕の体験を通じて、人々に、どん底でも希望を持てることを知ってほしいと思っています。ここからが僕のスタートです。全国の方々にこの思いを届けたいと思います。母には感謝し、僕自身も前向きに生きていきます。僕のこのような体を見て、何か感じてほしい。希望を持つことの大切さを伝えたいのです。僕の思いを全国に届けることができれば、きっと多くの人々に勇気と希望を与えられると信じています。この新たな感覚や閃きを通じて、僕と母の人生が豊かになっていく様子を、多くの人々と共有したいと思っています」

会場は満席。良くんの思いがたくさんの人の心に届いた佳き日でした。

16

順風満帆から天涯孤独、そして再生への道

～運気とチャンスのタイミング

小さい頃から何不自由なく育ってきた一人っ子の別府さんは、大人になるまで、運は「棚からボタ餅」のように自然と巡ってくると思って暮らしていました。人生は順風満帆で、幸運に恵まれていたということです。

しかし、あるときを境に、彼の運命は一変。両親が海外で事故に遭い亡くなり、父の会社も倒産してしまったのです。財産はすべて失われ、自宅も競売にかけられ、天涯孤独の20歳を迎えることに。まさに、天国から地獄に突き落とされた瞬間の境遇を味わいました。

これまで、人に頭を下げたことなどなかった彼は、一瞬にして暗雲の中に放り込まれました。世間を敵に回していた今までのツケが回ってきたと実感し、人としての生き方を振り返ることになります。

そのとき、宿曜にめぐり合ったことで、必然的に出会う人々をいかに大切にするかが重要であること、自分が低迷しているときに人からいただく「運」がどれほど尊いものであるかを学んだそうです。

別府さんは、室宿《しっしゅく》の持つダイナミクスなパワーで現実を受け入れ、自分の力で人生を開拓していく覚悟を決め、昼夜を問わず働き始めました。人を見下していた自分を見つめ直し、努力の積み重ねを始めました。

運気がよいときには自然とチャンスが回ってくるものですが、そのときにいかに人に恩を返すかが大切。運がいいときほど、人を助け、恩を返すことが、未来の運を引き寄せる秘訣だということも、別府さんは理解しました。

実は、両親が事故に遭ったのは、彼の運気は人生が一変して、運命の荒波に翻弄される年だったのです。

しかし、その翌年から再び光を取り戻し、日々の生活の中で感謝の気持ちを持ち続けた結果、周囲の人々からも信頼される存在になろうとしています。

17

引きこもりからの脱出
～自分を見つめ直すきっかけとは

えり子さんは幼少期から「何でもかんでも人のせい」と思いがちで、悲観的な性格でした。両親や祖父から「かわいい、かわいい」と育てられた長女であり、妹よりも光が当たる主役のような存在でした。

ところが、成人になると状況は一変します。妹のコミュニケーション能力が向上し、友人や知人が増え、誰もが認める素敵な彼と結婚しました。この逆転劇を機に、仲のよかった姉妹の関係もぎくしゃくし始めたのです。

えり子さんは引きこもりとなり、10年間もニート生活を続けました。その間、両親に甘え、働く気力も生きる気力も失った生活を送っていました。トンネルの中に入ったような空白の時間であり、今ではそのときの記憶がほとんどないとのこと。

そんなある日、突然、父が他界しました。この出来事をきっかけに、彼女の中で、壁《へき》宿《しゅく》特有の思いやり、慈悲の精神が膨らみ、母を守らなければならないという強い気持ちが芽生えたのです。彼女は徐々に自分の人生を見つめ直し、他人や周囲に目を向けることの大切さに気づき始めました。

さらに、密教の曼荼羅に惹かれたことをきっかけに宿曜を学び、自分の天命や役割を探して生きようと思い至りました。もともとは笑顔満点の天真爛漫の気質ですから、「この人生を豊かにするには、他人や周りに目を向け、自分も他人もどう喜ばせるかが大事だ」というところに行き着くのは早かったようです。

この教訓を胸に、まずは母をサポートすることから始めました。母のために家事を手伝い、日常の小さな喜びを共有することで、みるみる変わっていく生活を実感。気持ちの変化とともに引きこもりから抜け出します。

さらに、周囲との関係を見直し、他人を喜ばせることに重点を置きました。友人や知人に感謝の気持ちを言葉で伝え、積極的に人と関わることで、しだいに彼女の運気がものすごい勢いで上昇していきました。今では口角があがり、表情筋もちゃんと動いて、まるで別人のようです。

18

今の自分に必要だから試練がある
～世界を広げる考え方をしよう

千絵さんは学生時代、人と仲良くなるのが得意でした。人なつこく、人の心にすーと入っていける心宿《しんしゅく》のチャーミングな性格によって、友達も多く、コミュニケーション能力にも自信がありました。

しかし、社会人になると職場の先輩からいじめに遭い、我慢できずに数ヵ月であっさり退職してしまいました。というのも、学生時代には「相性が合わないなら、別の友人と交流すればよい」という考えが根底にあったからです。

ところが、それは甘く、次の就職先でも再びいじめに遭いました。どこでも同じ目に遭う自分に自信がなくなり、不安が募るばかり。その結果、苦手意識がある相手に対し、表情や言動に出てしまい、どう関わればいいのかわからなくなりました。

そんなとき、親友から、「複雑な人間関係を分かりやすく理解することができる学問がある」と聞き、宿曜占術を学ぶ決意を固めました。

やがて彼女は、「自分に合わない人を排除することは、実は世界を勝手に狭くしているだけだ」ということに気づきました。

人は自分に合わない人との出会いによって成長するもの、嫌な思い、つらい思い、悲しい思い、面倒くさいことでさえ、人を成長させてくれるのだと、学びを進める中で実感するようになったのです。

もともと、人の心の動きを敏感にキャッチすることが得意でもあり、相手の性格や相性を理解することで、以前よりも冷静に人間関係を築けるようになりました。人を無理に避けるのではなく、相手との関係をどう改善するかに焦点を当てるようになりました。どこを見るかの視点をかえることができたのです。

それによって、毎日の人間関係においても、苦手な人とも円滑なコミュニケーションを取れるようになり、職場でのストレスも減少しました。どうしても苦手だなと思ったときは、「ほどよい距離感」を交流の心得としています。

19

母の背中を見て育った輝く経営者
～コツコツやることの価値

大学を卒業してすぐに、母の家業である化粧品店＆ブティックのセレクトショップを継ぐことになったのり子さんは、忍耐努力が宿る女宿《じょしゅく》。芯が強く、寛大で勇敢な姉御肌の女性です。

経営学は修めていませんでしたが、母の背中を見て育ったため見よう見真似で仕事をこなし、20年が経ちました。

その間、多彩な色の商品を扱うオーナーとして、カラーアナリストの資格を取得するだけでなく、宿曜も学び、それら知識を仕事に生かしてきました。

宿曜の27宿には、たくさんの情報が詰まっており、一人ひとりの「持つ色」「健康維持」「美」を顧客に提供できる素材が充実していました。

特に、密教の胎蔵曼荼羅に宿曜27宿が鎮座している姿を見て、彼女は第三の目である眉間を見せる前髪や、明るい色の洋服を取り入れることの重要性を理解したのです。

メイクや服は、自分よりも他人の目に映るものです。だから、メイクも服も「みんなが笑顔になれるか」「自分が幸せそうに見えるかどうか」が大切です。

色でいうと、オレンジはコミュニケーション力を高め、薄いピンクやオレンジなどは人気運を上げます。赤はエネルギーを発散させたいときに、青は心を落ち着けたいときに、緑はリフレッシュしたい時に効果的です。

彼女は今、宿曜の27通りの情報を活かして、顧客にラッキーアイテムを提案し、人間関係の迷いがあるときにもどのように接するべきかをアドバイスしています。

のり子さんの母は星宿《せいしゅく》です。バブル時代の景気と星宿の運気の相乗効果で、毎月の売上げは昨年対比で常に10〜20パーセントアップしていました。

しかし、今は時代がすっかり変わり、イベントやキャンペーンを行うような賑わいはありません。専門店の担当営業マンも存在せず、オンラインやメールでのセールスが主流となっています。

そんな中でも、宿曜を用いたカウンセリングを行いながらアイテムをすすめることで、バブル時代と同額の実績を出しています。

女宿らしく、何事も丁寧にコツコツ積み上げてきたのり子さん。一人ひとりに寄り添いながら、時間をかけた接客ができるのも、宿曜を取り入れたからこそ。世代が変わり、母の時代のお客様から、その娘さんへ、そのまた娘さんへと三代続くお客様ともご縁がつながれています。

彼女は、母の教えを守りながらも、自分なりのアプローチで顧客との絆を深め、成功を収めることができました。

20

結婚相手の本性を知るには……
～他人にどう接するかでわかる

恋は盲目という言葉はいつの世も同じです。情熱的な尾宿《びしゅく》の順子さんは、おつき合いし始めの頃は姿を見ただけでもドキドキ・ウキウキ。相手にいろいろとしてあげたいし、相手に対する期待も大きく膨らみます。

しかし、あまり夢中になりすぎると、自分の本音や相手の人間性に気づけなくなってしまいます。とくに結婚を前提として考えたらそれは危険。ふさわしい結婚相手は、人それぞれ違い、「本当に自分に合っているのか」を判断する必要があるのです。

「結婚前には両眼を大きく開いて見よ。結婚してからは片目を閉じよ」と昔から言われていますが、今も同じですね。

では、何を見たらいいのでしょう。ずばり、「人間性」「本性」をしっかり見抜くことが肝心です。そのためには、ある意味どこかで冷静になることも必要です。

まずは、相手にご両親がいるなら、どのような態度で接しているかチェックしましょう。それを見ることで、将来、あなたがどう扱われるのかがわかります。

買い物をするときには、販売員に対しての態度をさりげなく見てみましょう。それは、将来のあなたに対する態度です。

お酒を飲む人なら酔った時に本性が見えてきます。陽気、笑い上戸、泣く、愚痴、威張る、説教、理屈っぽい、怒る……これは数年後の相手の本性です。

物の扱いはどうでしょうか。物にも魂があります。その扱いかたが丁寧な人は、人に対しても丁寧です。乱暴な人は、人に対しても乱暴です。

結婚生活は、とにかく長くて山あり谷あり。その相手を判断するときに重視すべきは、「尊敬・尊重できるか、できないか」です。「どこを尊敬・尊重できるか」というのは、人それぞれみんな違っていいのです。

「信頼できる」「思いやりがある」「誰にでも優しい」「前向き」「くじけない」「自分にない一面がある」「私の言うことを聞いてくれる」など、どれかがその人の考える「尊敬・尊重」になっていれば、結婚相手にあてはまる可能性は大きいはずです。

宿曜では、手に取るように相手のことがわかります。相手がどんなことをしてもらいたいのか、心の内側が見えてきます。そして、自分が何かしてもらいたいときは、どのように振る舞えばよいのか、どの言語を使うと相手の気持ちにフィットするのかがわかります。

第5章で詳しく説明しますが、たとえば次のような相性があります。

●運命共同体のソウルメイト「命《めい》・業《ぎょう》・胎《たい》」の関係
●お互いに能力を引き出し合う「栄《えい》・親《しん》」の関係
●親身になれるラブラブラバーズ「友《ゆう》・衰《すい》」の関係
●反発しつつも強く惹かれ合う「安《あん》・壊《かい》」の関係
●ビジネスパーソンとしても尊重し合える「危《き》・成《せい》」の関係

どのような関係であっても、お互いなんの努力もしなければ、いい方向にはいきません。でも、宿曜の相性や運気を知って動けば、素晴らしい関係が築けるのです。

21

自分を成長させる人間関係
～トラブルのない対人関係などない

平均すると1日8時間前後、残業やランチを入れれば10時間以上になることも多い職場にいる時間。残念ながら職場内の人間関係は選ぶことはできないなかで、これほどの長時間を過ごすのです。ずっと平穏でいられるはずがありません。

文子さんは、悪気なく放った一言が相手の心に深く釘を刺してしまい、それ以来ギクシャクした関係になったことを悩んでいます。

もう一人、けいこさんにいたっては、「子どもの頃も、学生時代も、社会に出てからも人間関係で、トラブルがなかったことがありません」と語ります。

要するに、誰もがそうなのです。人間関係に苦しまない人なんてこの世にいないはず。でも、人間関係は自身を成長させる大きな要素であることも事実。だから、まずは、それを恐れてはいけません。

いろいろな人に心を開いて、話を聞いてみましょう。人は人生の極意をいっぱい持っています。それを教えてもらうつもりでいればいいのです。人と対峙していれば、いいことも悪いこともやってきます。それを受けて立って「いろいろな人がいるな」と楽しんでしまいましょう。

もちろん、きついなと思ったらほどよい距離を置いてみましょう。本当に嫌ならそこから外れてＯＫです。

人間関係がスッキリしない時には、霊的な疲れが出て、身体がだるい、頭が痛い、むしゃぶるいがするといったこともあります。

文子さんもけいこさんも、細かなことによく気遣いできる、縁の下の力持ち的存在の軫宿《しんしゅく》だからこそ、人の思いが悪い形で入りやすいのです。

そんな時は、簡単な邪気払いをしましょう。おすすめは「お風呂に入ること」。温熱で毛穴を開いて汚れを排出させます。人から受ける思いは「喉」から入り、霊的なものは「盆のくぼ」から入り込みます。いろんなストレスで溜まった邪気のエナジーを、全身の穴から出してあげましょう。

22

鏡に映るもう一人の自分
～友人の自己中《ちゅう》な振る舞いは自分の姿だった

開拓精神と挑戦意欲を持ち、物中さずにはいられない知恵のある人、妻宿《ろうしゅく》。そんな妻宿の女性、後藤さんから、以前同僚だったAさんについて私に相談がありました。新しい会社に移ったAさんは、そこの上司と合わず、後藤さんが度重なるアドバイスをしているにもかかわらず耳を貸さないというのです。

「Aさんは40代後半で裕福なご家庭の奥様でもあり、社会経験もあまりありません。一緒に働いていた時も、気に入らないことがあるとすぐに顔や態度、表情に出ます。自己中心的な面が強くプライドも高く、人にどのように見られているかをすごく気にしています。人に気を遣っているように振る舞うけれど、親切なのは言葉だけで、面倒なことは行動に移さないのですよ」

どうも、Aさんをマインド的によく言ってない感がありますね。私は話を聞きながら「後藤さんとAさん、似ているところがあるな」と思いました。

自分の前に現れる人は必然で、絶対に偶然ではありません。

ユングの心理学では、潜在意識の中に影のように隠れているもう一人の自分を「シャドウ」と呼びます。普段は向き合わないようにしている、もう一人の不快な自分が時として写し鏡のように現れるものなのです。

さらに、波長の引き寄せで「類は友を呼ぶ」ということもあります。

いずれにしても、Aさんのそういう行動や姿を見ることは、後藤さんにとって魂を磨くためにとても大事なのです。

私は、「もしかしたら、人のふり見て我がふり直せ、ということかもしれません」と、やんわりお伝えしました。

人間関係には、そんな出会いも多々あるということです。どんな人であっても「出会わせてくれたのは何かのご縁だ」と考え、自分を磨いていきましょう。

23

言葉の力が精神性を上げてくれる
～「吐く」の字からマイナスを除くと「叶う」になる

あるコミュニティのリーダーになった、斗宿《としゅく》のりえ子さん。自らを輝かせるカリスマ性を持つ、努力家です。

ただ、これまで自分はプレーヤーとしてソツなくこなしてきただけに、グループをまとめるにあたって、ついついマイナス言葉が出てしまうようです。

「なんで、こんなに遅刻する人が多いの？」

「なんだか、足並みがそろわないのよね」

こうして、リーダーの彼女が愚痴るたびに、不思議と遅刻が増え、足並みがさらにそろわなくなっていき、コミュニティから笑顔が消えていくのです。そのため、脱退者も跡を絶ちませんでした。

「言霊」と言うように、言葉には魂が宿っており、私たちの現実を形作る力があります。だから、口から出る言葉は本当に大切なのです。

たとえば、「吐く」という言葉には、マイナスのエネルギーが含まれていますが、「吐く」という字からマイナスを取り除くと、「叶う」という字に変わります。これは、プラスの言葉を使い続けると夢が叶いやすくなることを象徴しています。

逆に、マイナスの言葉を使い続けると、夢が叶いにくくなる。あるいは全く叶わないことになるかもしれません。

もともと精神性の高いりえ子さんは、言葉の持つ力を理解し、少し言い方を変えてみました。

「○○さんいつも遅刻するけど、のんびりした雰囲気が癒やしだね」

このように、マイナス言葉が出たら、そこにプラス表現を加えることにしたのです。すると、周囲の雰囲気が穏やかになるだけでなく、自分自身の思考もポジティブに変わりました。

今、りえ子さんは幸せ感のある「場」に自分の身を置きつつ、運の流れがよくなっていることを実感しています。

24

他人の長所を見つけて自分の運気を上げる
～マイナス思考から抜け出す秘訣

近くにいるだけで重たい空気が漂う人っていますね。

楽しい会話が進んでいたのに、その人の話題が出るだけで気分が沈んでしまうというやすこさん。優しさがあふれる奎宿《けいしゅく》だけに、さぞかし嫌な思いをしているのでしょう。

やすこさんは、愚痴を聞かされるのも苦手です。他人の愚痴を聞いていると、自分の気分も下がってくると感じるからです。

「友人が会うたびに愚痴ばかり言って、ずっと聞かされていると、次に会いたい気持ちがだんだんと薄れていきます。正直、人のストレスまで受け止められません」

なんでも、友人は末っ子でほめてもらうのが好きらしく、自慢話も混ぜながら愚痴るのだそうです。

「最初はつき合って話を聞いたりほめたりしてきましたが、疲れてきました。私の話はいつも遮られ、彼女自身の話になります。無神経な発言も多々あります。しかし共通の友人も多いため、関係を悪くしたくありません。今後、できるだけストレスを感じずにこの友人とつき合っていく方法を知りたいです。それとも、私の考え方や行動に問題があるのでしょうか？」

こうした、やすこさんのような悩みは、多くの人が経験しています。

しかし、悩むからこそ、多くの経験を積み、さまざまな人間関係を克服できて、いつか振り回されなくなる時が来るわけです。

実際に、この年のやすこさんの運気は「衰」でした。さまざまなことが衰退するからこそ、学べる年でもあります。やすこさんは人間関係を学ぶ年にいたのです。

誰かに対して嫌悪を感じてしまうような時は、ちょっと視点を変えてみることも大事。他人の短所に注目すると、短所だけが大きく見えてきて、長所が隠れてしまいます。その結果、「自分の周りは苦手な人か嫌な人ばかりだ」となってしまいます。

私たちの脳は他人の短所を見つけるのはものすごく得意ですが、一般的に長所を見つけるのは意外と苦手です。だからこそ、人の長所を意識的に探す必要があるのです。

「Aさんは説教が多いけれど、確かに正論だわ。目のつけどころが違う」

「文句の多いBさんだけれど、私の意見もきちんと聞いて共感してくれるから、気持ちがすっきりする」

こんなふうに角度を変えて考えてみて、それでも本当に疲れてしまうなら、ほどよい距離を保ち、つき合いをやめることも必要です。

もう一つ、自分に厳しく人に優しい「いい子ちゃん」をやめましょう。

どのような人を友人、知人に持つかは重要です。それによって、自分の運気も上がるか下がるかが決まると言っても過言ではありません。

25

運は「人」が運んでくる
～甘露を受け取る大きな器を用意しよう

人間は、ほめられたいという承認欲求を持っています。そして、それが満たされた時に、「学校の成績が上がる」「仕事のやりがいを感じる」といったプラス効果が現れると言われています。つまり、「人」との関わり方によって、仕事運やプライベート運、金運が変わることがわかります。

当然のことながら、人に恵まれれば、仕事運も金運も上がっていきます。運という字は「運ぶ」という時に使うように、すべての運は人が運んでくれるのです。

だから、「ここのところツキがないな」と感じたら、積極的に人に会いに行くことをすすめます。

人間関係で振り回され、閉じこもり気味な危宿《きしゅく》のみほさんに私がアドバイスしたのは、「会いたいと思う人に会い、その人を大切に思うこと」「人を大切にする人は、幸運や良縁を引き寄せます」ということです。

もちろん、自分自身を大切に労わることは第一優先に考えなければなりません。なにしろ、神様からいただいた「この命」ですから。

そのうえで、「何を」よりも「誰と」を大切にすることです。「何を食べるか」ではなく「誰と食べるか」にこだわりましょう。

仏教には、こんな教えがあります。龍神が降らせるとされる天からの恵みの甘露、を授かろうとするなら、小さな容器よりも、大きな容器のほうが、断然多く受け取れる。甘露が降ってから、大きな容器を取りに行っても間に合わない。

自分が好きなことや、やりたいことのために、常日頃から努力して器を広げておけば、いつどんなチャンスが訪れても、逃すことはありません。

みほさんの場合、私に相談してきたときは、振り回される人生の時期でした。しかし、もともとは人を巻き込むことを得意とする危宿《きしゅく》通りの気質を実践することで、周りにいる運のいい人たちが寄ってきます。

今では、人が運んでくる「運」と「縁」を大切に日々を過ごしています。

26

宿曜を企業のチームに活かす！
～対人関係をみるみる改善させる「宿曜」の力

ここでは、私自身の宿曜活用術について述べていきましょう。

もともと私は、占いが好きだったこともあり、四柱推命、六星占術、九星気学、血液型、12星座、宿曜……など、独学でいろいろ学び始めました。そして、最後は宿曜に行き着きました。

詳しくは次項で述べますが、私は、化粧品を扱う企業に長く勤めており、そこでは責任あるリーダーの立場を与えられ、主にトレーニングマネージメントを行ってきました。

トレーニングマネージメントには人間力が必須です。そのために、さまざまな学びも取得し、心理学・交流分析（ＮＬＰ）なども活用しましたが、それでもなお、人間関係には苦しみました。

人にはいろいろな思考があり、同じようには動きません。

しかし、私は当初、会社の目指す目標を言われた通りの方針で、ぐいぐいやっていけばなんとかなると考えていたのです。負けず嫌いな箕宿《きしゅく》の一面が、悪い方向に出てしまったのかもしれません。

上司と行き違いがあったり、部下がついてこなかったり、無我夢中で頑張れば頑張るほど、人間関係がギクシャクしました。経験豊かな先輩が私の部下になり、彼女のプライドを傷つけてしまったこともあります。

そんなことが「これでもか!」というほど繰り返され、私はもはや、ただ突き進むだけではどうにもならないと悟り、もっと深く人間関係について学ぶ必要性を痛感しました。

チームや組織を活性化し、メンバー一人ひとりが持っている能力を活かすにはどうしたらいいいか。

自分とタイプや価値観の違う人を、どうやって受け入れていけばいいか。

こうしたことを考え続ける日々でした。

人は十人十色。違いがあるからこそ、能力の発揮しやすいポジションもあります。それを見極めることが、会社全体の売上げや、人材育成の質、チームの雰囲気などにも影響を及ぼします。

ならば、一人ひとりをよく知らねばならない。目指す目標は同じでも、考え方や手法は違う。その部分を宿曜でひも解くことで、私は、成果が出る人員プログラムを作成することができたのです。

それまでは「どうしてわかってくれないの」「なんでできないの」と、相手に対してマイナス感情が先に出ていた私でした。

ところが、宿曜の27宿に当てはめてみると「そう思うのは理解できる」「あの人の考えていることがわかる」ということが続きました。さまざまな人の心が読み解け、その言動、行動、態度の理由も手に取るようにわかってきたのです。

何よりも、いろいろな人を受け入れられる自分がうれしかった。そして、人間関係を優しく円滑に進めていける私になりました。

さらには、27宿の特徴と相性を分析することで、「誰と誰が組むことで上昇気流のエネルギーになるか」が的確に判断できるようになりました。実際に、その運気をチームに活かしていくと、みるみる結果が出るのがわかったのです。

こうして、ビジネスの構築とともに組織の構築にも宿曜の知見を役立てることで、私は大きなビジネスを展開していくことができました。

また、私自身についても、宿曜の運気をうまく使うことで、昇格も定年退職のタイミングも最高の形が得られました。

今になって考えてみると、すでに子どもの頃から、宿曜の運気によって私の人生は切り開かれていったのだとわかります。

27

私の人生のシナリオ
〜私自身を今日まで導いた宿曜の教え

お嬢様からどん底に

私は、横浜の染色で有名な地域で生まれ育ちました。

父は工場を経営しており、さまざまな色を調合して、ショールやスカーフ、ネクタイになるシルクの布を染色していました。型を押しながら色を布に入れていく「捺染《なっせん》」という方法でした。

父は、染色に使う色の配合バランスを考え、多種多彩な色作りに専念し、工場はいつも色の世界でした。

こうした環境にあって私は、幼い頃から美しい色に囲まれて過ごしたのです。

大手化粧品メーカーに約36年間勤続したのも、今思えば、幼少期の体験から「美しい色」というものに興味があったからかもしれません。

幼い頃の記憶をたどると、父の経営する工場で働く社員の女性は、きれいな人ばかりでした。彼女たちの多くは、帰りぎわの夕方になるとメイクを直します。私は、アイシャドウや口紅の色を見せてもらったり、時には触れさせてもらいました。そして、白粉や香水の匂いを感じ、大人の女性である彼女たちに憧れました。

周りには私と同年代の子どもはおらず、いつも大人が私の遊び相手。歌が好きだった私は、社員さんの前で堂々と歌っていました。天井が高く広い工場だったので、声がきれいに響いたのです。

父の工場では、母も一緒に働いていました。社員は百名以上がローテーションで在籍し、戦後の日本を支える高度成長期の中、年商も億を超える経営をしていたように思います。

仕事に多忙な父母は、私の子育てにあまり手をかけられず、乳母が頼りでした。それでも、母は折に触れて私をほめてくれました。

私の中では、母が私をほめて育ててくれたことが、何よりうれしい記憶として残っており、感謝の思いは、時を重ねるごとに強くなるばかりです。

また、私の家は宗教家という特殊な環境でもありました。そのため、思想や哲学、つまり、人生という途方もない世界を幼いながらに受け入れていたように思います。日常的にＢＧＭのようにお経が流れ、線香の香りは私をリラックスさせてくれる心地よいものでした。

こうして仏教を学ぶ機会に恵まれたことから、前世、現世、来世という考え方、インド思想に基づいた輪廻転生、因果応報など、何の違和感もなく自然と身についていきました。

私が小学校４年生の時、父の経営する工場も含め、横浜の捺染工場が密集する地域が全焼しました。「戦後最大の大火事」のタイトルで、新聞の一面記事になったほどです。私は夏休みで東京の叔母の家にいたので大火事を見ずにすみましたが、もし見ていたら心に大きな傷を負い、トラウマになっていたと思います。

すべての財産をなくし、丸裸になった父母と兄と私。躍動感にあふれた毎日を過ごしていた父母でしたが、一夜にして髪が真っ白くなりました。その姿は、今も鮮明に思い起こすことができます。

そんな父母に手を差し伸べてくれたのが、社員や地元の人たちでした。父母は山梨生まれで親戚も山梨におり、助けを求められる状況になかったようです。

こうして、何とか、住むところ、食べるもの、家族それぞれの衣服などは確保できたものの、多額の借金を抱えることになりました。そのときの父は運悪く火災保険の期限が切れていて、近日に保険更新をする最中の大火災だったのです。

父母の頭には、自殺も頭をよぎったことでしょう。でも父母は、私たち子どものことを考え、何とか踏みとどまってくれました。

しかしながら、何不自由なく裕福に育ってきた私の生活は奪われました。みんなの家は何も変わらないのに、なんで私のところだけが、こんなどん底の生活を味わうのか。

鉛筆、筆箱、ランドセルももらい物や誰かのお古。以前は毎日違う服を着ていたのに、火災後すぐは着替えもなく、同じ服を着てお風呂も入れず、自分の身体からにおいがすることもありました。男の子に笑いながら「臭い」と言われ。恥ずかしい思いをしたことをよく覚えています。

火災後も両親は共働きを続け、生活は何とかできていたものの、決してゆとりはありませんでした。それでも、父は毎日、仏壇に向かいお経を絶やさず、仏教について学ぶことをやめませんでした。そして、自らの経験も踏まえながら、仏教の教えを人々に伝え続けました。

その父の傍らで、小学5年ぐらいから私自身もお経を唱え、仏教に慣れ親しみ、お線香や塗香などの香りの中で育っていったのです。

この頃から私は、運のいい人と悪い人がいることについて、気になり始めていたように思います。

「私が頑張ればいい」という気づき

何しろ、私の宿曜は、怖いもの知らず、度胸満点の箕宿《きしゅく》です。アルバイトができる年齢になると、接客、販売など、好奇心を持ったことは怖がらずに首を突っ込んでみました。

さまざまなアルバイト経験で学んだことは、人との出会いの大切さです。人の力を借りることと、困っていたら手を差し伸べることのどちらも必要なのだということも、よくわかりました。

また、「この人、いい感じ、悪い感じ」といった人の観察もじっくりしました。人生経験のある大人たちとの交流で、人の力を学ぶことができました。

何より大きかったのは、「家にお金の余裕がなければ、私自身が稼ぐ力を持てばよい」と思えたことです。アルバイトでも稼げる力が自分にあることを確信し、人に使われるのではなく、今に独立してみせるという気持ちにもなりました。父の商売魂を見て育ったことが、私に大きな力を与えてくれたのでしょう。

そんなときに、芸能関係の仕事をしている人と出会い、「歌を歌ってみないか」と誘われました。私は進学せずに、芸能に必要な知識や技術である立ち姿、ウォーキング、ポージング、ボイスなどを学ぶために、数々の専門スクールに入校したのです。この時の学びは、今もとても役に立っています。

チャンスが巡り、なかにし礼さん作詞、京建輔さん作曲のレコードデビューを果たし、テレビ、ラジオ、舞台などの仕事に携わりました。

それらの仕事の場では、プロによるメイクアップが施されます。小さい時から興味があったメイクのプロの技術を目の当たりにすることも、私をワクワクさせました。

そして、もっとメイクについて学びたくなり、私はメイクアップスクールにも入校してしまったのです。

そんなメイク好きが高じて、マックスファクターに入社。歌手生活も、当時、経営していたカフェバーもクローズし、マックスファクターの仕事に注力することにしました。

中途採用で入社し、24歳から28歳までフィールドでチーフメイクアップアーチストとして活動。個人の販売実績で、世界トップの成績を収めるまでになりました。

その後、28歳から32歳まで本社美容教育課に所属。美容部員&カスタマーのトレーニング&マネージメントの職責を務めました。

当時、中途採用だったにもかかわらず早期に役職に就いた私は、経験のある年下の人たちからは疎まれ仲間に入れてもらえず、重苦しい人間関係を味わいました。

そんな状況にあって、33歳で結婚。新築した家で、夫と夫の両親と同居することになったのです。

ハードな仕事、職場の人間関係の悩み、夫の両親との慣れない同居生活の両立で、私は自律神経を病んでしまいます。「甲状腺機能亢進症」と診断され、2ヵ月間休職。一時は退職を考えましたが、上司に説得されたこともあり、仕事を続けました。

この間、妊活もしたのですが、今世では子どものいない人生を選んできたようです。

宿曜と出会い、活用して道ができた

マックスファクターがP&Gの傘下に入ると、マネージメント役職の人たちに自主退社が相次ぎましたが、私はそのまま、SKⅡビューティーカウンセラー（BC）の指導教育&マネージメントの職務職責の任命を受け、活動を続けました。

そのときの女性上司はヘッドハンティングされてきた優秀で素敵な人で、私に目をかけてくれました。おかげでのびのびと仕事をすることができ、成績も上位を維持していました。

日本全国のBC数は約2000名で、私と同じマネージメント職は全国で8名。そのうち、私の抱えるエリアは全体の40％を占めていました。

すなわち、私のエリアがコケてしまえば、全体の売上げにかなりの打撃を受けます。

私に与えられたミッションは、ビジネスの構築（売上げ）、組織の構築（人材）、この二つについて、毎年向上させることでした。

そのためには、自社に合った採用と、人材育成が必須です。

誰と誰を組ませるか、そのタイミングはいつなのか。

どこにどのように人事配置をして、能力育成に力を入れるか。

こうしたことに頭を悩ませていたときに、宿曜と出会い、活用して道が開けたと言っていいでしょう。

高野山出身の阿闍梨《あじゃり》から直伝された、27通りの人格、運などを学び、私は早速、人と人の組み合わせ、配置、能力の差異の見極めなどに活用しました。そして、人員の育成、確保、売上げ拡大に優れた成績を収めることができました。

その状況を目の当たりにした上司は、私がどんな戦略を施しているのか興味津々。

その上司に宿曜の教えを伝え、上司自身の運もどんどん開けていくことを確認した私は、「将来はこの宿曜を活用して講座やカウンセリングをやってみよう」という目標を持つことになったのです。

これまでの私の人生、まさにいろいろありましたが、寝たきりになってしまった夫の両親のケアをしながらも、定年退職まで教育&マネージメントの職責をまっとうすることができました。

そして今は、多くの人たちを相手に、宿曜の講座を開いています。

幼少時代に興味を持ったメイクアップや色の魅力。

歌が好きで人前で歌いたかったこと。

人との関わりを大切にしてきたこと。

宿曜に出会ったこと。それを広めたいと思ったこと。

小さい時から、今世でやってみたいことを口にしたり、強く願ったりすることで、自然とその方向に導かれ、行動に移していけたように思います。

第3章

運を味方につける美の習慣

額《ひたい》
～運のいい人はツヤがある

美の世界では「知性」を表し、人相では「運の動向」を表すのが「額」です。講座を受けに来られる方、鑑定依頼で来られる方々で額にツヤがあって輝いている人に何気なく聞いてみると、案の定、今の生活に満足であり、幸せと答える方々が多くいます。

特にお金に満足度が高い人ほど、このツヤ感、輝き度が高いです。その方が経営者の場合、年商も経済状況もよい場合は光沢が際立っています。しかし、年商はよいのに、自転車操業の経済状況で満足度が低い場合は、残念ながら、ツヤはなく、どんよりくすんでいます。

7つのチャクラのうち眉間のチャクラは第六。「第三の目」と言われる、額は第七のチャクラになります。その場所にツヤが出てくるのは、運の動きがよい状態です。仏教では仏の額に生えている白く長い毛が渦を巻いている「白毫《びゃくごう》」は、仏の慈悲を表す光と言われ、ぐるぐる巻きでオーラのような光を放ち、周りを明るく照らす輝きです。

運の動向がよい人は額や眉間が輝いています。光がない場合は、光を待つのではなく、顔全体と額もしっかり洗顔して、美容液やクリームで保湿して輝きを出します。意外と顔の四隅《よすみ》や額は指が届いていない場合があります。

運が上がって光を待つのもいいですが、自分で光を入れるメイクアップの技があるのです。ツヤの出る光の粉をブラシでひと筆なでて、ハイライトにしてみましょう。実際にツヤ感を出しただけで、金運と交際運が上がった方々も多くいらっしゃいます。

眉《まゆ》
～ツヤ感があるほど金運が上向く

美の世界では「眉」は顔の額縁と言われています。眉が薄いと周りの人の縁も薄く、人づき合いがスムーズに進みにくい。眉が太すぎてムダ毛があると、感情にムラが出て人とぶつかりやすいのです。

眉もツヤ感があるほど金運がつきます。毛の流れを上向きにすると、運も上がっていきます。下向きになっている場合は、眉マスカラで上に向ける手があります。

眉は自分で切って描いてデザインできる場所ですから、歩みたい方向に人生が開けてくる形に整えることができるわけです。

平安時代は貴族・天皇の男性社会、その時代の女性の眉は薄く、結婚、出産とともに眉を剃り、歯はお歯黒にして自分を発信しない、つまり、自分本位の運気を封じて男頼みの運気にもなる眉でした。

眉そのものが意思の象徴であると同時に、最もあらわに感情を表現し、氣を発するエネルギーにも思えます。眉を剃り、お歯黒にした平安時代は女性の感情をあらわにしない、感情を発信しない風習だったようです。眉は太さ、形、眉山の角度、長さ、濃さ、薄さ、毛並みで運も決まってきます。

仕事運をアップして自立したいのなら、太く濃く、眉山の角度がある眉は、バイタリティーがあって積極的、自分始動で発信する。判断力や行動力が高く、経済力もあって依存心が少ないという運勢を持ちます。

恋愛運、受け身的な人間関係運をアップしたいなら、細く薄く、眉山の角度はなく、丸く長めで、柔らかいアーチ形は受け身で優しい傾向。自分の意見や意思は控えめでいたい、男性に頼りたい、それが幸せと感じる運勢を持ちます。

しかし、顔の形、目の大きさ、顔の印象に合わせた眉の形が重要ですから、何事もバランスが要。運がいい人、運が上がっていきそうな人は眉も額も輝いています。輝きを意図して出すなら、眉にカラーマスカラでツヤと立体感、額にキラキラパウダーです。眉間は狭くなるほど険しく見えがちなので、明るいカラーで眉を描くと優しく柔軟性のある印象は運も上がっていきます。

頭と髪
～運のいい人は前髪で額を隠さない

頭と髪は心と強くつながっています。精神的に追い込まれたり、ストレスによって十円ハゲができたり、抜け毛になったり、白髪になったりします。髪型を変えるだけで、運気の流れがガラリと変わることがあります。人間関係で悩みがあるという方は男性も女性もしっかり額を出すこと！　前髪で隠すと、自信のなさが相手に伝わり、相手の気持ちを探るばかりになってしまいます。結果、本来の自分が出せなくなってしまうのです。

「人間関係に悩んでいる」「婚活がうまくいかない」「仕事がうまくいかない」という

方は、長い前髪で目が見えないほど顔を隠している方が多いです。そんなさとみさんに第七チャクラの第三の目をツヤツヤにして、額を出すようアドバイスしたところ、最初は抵抗がありましたが、だんだんと自信が出てくるのでしょうか。次にお会いした時は表情が明るくなって、とびきりの笑顔で、「運気がよい方向にガラリと変わった」とおっしゃいます。

額を出すのは仕事運を上げたい時にも有効。女性の場合は、髪を後ろで1つにまとめると、より仕事運アップに効果的です。邪念が祓われて仕事に集中しやすくなり、早く結果が出せるようになります。

髪の毛や爪は身体から伸びてきた厄、不要なものでもあります。だからこそ、清潔にしなくては運が落ちてしまう場所でもあるのです。また、「幸運の女神には前髪しかない」ということわざ通り、髪は運を捕まえてくれるアンテナのような力があり、髪の毛があることでトラブルから頭を守る力もあります。アンテナの感度を上げるならこまめな厄落としのヘアカットがおすすめです。毎日の厄落としはヘアシャンプーとその後のヘアオイルなどでしっかりとうるおいとツヤを与え、髪の生命力を引き出しましょう。「髪」は「神」でもありますから、お手入れは大切にしましょう。

そして、爪も髪と一緒で宇宙のエネルギーを捉えるアンテナの役目をします。甘皮を処理してツヤツヤネイルで輝かせると金運アップにもつながります。色は透明のツヤ感、パールピンク、薄めのゴールドやシルバーもおすすめです。

メイクアップアイテムと鏡
～道具の汚れはまめに洗い邪気を祓う

直接肌に触れるものは〝邪気〟を吸収しやすいです。メイクアップスポンジ、パフ、ブラシは、顔の皮脂などを吸い込み酸化すると雑菌の温床です。つまり何度も使ったパフを繰り返し使うことは、肌に菌をなすりつけているようなもの。それ自体が邪気になり得ます。

邪気は運気の流れを妨げます。身の回りに邪気がたまっていると、運はどんどん下がります。こまめに洗う、交換することで運も肌も輝かせましょう。

メイク鏡はこまめに磨くこと。鏡は昔から邪気払いのために持ち歩くグッズの一つでした。メイクを直すときには欠かせない道具でもあるので、女性にとって必需品でしょう。しかし、近年は男性もメイクする方が多く手鏡を持つ方も見受けますね。男女ともども、おしゃれ度も運も上がります。

鏡は悪い氣を跳ね飛ばして、よいエネルギーを与えてくれるとも言われています。鏡が汚れていると運気が下がるのは、映し出したものを反射する効果があるので、汚く淀んだものを映せば、汚れを反射してしまい運が下がっていくのです。つまり、自分の顔も肌もメイクもきれいで輝いていれば、映し出す鏡から運が運ばれてくるということになりますね。

鏡は常にピカピカにしておくと、特に、金運や恋愛運に効果がありますから、よい運気をため込んでおきましょう。

神社の神殿には鏡が置かれています。真正面に立つと、自分自身が映し出されます。「かがみ」から「が」をとると「かみ」、「かがみ」から「我」をとると「神」。鏡に映った「我」自分が映し出され「我」を取り除けば自分自身が「神」、誰しもが内なる「神」を宿しているご神体なのです。つまり、自分を映すメイクの鏡も生活の中にある鏡もピカピカにしておくことで、運気が上がっていくということです。

金運・人気運を上げるメイクのポイント
～メイクは南方向に向いて

メイクはどこでしていますか？　意外と鏡がある洗面所でしている方が多いです。洗面所は、汚れを落とす場所です、不要なものを落とす場所。言い方を変えると、外でもらった厄を落とす場所でもあるのです。つまり、洗面所や浴室は不運がたくさん落ちています。そんな場所でメイクアップしても、運気は上がらず、美しく輝くメイクアップはできないでしょう。洗面所ではメイクを落とすだけにしましょう。そしてメイクアップは、人気運の上がる南方向に身体と顔を向けてしてみてください。太陽が上がっていないときでも、顔は南に向けてすることで人のよい氣が集まってくる人気運が上がるのです。

そして、「笑う門には福来る」。楽しげに、いつも笑っている人のところには、必ず幸せがやって来る、悲しいことや苦しいことがあっても、笑顔を絶やさなければ幸せが来る、ということわざです。

笑顔でメイクすると、頬も口角も上がり、輝くメイクで運気も上がっていきますよ。

神様が好きなラッキーカラー

自分に似合うクリアで明るい色を取り入れると、運命の歯車が回り始めます。キャリアを積んで働く女性の中で、色を意識して自分に似合う、そして好きなクリアカラーを身につけると、運気の流れが変わった方がたくさんいらっしゃいます。

「なかなか結婚できない」と言っていたせつ子さんは、最初にお目にかかったときも暗い色の服を着て、長い前髪で額と眉が見えないので表情がわかりにくく全体の色が暗いトーンの印象でした。人の中身は、つき合ってみなければわかりません。しかし、〝人は見た目が9割〟という言葉もあります。第一印象のぱっと見で、違和感があると「何だか暗い感じ」とか「何か話しづらい」といったマイナスなイメージを、無意識に持たれてしまいます。

暗い色の服を着て顔が髪で覆われてはっきりと見えなければ、気軽には話しかけにくく、結婚も考えにくいでしょう。そこで、せつ子さんに明るい色の服を着て、ピンクのハンカチや小物、輝きのあるジュエリー、バッグのキラキラ金具で輝かせ、顔をすっきり出すようにアドバイスしました。最初は戸惑いがありますが、笑顔になっていくので表情が明るくなってきます。そうすると「愛の運命の歯車」が回り始めます。

三ヵ月後「実は、結婚が決まりました！」と、せつ子さんからうれしい報告がありました。

第一チャクラを整えるショーツ
～停滞運気を吹き飛ばす下着替え

下着は肌にピッタリと密着する分、その作用は最大。人に与える影響力も大きいのです。寝ている間に身体から厄が放出されています。肌に密着している下着は、朝、起きたときに、夜の寝ている間に出た老廃物がついています。

特にショーツは第一チャクラから出るエネルギーが不要な厄となって吸着しています。だからこそ、朝晩着替えて洗濯しましょう。下着はある程度使ったら、新しいものに替えていくことでエネルギーのリフレッシュとなり、新しい運気を呼び込む秘訣にもなるのです。

最近、人間関係もスムーズに進まず、仕事も恋も何だかうまくいかない。頑張っているのに評価につながらない。そんなふうに感じて、マイナスムードのときは、ショーツを毎朝はき替えれば、停滞運気は吹き飛ばされていきます。

「酒塩風呂」の効果
～「疲れた」と頻繁に口にすると邪気を招く

「あ〜、今日も疲れた〜」が口癖になっている方もいるのではないでしょうか。実は、「疲れた」の語源は「憑《つ》かれた」だと言われています。その言葉を口癖にしていると、本当に体が重く感じてきます。では何に憑かれるのか、それは「妬《ねた》み」「嫉《そね》み」「僻《ひが》み」「何かと不安」、「イライラ」、「モヤモヤ」、「焦燥感」や「悲壮感」などでいっぱいになり、冷静な判断ができなくて無力感や自己嫌悪感に襲われてしまいます。それが邪気、そのもの。

とにかくネガティブなものをモーレツに感じているときというのは、邪気が取り憑いている状態であり、本来の自分自身ではないということです。私たちが発する言葉にはエネルギーを引き寄せる力があるので、上手に活用すればポジティブな出来事を引き寄せます。しかし、「疲れた」と頻繁に口にする方は、無意識のうちに「憑かれる」の現実をグイグイと引き寄せているわけです。

また、しっかりと休んでいるのに体が重く、気持ちが晴れない場合は、人からの念を受け取っている可能性があります。疲れは「それ以上やらないで」というメッセージです。そのメッセージを無視すると、感覚が鈍くなり、天からのサインや気づきのヒントもスルーしてしまうので「疲れている」を放っておくと、「憑かれている」状態になってしまうのです。

疲れ切って悲鳴を上げている身体に気がつかず、SOSに蓋をして無理をすると、身体と気持ちがうまく調和できず、リズムに乗れずに不協和音のようなノイズが出てきて、悪いものを引き寄せてしまいます。気持ちと身体のリズムが調えば内側から協和音が奏でられ、よい運を引き寄せるようになります。

無理をしているのに「大丈夫」と言ってしまう口癖がある人は、素直に身体の声を聞いて「大丈夫?」と自分自身に聞いてあげる気持ちの変換をするといいですね。

疲れを取るには「酒塩風呂」(酒1〜2カップ、塩大さじ2〜3)で浄化と美肌づくりのダブル効果です。日本酒には美肌をつくるアミノ酸も多く含まれているので美容効果が期待できます。酒も塩も浄化には欠かせない運気アップのアイテムです。（※酒塩風呂／酒は純米酒がおすすめ。塩は岩塩、海塩などミネラルが豊富な天然塩が効果的。ガーゼや布袋に包んで入れると溶けやすい。肌が敏感な方は少量から試してください。入浴は15～20分を目安に）

バスルームで心身の浄化
～汚《け》れ《が》と穢《け》れ《が》と氣《き》枯《が》れ

長年、生きていれば、りんごをむいた後に酸化して色が変わるように、釘が錆びるように、床磨きをしてもすぐに汚れてしまうように、私たちも濁りや、どんよりした汚れのようなものがついていると感じることがあります。これを浄化するために、神社に参拝したり、盛り塩を置いたりしています。しかし、「穢《け》れ《が》」は単なる汚れではないのです。

「汚《よご》れ」は、「汚《けが》れ」とも読みますが、本来の意味は物理的な汚れではありません。「けがれ」の本質は、「氣枯れ」です。これは、元気の氣が枯れていて、氣が落ちている状態をいいます。そこで、氣枯れを清め、再び元氣を取り戻すことが必要です。

物理的な断捨離で不要なものを潔く処分し、身の回りを整えた環境は、清潔で快適な空間になるので気持ちもすっきりと晴れやかな心が調《ととの》ってきます。

適度な運動やバランスの取れた食事を心がけましょう。体を動かすことで血流がよくなります。運動の運は、運を動かすことでもあります。気の流れもスムーズになります。栄養豊富な食事は、体だけでなく心にもよい影響を与えます。

さらに、瞑想やリラクゼーションの時間を持つことも効果的です。日々の喧騒から離れ、静かな時間を過ごすことで、内なる自分と対話し、氣枯れを浄化することができます。

常に、感謝の気持ちを忘れずに持ち続けることが大切です。日常の小さなことにも感謝し、ポジティブなエネルギーを周りに発信することで、自分自身もその恩恵を受けることができます。

「けがれ」を清め、心身ともに元気を取り戻すためのこれらの方法を実践し、毎日をより健やかに、明るく過ごしましょう。

バスルームは心身を清めるパワースポット。ネガティブな気持ちや、他人から受け取った念などを浄化できます。シャワーですまさず、湯船に浸かる習慣をつけるほうが心身を浄化できるのです。

ただし、お風呂に汚れがたまると逆に邪気がたまり、入浴しても疲れが取れなくなるので注意。また湿気がたまりやすいので、窓があるなら開けて換気をし、窓がない場合は完全に乾燥するまで換気扇をつけておくのがおすすめ。お風呂上がりに熱いお湯で浴槽や壁を洗い、冷たい水をかけて冷やし、ざっと水気を拭くだけで雑菌やカビの繁殖を防ぐことができます。以上が、穢れを取る方法のひとつであり、運が巡っていく行為のひとつでもあります。

第4章

「宿曜占星術」とは何か

宿曜経の原点は文殊菩薩

「宿曜経」は、智慧を司る学問の神様として有名な菩薩である文殊菩薩《もんじゅぼさつ》が説いたと言われています。正式名称は文殊師利《しり》菩薩といいます。「三人寄れば文殊の知恵」という言葉があるように、知恵の神様として有名な菩薩です。

その智慧の菩薩である、文殊菩薩が宿曜の「宿」をつくり、「天体」と「暦」を完成させ、その後、空海が「翻訳」し、僧侶である弟子たちに伝え、日常的に「暦と27宿」を活用してきたのが宿曜なのです。

「宿曜経」の正しい名称は「文殊《もんじゅ》師《し》利《り》菩薩《ぼさつ》及《きゅう》諸《しょ》仙《せん》所《しょ》説《せつ》吉《きっ》凶《きょう》時《じ》日《じつ》善《ぜん》悪《あく》宿《しゅく》曜《よう》経《きょう》」です。

あまりにも長い名称のため、後ろの三文字をとって「宿曜経」と呼ばれています。宿曜は、古代から活用されている天体の動きの影響を、「運命のリズム」や「日々の吉凶」として構築した科学的なデータといえるものです。

何十年、何百年、何千年というサイクルで天空の星々は軌道を移動し、そのエネルギーの影響を地球に生きる私たちは常に受けているのです。宿曜の法則では、過去に地球で起きた事象をもとに未来の予測を立てることも可能なわけです。この先、世の中はどうなるのか。自分はどういう意識で生きていくべきか。宇宙の叡智にヒントを得たいと思ったら、宿曜で見えてきます。

どんな状況であっても宇宙の流れに乗っている人は、物事がうまく運んでいくものです。さらにあなたの周りにいる人とはどのような関係なのか。どのようなご縁でこの世で、この時期に、出会っているのか、すべて出会いは必然的。「袖すり合うも他生の縁」だからなのです。宿曜を生活の中に取り入れれば、あなたもあなたの大切な人も運のよい人になるはずです。

平安時代には陰陽道と人気を二分する

インドで天体の暦から発祥した歴史があります。不空三蔵の亡き後、「宿曜経」を継承した中国の高僧・恵果は、空海が唐に渡った際に、死を目前に、空海を超人と見抜き、不空から受け継いだ密教のすべてを空海に授けます。

密教最高僧、恵果阿闍梨《あじゃり》は一千人もの門弟に伝授することなく、留学僧だった空海だけに託したと伝えられています。それゆえに、国家国王の帝王学のひとつとして発展し、「陰陽道」は神事、宿曜経は仏事として採用されていました。

約1200年前の平安時代に、中国から日本に、真言宗開祖の空海が命をかけて持ち帰った密教の経典のひとつが「宿曜経」です。

空海が翻訳し、僧侶である弟子たちに伝え、日常的に暦と27宿を活用されていました。平安時代といえば、世界最古の長編恋愛物語、紫式部の『源氏物語』は世界でも有名です。

登場人物は、女性のキャラクターを宿曜の27宿に位置づけ、書き分けられています。作品の中には「宿曜の賢き道の人」と所々に記されていることからもその評判を知ることができます。平安の当時、宿曜は文学作品の中にも花開き、陰陽道と人気を二分していました。

古《いにしえ》の叡智と智慧から生まれた密教の世界観。その中には空海の秘術が詰まっている「宿曜経」です。月は27日をかけ天空を一巡し、月の軌道を27に分け、その一つ一つを「宿」と名づけ、27宿の一つを自分の「本命宿」として授かります。

深遠な仏教思想に基づき、持って生まれた奥深い本性である個人の「才能」「気質」そして、一人一人の運の流れが克明に記されているのが「宿曜経の占術」なのです。

宿曜は、他の名称で、宿曜学、宿曜道、宿曜術とも言われています。生活に密着し、生きていくために必要不可欠なものがたくさん詰まっています。

現代社会では企業の社長、管理職、政治家、士業、スポーツ選手、起業者などが宿曜を取り入れ、時代の成功者、勝利者たちが「運の掴み方」「人間関係の活用」に役立てています。

だからこそ、時代を読みながら流れに乗れる！　ということなのです。

人の一生と同じように世界や日本にも、それぞれバイオリズムがあります。宿曜学で「才能」や「運気」を活かすことで、ビジネスや人間関係がみるみる好転していくのです。

高野山は密教の聖地でもあり、両界曼荼羅《まんだら》の「胎蔵《たいぞう》曼荼羅」には、宿曜27宿が最外院（最も外側）に鎮座されています。崇高な曼荼羅に描かれている宿曜経の宿曜なのです。

『源氏物語』に宿曜経が登場、戦国武将は戦術に用いた

弘法大師・空海が、1200年前に中国から日本へ持ち帰った驚きの的中率を誇る宿曜。歴史上のリーダーたちが、絶対的な力で国を治めるために、また個人の運気向上にも利用してきました。リーダーである天皇や貴族に伝えられると、国や政治を動かす広いフィールドで活用されるようになりました。

平安の貴族社会を描いた『源氏物語』に、宿曜師が登場します。紫式部は人物の性格や人間関係を描くのに、宿曜の情報を用いたのです。国家の繁栄と鎮護、国民の安寧を願う目的で使われていた宿曜ですが、戦国時代になると状況は一転。皮肉にも軍

事的に使われることになってしまいます。

鎌倉時代に武家社会になるとともに、宿曜は「世を動かす」「新しい国造り」方法として、諸国の武将たちの間で重んじられ、地位を築いてきました。戦国時代になると、宿曜経は軍師の役割として戦術に活用され、織田信長も他の武将との相性や日の吉凶運を占い、戦いに赴いたとも言われています。また武田家ゆかりの恵林寺《えりんじ》（山梨県）には、武田信玄が宿曜を書き込みした軍配が資料館に保存されています。

時の武将である、上杉謙信、真田幸村、織田信長、徳川家康、軍師たちも戦略として大いに活用していました。数々の戦国武将も宿曜を用いて戦《いくさ》をしていったことも歴史の中には残されています。

徳川家康は、側近の僧、天海《てんかい》大僧正に宿曜経を活用させ、大名との相性を見て、配置転換をしながら宿曜で戦術を練っていました。最終的に天下を取った徳川家康は「宿曜術」を戦術に用いて天下統一を図った、と言っても過言ではないかもしれません。

徳川家康は、遺言書に宿曜を世に広めないようにと記載しました。そのあまりの的中率の高さに驚愕した徳川幕府は「宿曜経」を封印してしまいます。再び「宿曜経」が見直されるようになったのは、明治時代以降のことです。こうした長い年月を経て、「宿曜経」は近年注目を浴びるようになりました。

今世《こんせ》での魂のシナリオが宿っている

誰もが生まれる前に、人生の大まかなプランを立てて、どのような学びをするのか、社会にどのような貢献をするのか、自分で決めてきているということです。

どの「宿」であるかを調べると、どんな個性や才能を持った人で、どんな使命を生きるか、どんな運気の流れであるかも大まかにわかります。いわゆる人生がわかるということです。

「この世に宿った日、生まれた日」にはたくさんの情報が詰め込まれています。才能や能力、人生の方向性や傾向、「人生の設計図」「未来予想図」などが含まれています。

その備わった情報をしっかり掴んでいただければ、人間関係を築くための智慧も生まれてきます。

宿曜の無料占いサイトに生年月日を入力すると（P.36）、自分自身の「宿」がわかります。または、巻末の早見表を見て、たて軸とよこ軸が交差するところがご自身の「宿」となります。生年月日がわかれば、知り合いの宿を調べることができます。次のページから、27宿の特徴を見ていきましょう。

※左下の「宿曜盤」は5章の相性診断で使用します。自分の本命宿の下に「命」に合わせています。外側の円で相手の宿を探し、関係を見ます。（P．164を参照）

昴《ぼう》宿《しゅく》

集団と物事をまとめる統制力の星

本質 知性と独立心が強く、自己表現に優れています。物事に理論的にアプローチし、冷静で客観的な判断を下すのが得意です。知識欲が旺盛で、多方面にわたる学問や技術に興味を持ち、自分のペースで物事を進めることを好みます。人間関係では誠実で、信頼関係を築く力に優れ、正義感が強く、公平な立場を貫く姿勢が特徴的です。

恋愛&結婚運 恋愛は深い絆と誠実さを重視します。軽いおつき合いよりも、共通の興味や価値観を持つパートナーとの信頼関係を大切にします。知性と独立心が強く、対等な関係を望み、互いに成長し合える相手を求めます。結婚運では自分の時間やスペースを尊重しつつ、パートナーとの深い絆を築くことで、安定した幸福な関係に。

仕事運 知識欲が強く、理論的思考を活かせる仕事。研究職や教育、技術職、金融関連が向いています。分析力を必要とする職種や知識を深め続けることが求められる食や美などの専門職。

金運 知識と理性を活かして計画的に資産を増やす力があります。短所としては慎重すぎるあまり、チャンスを逃しがちで、大胆な行動に出にくいことがある点です。

ヒーリングストーン レッドジャスパー。勇気と自信を高めます。安定感と地に足のついた感覚を与え、冷静さを維持。

ヒーリングポイント 頭。百会《ひゃくえ》(頭頂部の中心)風池《ふうち》（後頭部の髪の生え際）神庭《しんてい》（前頭部、眉間の上）知性を高める。

畢《ひつ》宿《しゅく》

生涯やりぬく大器晩成の力

本質 誠実な現実主義です。一つのことに時間をかけて取り組み、堅実に物事を進める力があります。責任感が強く、与えられた役割を全うするため努力を惜しみません。慎重さゆえに変化や挑戦には消極的ですが、その分、築いた信頼関係は非常に強固です。地道な努力で確実に成果を出し、堅実さと忍耐力が長期的な成功をもたらします。

恋愛&結婚運 恋愛において慎重で誠実です。深い信頼関係を築くことを重視し、一度結ばれた絆は長く続きますが、感情表現が控えめなため、相手には少し冷たく見られることもあります。結婚運も安定感が際立ち、堅実で責任感が強いため、家庭を大切にし、守る意識が強いです。ただし慎重すぎるため、結婚に至るまで時間がかかることがありますが、結ばれると長続きする傾向があります。

仕事運 まじめで堅実な性格を活かせる仕事。人事、財務、会計・経理、法律、行政など細部に気を配る必要がある職種や、継続的な努力が求められる専門職。信頼が重視される職場でも力を発揮。

金運 計画的にお金を管理し、無駄遣いを避けるため、長期的に着実な資産を築き上げ安定した経済基盤を築けます。一方、慎重すぎてリスクを避けすぎるため、大きなチャンスを逃しがちです。

ヒーリングストーン プレナイト。心身のバランスを整えストレスを軽減し精神を安定させ、集中力を高めます。

ヒーリングポイント 額。印堂《いんどう》（額の中央、眉間の少し上に位置。第三の目とも呼ばれる）。内なる力を引き出す役割を。

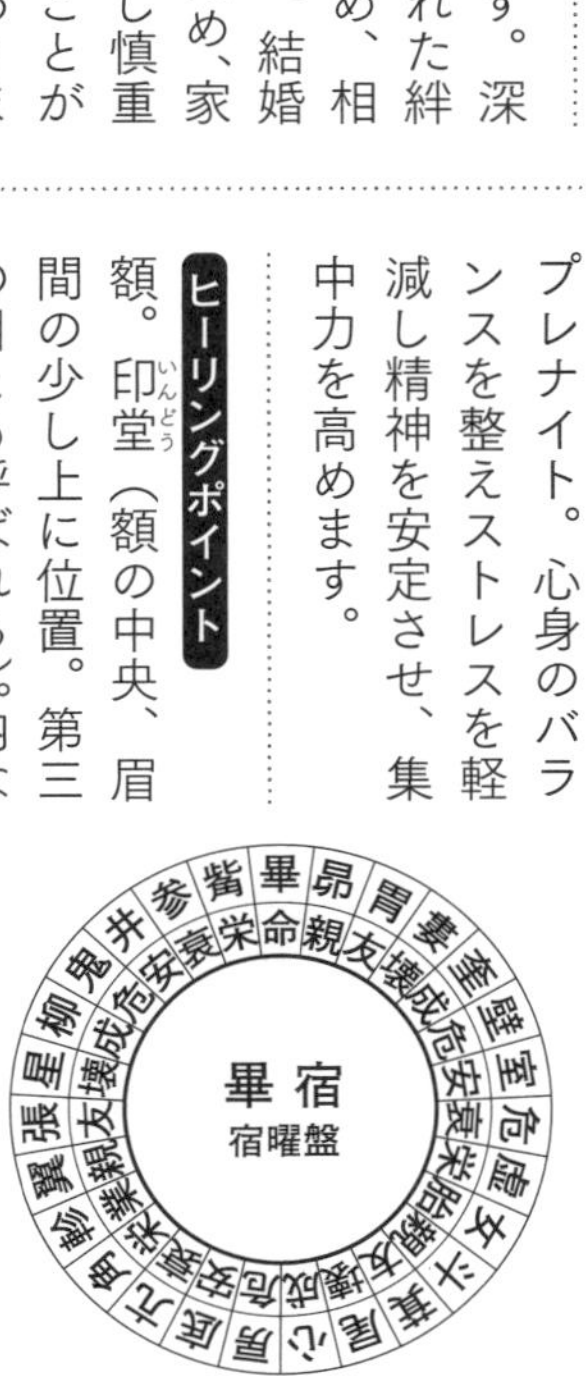

觜《し》宿《しゅく》

魅力的な言葉の使い手

本質 鋭い洞察力と知識欲が特徴。物事を深く探求し、真実を追求する姿勢を持っています。鋭敏な感性で物事の本質を見抜き、理論的かつ冷静に判断を下す能力に優れ、一方で、完璧を求めるあまり、自分にも他人にも厳しくなる傾向が。独自の視点で問題を解決する力があり、常に自己成長を目指す姿勢が、周囲からの尊敬を集めます。

恋愛&結婚運 恋愛では相手の内面を深く理解し、真実を追求するため、表面的な関係には満足しません。誠実で信頼できる相手を求め、心のつながりを重視します。結婚では互いに知的な刺激を与え合えるパートナーを望みます。完璧を求める傾向があるため、パートナーに対しても高い期待を持つことがありますが、その分、深い信頼と絆を築くことで、安定した結婚生活を送りたいと考えています。

仕事運 分析力と知識を活かせる仕事。データ分析、教育、執筆業などが向いています。研究職や法律やコンサルタントなどの専門職でも優れた成果を上げます。細部にこだわる仕事に適性があります。

金運 知識と分析力を活かして賢明な投資を行い、堅実に資産を築けることができます。一方、考えすぎて行動が遅くなり、チャンスを逃すことがあります。

ヒーリングストーン レピドライト。心の安定を促し、ストレスや不安を和らげます。リラックス効果をもたらします。

ヒーリングポイント 眉・眉間。攢竹《さんちく》(眉の内側の端、鼻筋の上のくぼみ)。印堂《いんどう》(眉間中央)目の疲れやストレス軽減。

参《さん》宿《しゅく》

改革的なアイデアマン

本質 チャレンジを恐れず、自分の道を切り開いていく強い意志を持ちます。新しいことに対する好奇心が旺盛で、創造力と独創性に富み、型にはまらない柔軟な発想が特徴です。一方、慎重さを欠くことがあり、時には無鉄砲に行動することもありますが、その行動力が成功を引き寄せる要素となることもあります。

恋愛&結婚運 恋愛では、軽いおつき合いよりも深い絆を求め、共通の興味や価値観を共有することで関係を深めていきます。結婚においては、互いに刺激し合い、成長できる相手を求めます。型にはまらない柔軟な発想と行動力が、パートナーシップを豊かで刺激的なものにします。互いに自由を尊重しつつも、深い絆を大切にすることで、安定した幸福な結婚生活を築きます。

仕事運 エネルギッシュで変化を好む性格を活かせる仕事。営業職やイベントプランナー、企画職、起業家など、新しい挑戦が求められる職種が向いています。ジャーナリストやリポーターも適職。

金運 独立心と自由な発想が財を築く力となります。大胆な投資や新しいビジネスに挑戦することで成功を収めることが多いです。一方、慎重さに欠ける面があるため、リスク管理が重要です。

ヒーリングストーン ホワイトクオーツ。心を浄化し精神の安定、直感力を高め、ポジティブなエネルギーを引き寄せる。

ヒーリングポイント 右側の「目・耳・頬」。睛《せい》明《めい》（目頭の内側）。耳《じ》門《もん》（耳の前側）（視力改善、耳鳴り緩和。

井《せい》宿《しゅく》

分析力が高く議論&論破はトップ

本質 冷静で穏やか、慎重な性格が特徴。深い思索と洞察力を持ち、物事をじっくり考え、着実に進めていく姿勢が評価されます。誠実で信頼される存在であり、周囲との調和を大切にしながら、自分の信念をしっかりと持っています。創造力と実行力を兼ね備え、目標に向かって地道に努力を続けるタイプ。内面的な安定を求め、長期的な成功を着実に築いていく力を持ちます。

恋愛&結婚運 恋愛では派手さを求めず、静かで穏やかな関係を望みます。深い信頼関係を築くことを重視し、感情をゆっくりと育む傾向があります。相手を大切にし、家庭の安定を最優先に考えるため、結婚生活においては堅実で安定感があります。結婚後は、パートナーと共に安定した生活を築くことに努め、長く続く幸福な家庭を守る力があります。

仕事運 深い洞察力と着実な努力を重ね、高い精度で安定した成果を出す仕事。交渉力に必要な能弁、雄弁さと情報収集力に長けており企画営業、プロデュース業は長期的な成功を収めます。

金運 計画的で堅実な管理が得意で、着実に資産を築く力があります。一方、慎重すぎるあまり、大胆な投資のタイミングやチャンスを逃しがちになることがあります。

ヒーリングストーン パール。心の平安と調和をもたらす。感情を穏やかにし、内なる美しさを引き出します。

ヒーリングポイント 左側の「目・耳・頬」睛明（目頭の内側）。耳門。視力改善、耳鳴り緩和に効果的。むくみを軽減。

鬼《き》宿《しゅく》

母性愛のような慈悲深さ

本質 不屈の精神を持ち、自分の信念を貫き、困難に立ち向かう力があり、逆境に強いです。独立心が旺盛で、他人に流されず、自分の道を切り開いていく姿勢を貫きます。感情の起伏が激しい一面もありますが、その情熱とエネルギーが周囲を引きつけ、リーダーシップを発揮することが多いです。人間関係では一途で深い絆を求めるため、信頼を得やすいタイプです。

恋愛&結婚運 恋愛では、相手に対して誠実で真摯な態度を貫き、信頼を築くことを重視します。結婚生活では、パートナーを守り抜く強い意志を持ち、困難に直面しても揺るがない安定感があります。ただし、自分の意志を強く押し通しすぎると衝突することもあるため、柔軟さを持つことが長続きする秘訣です。

仕事運 直感力と大胆さを活かせる仕事。クリエイティブな分野やアート、デザインなど、独自の感性を表現できる職種が向いています。起業家や、困難に立ち向かう必要がある職業でも力を発揮。

金運 大胆な投資や挑戦によって大きな財を築ける可能性があります。一方、リスクを恐れず突き進むため、失敗することもあり、安定感に欠けることがある点に注意を。

ヒーリングストーン ムーンストーン。感情のバランスを整え、直感力や感受性を高める。癒やしと女性性の向上。

ヒーリングポイント 鼻。迎香《げいこう》(鼻の左右、鼻翼の横にあり鼻の穴の外側)。鼻づまり、鼻炎、鼻の不調を和らげ呼吸を楽に。

柳《りゅう》宿《しゅく》

ファミリー的人間関係で後押し

本質 柔軟性と適応力が高く、どんな環境でも上手に立ち回ることができます。感受性が豊かで、人との調和を大切にし、周囲からの信頼を得やすいタイプ。人間関係では、思いやりと優しさを持ち、他人をサポートすることに喜びを見出します。一方で、自分の感情に敏感すぎるあまり傷つきやすい一面も。柔軟さで困難を乗り越え、長期的に安定した成功を収める力があります。

恋愛&結婚運 恋愛では、相手の気持ちを敏感に察し、調和を大切にするため、深い絆が生まれます。結婚生活では、家庭内の調和を維持し、パートナーの支えとなることで、安定した幸福な家庭を築くことができます。一方で、感情に敏感なため、相手の言動に影響を受けやすい面もありますが、柔軟さで困難を乗り越えることができる力があります。

仕事運 繊細な感性と周囲の状況を敏感に察知します。カウンセリングや教育、福祉など、人との関わりを大切にする職種が向いています。クリエイティブな分野や、サービス業でも力を発揮。

金運 慎重で計画的な資産管理が得意。状況に応じた賢い投資や貯蓄を行い、安定した財運を築けます。一方、リスクを避けすぎるため、大きなチャンスを見逃しがちになることも。

ヒーリングストーン ターコイズ。心身のバランスを整え、ポジティブなエネルギーを引き寄せます。お守りとしても。

ヒーリングポイント 歯。歯のお手入れ。ホワイトニング。歯茎、頬の内側を優しくマッサージ。舌のストレッチも。

星《せい》宿《しゅく》

強靭《きょうじん》な精神と卓越した知性

本質 強い精神力と高い知性を持ち、物事に真摯に取り組む姿勢が特徴です。自己成長を重視し、リーダーシップを発揮する力があります。周囲からの信頼も厚く、困難な状況でも冷静かつ的確に対処できる能力を持ちます。しかし、完璧を求めすぎ、自分にも他人にも厳しくなる傾向があります。その誠実さと理想の高さが、成功への道をしっかりと切り開きます。

恋愛&結婚運 相手に対し真摯に向き合い、表面的なおつき合いには満足せず、真実の絆を求めます。知性と感情のバランスを大切にし、相手との共通の価値観を見つけることを重視します。結婚生活では、家庭の安定と調和を最優先に考え、パートナーと共に成長し合える関係を築くことを目指します。しかし、完璧を求めて相手に厳しくなりがちなので、柔軟な姿勢を持つことがカギに。

仕事運 高い知性と責任感を活かせる仕事。管理職や法律、金融などの専門職が向いています。研究職やコンサルタント業、計画性が求められるプロジェクトマネージメントでも優れた成果を発揮。

金運 計画性と堅実さを持ち、慎重な投資で安定した財を築く力があります。一方、完璧を求めるあまり、チャンスを逃しがちで、柔軟な対応が求められます。

ヒーリングストーン カットクリスタル。集中力を高めポジティブな波動を引き寄せます。空間を浄化する効果も。

ヒーリングポイント 首。風池《ふうち》（首の後ろ、髪の生え際で頭蓋骨の下くぼんだ部分）。天柱《てんちゅう》、大椎《だいつい》。（全身の血行促進効果）。

張《ちょう》宿《しゅく》

存在感のあるカリスマ性

本質 強い意志と実行力を持ち、目標達成に向けて努力を惜しまないのが特徴。独立心が旺盛で、自分の道を切り開く力があります。社交的で人間関係を大切にし、周囲との調和を重んじながらも自分の信念をしっかりと貫く姿勢を持ちます。大胆な決断を下す勇気と行動力が成功を引き寄せます。理想に向かって進み確実に成果を手にするタイプ。

恋愛&結婚運 自分の理想を追い求め、相手に対して誠実でありながらも、強い意志を持って関係を築きます。互いを尊重し合えるパートナーを求め、安定した関係を大切にします。結婚生活では家庭を守る力強さと、パートナーとの協力を重んじ、困難な時でも支え合うことができます。時に強いリーダーシップを発揮し、家族を導く存在となるでしょう。信念を貫きつつも相手の意見を尊重し、長続きする幸福な家庭を築きます。

仕事運 強い意志と行動力を活かせる仕事。営業職や企画職、マーケティングなど、リーダーシップを発揮する職種が向いています。クリエイティブな分野でアイデアを形にする仕事や、接客業も。

金運 計画的で大胆な投資により、着実に財を築けることができます。一方、行動力の高さがリスクを取りすぎてしまい、一時的な不安定さを招くことがあります。

ヒーリングストーン サンストーン。活力と自信を高めポジティブなエネルギーをもたらし、心の曇りも晴らす。

ヒーリングポイント 右肩。肩井《けんせい》(肩の中央、触ったときに最も盛り上がっている部分)。こりや緊張をほぐし痛みを緩和。

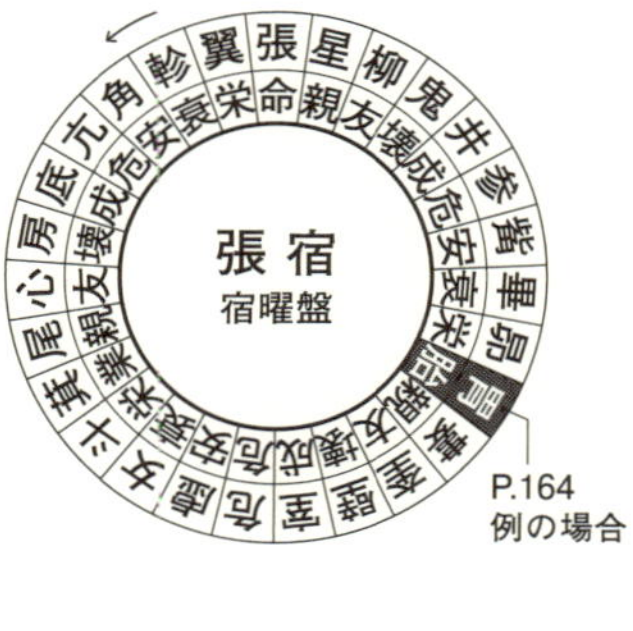

翼《よく》宿《しゅく》

高い視点から物事の判断を決める

本質 自由を求める冒険心が強く、新しいことに挑戦することを楽しみ、束縛を嫌います。創造力に富み、個性的なアイデアを持つため、芸術や表現活動に優れた才能を発揮します。また、精神的な成長を重視し、深い洞察力を持つ一方で、他者との深い絆を築く力もあります。自分の信念に従って行動し、困難を乗り越える強さと柔軟性を兼ね備えています。

恋愛&結婚運 お互いの個性を尊重し、深い絆を築くことを望みます。相手との精神的なつながりを大切にし、共通の趣味や価値観を共有することで、関係をより深めていきます。結婚生活では、互いに成長し合えるパートナーを求め、束縛を嫌う一方で、信頼関係を重視します。自由でありながらも、誠実な愛を大切にし、長続きする安定した関係を築く力があります。

仕事運 自由な発想と独立心を活かせる仕事。クリエイティブな分野やデザイン、アート、執筆業などの職種が向いています。独自の視点を活かせる起業やフリーランスの仕事も。

金運 独自の発想と柔軟な対応力で新しいチャンスを掴み、財を築けます。一方、自由を求めるあまり、計画性を欠いてしまうことがあり、資産管理が不安定になることがあります。

ヒーリングストーン カーネリアン。行動力を引き出し、目標達成をサポートし活力と情熱を高め自信を促進。

ヒーリングポイント 左肩。肩中《けんちゅう》兪《ゆ》(左肩甲骨の内側、肩甲骨の中央)。こりをほぐし肩の動きをスムーズにします。

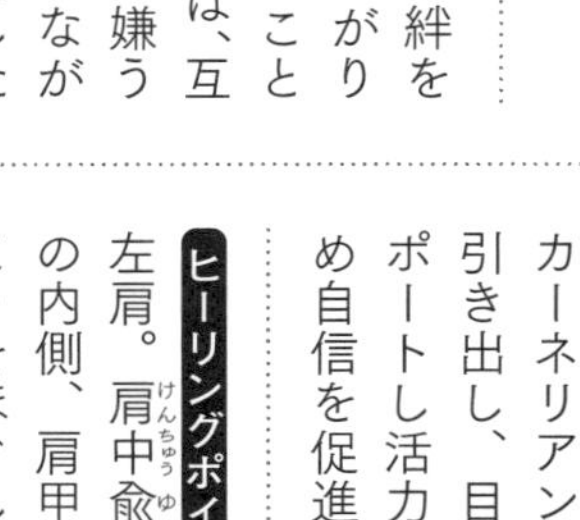

軫宿《しんしゅく》

仕切り上手なプロデューサー

本質 思慮深く、繊細な感受性を持ち、細やかな配慮と共感力を大切にし、周囲の人々に安心感を与える存在。他者の気持ちを敏感に察知し、柔軟な対応力があります。また、豊かな創造力で、芸術や文化の分野で才能を発揮します。理想を高く掲げ、実現のために地道に努力を続ける姿勢が、長期的な成功をもたらすでしょう。

恋愛&結婚運 恋愛では、共感や理解を深め、パートナーの気持ちを敏感に察知し、心の絆を重視しながら、互いに支え合える関係を築くことを望みます。結婚生活では、家庭の安定と調和を最優先に考え、パートナーと共に心地よい環境をつくり上げる力があります。ただし、繊細な性格ゆえに感情の起伏が激しくなることもありますが、柔軟な対応力で困難を乗り越え、長続きする幸福な家庭を築くことができるでしょう。

仕事運 人と深く関わり共感力と細やかな配慮が求められる秘書、コンサルタント、カウンセリングや教育、福祉、接客業の仕事。また、アートやデザイン、執筆業などでも優れた成果を発揮。

金運 計画性があり、慎重な資産管理が得意なので安定した財運を築けます。一方、感受性が強いため、感情に左右されやすく、時には判断を誤ることがありそうです。

ヒーリングストーン ソーダライト。自己表現を促進し、コミュニケーション力を向上。精神の安定、判断力を高める。

ヒーリングポイント 合谷《ごうこく》、労宮《ろうきゅう》てのひら・手先。宮は頭痛や肩こり、精神ストレスの緩和。手先の冷えを改善。

角《かく》宿《しゅく》

アレンジ上手で手先が器用

本質 物事に対して慎重で計画的に取り組む姿勢があり、目標を定めます。その達成に向けて堅実に努力を重ね、途中で諦めることなく長期的な視野で物事を進める力があります。ときに厳しい目を向けるのは、自分や周囲がよりよい結果を得るためのもの。着実に成功を築いていくでしょう。楽なほうへなびきがちですが、基本的にはたいへんまじめで、完璧主義でもあります。

恋愛&結婚運 恋愛では、慎重に相手を見極め、真剣に向き合います。結婚生活では、家庭の安定と調和を最優先に考え、パートナーとの協力を重んじます。長期的な視野で関係を育むため、一度結ばれると安定した結婚生活を送りやすい傾向があります。誠実さと責任感が、幸福な家庭を築くカギとなります。

仕事運 誠実で計画的な性格を活かせる仕事。会計・経理や法律、行政などの細かい作業や、信頼を求められる職種。継続的な努力が必要な研究職や、安定した環境で働ける管理職でも力を発揮。

金運 計画的で堅実な資産管理が得意のため安定した財運を築けます。一方、慎重すぎて、その糸が切れると散財してしまうリスクが大きなチャンスを逃すことになるので注意。

ヒーリングストーン ピンクオパール。心を癒やし、感情のバランスを整える効果が。愛情や優しさを引き出す力も。

ヒーリングポイント 顎。頬車《きょうしゃ》（顎の角、噛みしめたときに硬くなる部分）。下関《げかん》（耳の前方）は顎の関節症を和らげます。

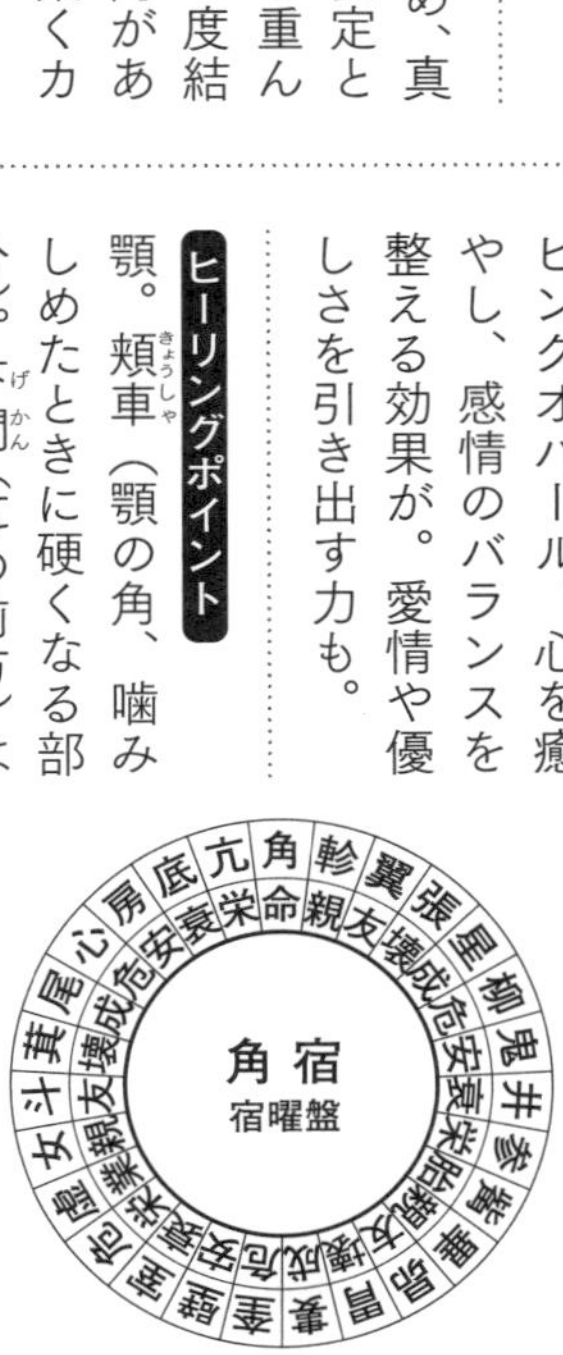

亢《こう》宿《しゅく》

新しい世界を開拓する個性派

本質 強い正義感と自分の信念を貫く意志が特徴です。理想が高く、周囲に流されずに自分の道を進む力があります。表面的には冷静で理性的ですが、内には強い情熱とプライドを秘めています。社交的で、真実を追求する姿勢を大切にし、何事にも一貫した態度を持ちます。その堅実さと公平な判断力が周囲からの信頼を集め、リーダーシップを発揮することが多いです。

恋愛&結婚運 相手に対し真摯に向き合い、表面的なおつき合いよりも深い絆を求めます。自分の価値観や理想を大切にし、共通の目標や価値観を持つパートナーを選ぶ傾向があります。結婚生活では、家庭の安定と調和を重視し、パートナーとの信頼関係を大切にします。ただし、完璧を求めすぎる一面があるため、柔軟な姿勢を持つことが幸福な関係を築くカギとなります。

仕事運 強い信念と正義感を活かせる仕事。法律、行政、教育などの分野で、リーダーシップを発揮する職種が向いています。判断力が求められる管理職や、金融業・コンサルタント業でも力を発揮。

金運 計画的で慎重な管理が得意なので安定した資産を築けます。一方、完璧を求めすぎるあまり、リスクを避けすぎて成長の機会を逃すことがあります。

ヒーリングストーン ラベンダーアメジスト。心の安定と癒やしをもたらし、ストレスや不安を和らげます。

ヒーリングポイント 胸。膻中《だんちゅう》(胸の中央)。天《てん》池《ち》(胸の脇)。ストレスや胸の不調を和らげ心身のバランスを整えます。

底《てい》宿《しゅく》

タフで現実を生き抜く

本質 深い思慮と落ち着きを備えています。物事に対して慎重であり、周囲の状況をよく観察してから行動に移すタイプです。忍耐力と底力を併せ持ち一度決めたことは最後までやり抜く姿勢が評価されます。人との調和を大切にし、信頼される存在です。ただし、慎重すぎるあまり、変化を恐れる傾向がありますが、その堅実さが長期的な成功をもたらします。

恋愛&結婚運 慎重に相手を見極め、真剣に向き合う姿勢が際立ちます。心の絆を重んじ、長続きする関係を求めます。結婚生活では、家庭の安定と調和を最優先に考え、パートナーとの協力を重視します。慎重で忍耐強い性格が、困難な状況でも冷静に対応し、安定した幸福な家庭を築くことに貢献します。ただし、慎重すぎる一面があるため、時には柔軟な姿勢が求められることも。

仕事運 慎重で計画的に物事を進める仕事。会計・経理、法律、行政など正確さと信頼が求められる職種が向いています。継続的な努力が必要な研究職や、安定した環境で働ける管理職でも力を発揮。

金運 計画的で堅実な資産管理が得意で、リスクを避けて安定を築く力があります。一方、慎重すぎてチャンスを逃すことがあるため、時には大胆さも必要です。

ヒーリングストーン ジェイド。ネガティブなエネルギーを浄化します。知恵を深め、成功や繁栄を引き寄せる効果も。

ヒーリングポイント 鳩尾《みぞおち》。中脘《ちゅうかん》（鳩尾とへその中間）。巨闕《こけつ》（鳩尾のやや上）は心臓や胃腸の調子を整える。

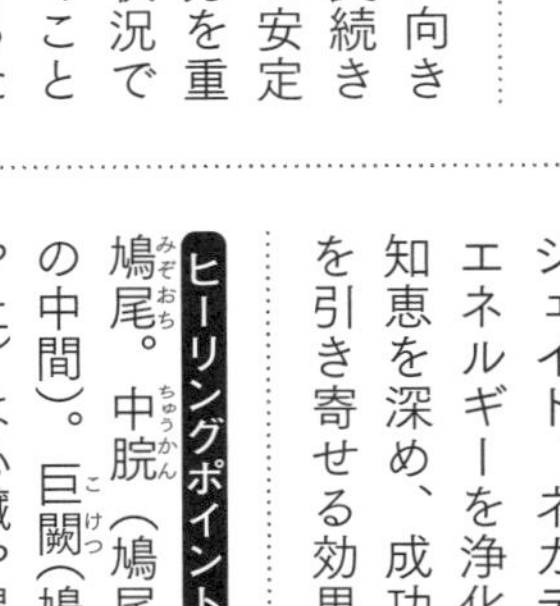

房《ぼう》宿《しゅく》

生まれ持った最強の「縁と財」

本質 周囲との調和を大切にする性格が特徴。人を引き寄せる魅力があり、自然と周りに人が集まります。他者への思いやりが強く、困っている人に手を差し伸べることをためらいません。実直で誠実な性格から、信頼を得やすく、長期的な人間関係を築く力があります。反面、繊細で感受性が豊かなため、ストレスを感じやすいこともありますが、柔軟性と包容力が難局を乗り越える力になります。

恋愛&結婚運 互いの調和を重視し、相手との共通の価値観や目標を大切にします。結婚生活では、家庭を守る力が強く、安定した家庭環境を築くために努力を惜しみません。柔軟な対応力と包容力があるため、困難な状況でも冷静に対処できます。長続きする幸福な家庭を築くことができるでしょう。

仕事運 深い感受性と鋭い洞察力を持ちながら社交性も活かせる仕事。医療関係、教育や福祉、カウンセリング、スピリチュアルガイド。感受性を表現する芸術家・クリエイターも向いています。

金運 堅実で安定した資産管理が得意で、信頼を築きながら財を増やせることです。一方、感受性が強いため、感情に左右されやすく、一時的に判断を誤ることがあります。

ヒーリングストーン ブラッドストーン。勇気と活力を高め、ストレスを軽減。困難な状況でも冷静さを保ちます。

ヒーリングポイント 右肘《ひじ》。曲池《きょくち》（肘を曲げるとできるしわの端）手三《てさん》里《り》(曲池から指3本分下)は痛みを和らげる。

心《しん》宿《しゅく》

心をたくみに読み込み魅了する

本質 感受性が豊かで繊細な心を持つと同時に、強い情熱と直感力を備えています。物事を深く考え、周囲の人々に対しても共感を示すことができるため、人間関係において信頼を得やすいです。また強い意志と責任感があり、目標に向けて着実に努力を重ねるタイプ。内に秘めた情熱を適切に表現することで、周囲によい影響を与えますが、感受性が強いゆえにストレスを感じやすい面も。

恋愛&結婚運 相手の心の動きを敏感に察知し、相手を理解しようと努めるため、強い絆を築きやすいです。ただし感情が豊かなため、些細なことで心が揺れ動き誤解を生じやすい面も。結婚生活では、家庭を大切にし、安定した関係を築くことを重視します。相手との共感を深めることで長続きする家庭を築くことができるでしょう。信頼の積み重ねが絆をより強固にします。

仕事運 感受性と共感力を活かせる仕事。カウンセリングや教育、福祉など、人との深い関わりが求められる職種が向いています。クリエイティブな分野や芸術、執筆業でも繊細な感性を発揮。

金運 計画性があり、感性を活かして堅実に資産を築けます。一方、感情に左右されやすく、時に衝動的な支出をしてしまうことがあり、注意が必要です。

ヒーリングストーン ルチルクオーツ。目標達成や成功への道をサポート。集中力を向上させ、金運を高める効果が。

ヒーリングポイント 左肘。曲池《きょくち》、手三里が、痛みや腕の疲れを和らげ、肩こりや体のだるさを解消します。

尾《び》宿《しゅく》

最後まで根気よく戦い抜く

本質 強い意志と行動力を持ち、目的に向かって一度決めたことを最後までやり抜く粘り強さが特徴です。自分の信念に基づいて行動し、他人に流されずに独自の道を進むことができます。そのため、リーダーシップを発揮する場面でも力を発揮します。一方で、自分の意見を強く主張するあまり、他者との対立が生じることもありますが、正直さと責任感の強さが信頼を生む要因となります。

恋愛&結婚運 恋愛では、相手をしっかりと見極め、自分の信念を貫く姿勢が特徴です。結婚生活においても、パートナーとの絆を大切にし、困難な状況でもその関係を守り抜こうとします。ただし、強い意志がゆえに相手と衝突が起こりやすいことも。しかし、絆を深め合うチャンスにもなります。相互理解と尊重を重視することで、安定した幸せな結婚生活を築くことができるでしょう。

仕事運 強い意志と行動力を活かせる仕事。リーダーシップを発揮できる管理職やプロジェクトマネージャー、目標に向かって突き進む営業職などが向いています。クリエイティブな分野も。

金運 強い意志と行動力で目標を達成し、安定した財を築けます。短所としては、時に意志が強すぎてリスクを過小評価し、無理な投資や支出をしてしまうことがあるので注意を。

ヒーリングストーン ラピスラズリ。邪気を祓い、真実を見極め深い自己探求をサポート。直感力と洞察力を高めます。

ヒーリングポイント 尾骶骨。長強《ちょうきょう》（背骨の延長線上、尾骶骨の真下）気の流れを調整、血行を促進し活力を高めます。

箕《き》宿《しゅく》

大胆で裏表のない親分気質

本質 創造力と独立心が旺盛で、自由を求める精神が強いことが特徴。新しいアイデアや発想を生み出すことに長けており、自分らしさを大切にしながら、周囲の影響に左右されることなく行動します。社交的で柔軟な対応力を持ちながらも、自分のペースを守り、無理なく物事を進めることが得意です。反面、ルールや束縛を嫌うため、安定を求める環境では窮屈に感じることもあります。

恋愛&結婚運 自分らしさを尊重してくれる相手を求め、束縛を嫌います。そのため、独立心が強く互いに自由な空間を持ちながらも、心地よい距離感での関係を望みます。結婚生活においても、互いの価値観やライフスタイルを尊重し合い、自然体で過ごせるパートナーシップを築くことが理想。自由と個性を尊重することで、安定した関係を築けますが、距離感を大切にすることがカギ。

仕事運 創造力と独立心を活かせる仕事。デザインやアート、クリエイティブな分野が向いています。企画職やコンサルタント、起業家など、自分ペースで取り組める環境で力を発揮。

金運 柔軟な発想と独立心で新しい収入源を見つけ出す力があります。短所としては、計画性に欠けること。安定した資産管理が難しくなることがあるので自動積立に設定すること。

ヒーリングストーン マラカイト。直感力を高め、変革や成長をサポート。心身の癒やしと保護を促しストレスを緩和。

ヒーリングポイント 右脇。極泉《きょくせん》（脇の下の中央）。天池《てんち》（乳頭の外側）肩こりや腕の疲れをとり、肩回りや全身の血行促進。

斗宿《としゅく》

志が高いカリスマ努力家

本質　強い意志と明確な目標を持ち、決して諦めない粘り強さが特徴。責任感が強く、自分の役割を全うするために努力を惜しまないため、周囲から信頼される存在です。また、冷静な判断力を持ち、物事を客観的に見る力が優れています。信念に基づいて行動し、周囲に影響を与えるリーダーシップを発揮する一方で、柔軟性に欠けることがあるため、他者との調和を意識することが大切。

恋愛&結婚運　誠実さと真心を重視し、相手に対して真摯に愛情を注ぎます。結婚生活では、家庭を守る意識が高く、安定した生活を築くために努力を惜しみません。相手との信頼関係を大切にし、長期的な視野でパートナーシップを考えます。ただし、意志が強いため、相手と意見がぶつかることもありますが、互いの価値観を尊重し合うことで調和の取れた幸せな家庭を築くことができます。

仕事運　強い意志と責任感を活かせる仕事。管理職やプロジェクトマネージャー、法律や行政などの専門職が向いています。判断力を必要とする研究職やコンサルタント業でも力を発揮。

金運　計画的で責任感が強く、堅実に資産を築く力があります。しかし、慎重すぎてリスクを避けがち、チャンスを逃すことがあるので一つの選択肢に賭けるのではなく、リスクを分散すること。

ヒーリングストーン　ガーネット。困難を乗り越える力をサポート。目標達成を促し情熱とエネルギーを高めます。

ヒーリングポイント　左脇。極泉《きょくせん》（脇の下の中央）、天池《てんち》（乳頭の外側）肩こりや腕の疲れを和らげ、全身の血行を促進。

女《じょ》宿《しゅく》

地道にトップを目指す

本質 感受性が豊かで、繊細な心を持ちつつも内に強い芯を持っています。物事に対して深い洞察力を発揮し、他者の感情や状況を敏感に察知する能力があります。人間関係においても優れた調整力を持ち、周囲との調和を大切にします。自分の価値観をしっかりと持っており、時には他者に厳しい一面を見せることも。誠実さと責任感が、長期的な信頼関係を築く基盤となるでしょう。

恋愛&結婚運 相手の気持ちに寄り添い、誠実で真摯な関係を求めますが、慎重であるため、心を開くまでに時間がかかることもあります。結婚生活では、家庭を大切にし、安定した関係を築こうと努力します。感受性が豊かで、相手の小さな変化にも気づく一方で、理想が高く、時に相手に対して厳しくなりがち。相互理解と柔軟な姿勢を持つことで幸福な結婚生活を実現できます。

仕事運 感受性と洞察力を活かせる仕事。カウンセリングや教育、福祉など人と深く関わる職種が向いています。研究職や文筆業、細やかな配慮が必要な接客業でも力を発揮できます。

金運 慎重で計画的に資産を管理できます。無駄遣いを避け、堅実に財を築くことが得意。リスクを避けすぎるため、投資のチャンスを逃しやすいことが短所。専門家の意見を取り入れて。

ヒーリングストーン オニキス。集中力と困難に立ち向かう力をサポート。持ち主を守護しネガティブなエネルギーを排除。

ヒーリングポイント 腹&腸。天枢《てんすう》（へその左右）。関元《かんげん》（へその下）。中《ちゅう》脘《かん》（へそとみぞおちの中間）便秘や下痢を改善。

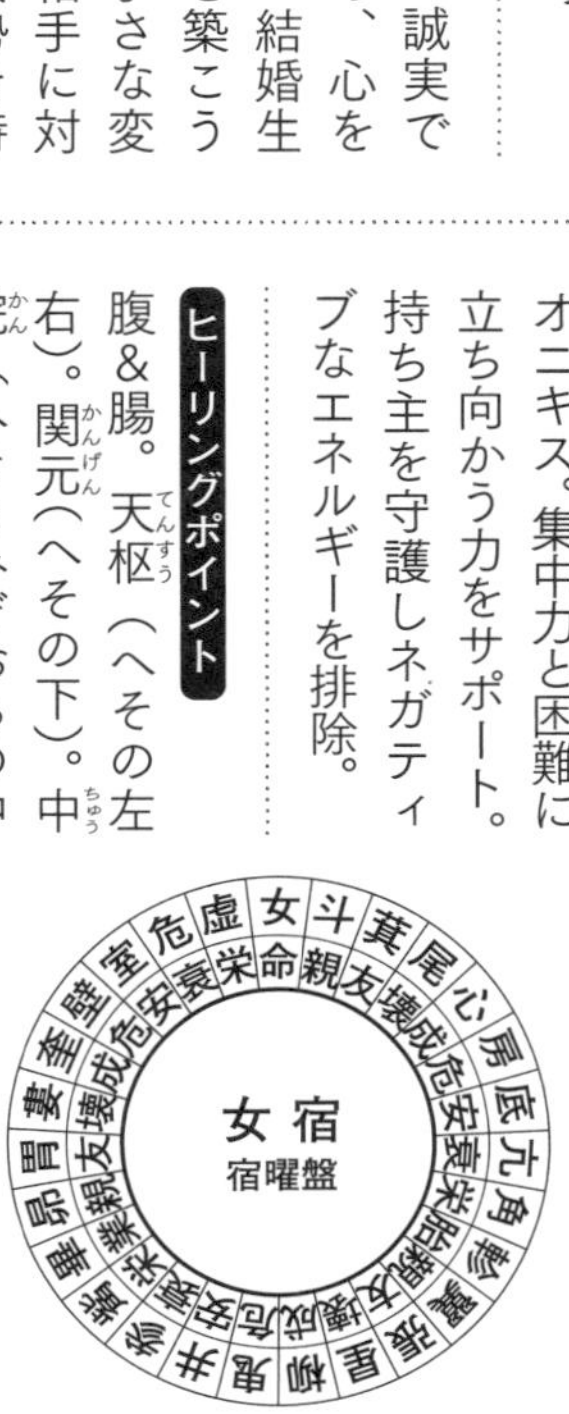

虚宿《きょしゅく》

感受性鋭く複雑な心を持つ

本質 独特の感性と深い洞察力を持ち、物事の本質を見抜く力が特徴です。冷静で分析的な思考を持ち、直感と論理を巧みに組み合わせて行動します。また、自己の内面を深く見つめる傾向があり、精神的な成長を大切にします。孤独を恐れず、一人の時間を楽しむことで内面的な強さを養います。しかし、他者との距離を保ちすぎ、共感を示すことが時に難しくなることもあります。

恋愛&結婚運 相手をしっかり見極め、信頼関係を築くまでに時間がかかることがありますが、一度心を開くと、誠実で一途な愛情を注ぎます。結婚生活では、相手との精神的な共鳴を重視し、共に成長できる関係を望みます。ただし、孤独を好む傾向があるため、時にパートナーとの距離感に課題を感じることも。理解と共感を深めることで、安定した幸福な関係を築くことができます。

仕事運 深い洞察力と分析力を活かせる仕事。研究職やデータ分析、企画など論理的な思考を求められる職種が向いています。執筆やクリエイティブな分野でも。一人で取り組む仕事が適しています。

金運 計画的でリスク管理がうまく、堅実に資産を築けます。一方、慎重すぎて金運が停滞するので、リスクとリターンのバランスを意識し、専門家の意見を取り入れて資産運用を行うこと。

ヒーリングストーン ブルーレースアゲート。コミュニケーション力を高め、対人関係を円滑に。心の平穏とリラックスを。

ヒーリングポイント 腎臓&ヒップ。腎兪《じんゆ》（腰の背中側）。志室《ししつ》(腎兪のやや下)。環跳《かんちょう》(ヒップの外側)。むくみを解消。

危《き》宿《しゅく》

思い切りのよい行動で「好き」を優先

本質 独特の感性と神秘的な魅力を持ち、物事を深く洞察する力が特徴です。直感力が鋭く、周囲の状況を的確に読み取ることができるため、適応力に優れています。好奇心が旺盛で、新しいことに挑戦する意欲があります。その一方で気分の浮き沈みが激しく、安定を求める一面も。独自の視点で物事を見つめ、自分の世界を大切にしながら、内面的な成長を追求する傾向があります。

恋愛&結婚運 直感を大切にし、相手との深い精神的なつながりを求めますが、その反面、気分の浮き沈みが激しいため、安定した関係を築くには時間がかかることがあります。結婚生活では、独自の価値観を尊重し、自由な時間を大切にすることを望むため、相手と適度な距離感を保つことが重要です。共通の目標や趣味を持つことで長続きする幸福な関係を築けます。

仕事運 直感力と独創性に優れている仕事。芸術、デザイン、研究、執筆、クリエイティブな分野で力を発揮します。また、人と違う視点から物事を考える才能があり、企画やマーケティングの仕事も。

金運 独自の視点でチャンスを見つけ、独創的な方法で収益を上げる力があります。一方、安定した資産管理が難しいので、定期的に予算を見直し、資産運用は冷静な分析と計画性を心がけること。

ヒーリングストーン アメジスト。精神の安定と癒やしをもたらし、ストレスを和らげ直感力を高め心の平穏を促進。

ヒーリングポイント 股関節。環跳《かんちょう》（太ももの付け根）曲泉《きょくせん》（曲げた膝の内側のしわの終点）、陰《いん》陵《りょう》泉《せん》は血行を促進する。

室《しつ》宿《しゅく》

エネルギッシュでダイナミック

本質 安定感と信頼性を持ち、物事を着実に進める力が特徴です。現実的な思考を持ち、周囲からの信頼を得やすいです。目標に対して忍耐強く取り組む姿勢があり、長期的な成功を目指すことが得意。協調性があり、人間関係においても調和を重んじます。ただし、慎重すぎるために、変化や新しい挑戦に対して消極的になることもありますが、その堅実さが安定した成果をもたらします。

恋愛&結婚運 恋愛では、深い絆を求め、パートナーとの共通の価値観や目標を大切にします。結婚生活においては、家庭を守る意識が強く、相手との調和を保ちながら、安定した幸福な生活を築くことに努力を惜しみません。ただし、慎重な性格がゆえに、関係が進展するまでに時間がかかることもありますが、その分、絆は強固なものとなります。

仕事運 計画性と信頼性を活かせる仕事。会計や経理、財務管理など堅実な管理業務に向きます。長期的な視野を持つため、プロジェクトマネージメントやコンサルティング、教育分野でも能力を発揮。

金運 計画的で堅実な資産管理でリスクを避け、安定した財産を築く力があります。一方で、慎重すぎて成長の機会を見過ごすことがあり、リターンの可能性を冷静に評価するスキルを磨くこと。

ヒーリングストーン ピンクカルサイト。感情のバランスを整え、愛と平和をもたらす。心の傷を癒やし自己愛を育みます。

ヒーリングポイント 右腿。足三里《あしさんり》（膝の下）風市《ふうし》（腿の外側）。陰市《いんし》（腿の内側）関節痛を和らげ免疫力を高めます。

壁宿《へきしゅく》

人を助ける世話好き人

本質 強い精神力と忍耐力を持ち、困難な状況でも冷静に対処できるのが特徴です。着実に目標に向かって努力し、自分の信念を貫く力があります。他者に対しても寛容で、周囲の人々をサポートする力を持っています。現実的な視点を持ちつつも、内面に強い理想を秘めており、自己成長を追求する姿勢を忘れません。過度に責任を感じるあまり、自己犠牲に陥りやすい傾向もありますが、その堅実さが周囲から信頼を得る基盤となります。

恋愛&結婚運 恋愛では慎重で、相手の本質を見極めようとするため、深い絆を築くまで時間がかかります。一度結ばれると長続きする関係を築きます。結婚生活では、家庭を守る責任感が強く、家族を大切にし、安定した生活の維持に努力します。ただ、自分に厳しい面があり、相手にも同じ基準を求めるため柔軟な心と互いの理解が大切。

仕事運 責任感と忍耐力を活かせる仕事。教育や福祉、医療など、他者を支える職業で力を発揮します。堅実さ、誠実さが求められる法律や財務管理などの分野も向いています。

金運 計画的で堅実な資産管理ができ、リスクを避け、安定した財産を築く力があります。一方で慎重すぎてチャンスを逃しやすい。目標を設定し、達成に向けたリスクを受け入れる意識を。

ヒーリングストーン トルマリン。ネガティブなエネルギーを浄化し、集中力を高める。心身のバランスを整える。

ヒーリングポイント 左腿。足三里《あしさんり》（膝の下）。風市《ふうし》（腿の外側）。陰市《いんし》（腿の内側）。関節痛や筋肉のこりを和らげます。

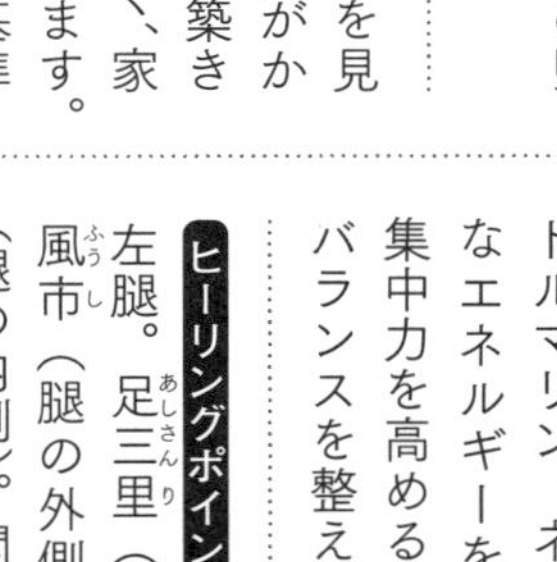

奎《けい》宿《しゅく》

マルチな才能を持つ人

本質 独立心が強く、自由を愛する性格が特徴です。知識欲が旺盛で、多方面に興味を持ち、深く探求する力があります。理性的で冷静な判断ができるため、周囲からの信頼も厚いです。一方で、自己主張が強く、他者に対して厳しい面もありますが、その分、公平さを重んじ、正義感が強いです。自分の理想に向かって努力を惜しまず、結果を出すための粘り強さも持っています。

恋愛&結婚運 恋愛では誠実でありながらも、束縛を嫌い、自分の時間やスペースを確保したいと考えます。結婚生活では、相手と対等な関係を築こうと努力し、お互いを尊重し合う姿勢を重視します。ただし、自分の理想が高いため、相手にも同じレベルの自立心や知性を求めがちです。共通の理解と信頼を深めることで、安定した幸福な関係を築くことができます。

仕事運 独立心と知識欲を活かせる仕事。研究職や教育、執筆業など自分のペースで深く探求できる職種に向いています。理性的な判断力を必要とする法律やコンサルティング業務でも才能を発揮。

金運 冷静に資産を管理できる点と自己投資やビジネスで成果を出す力があります。一方で理想が高く、時にリスクを取りすぎることで資産の変動が激しくなり、長期的な視点で資産管理を。

ヒーリングストーン ローズクオーツ。自己愛を育み、対人関係を円滑にします。愛と癒やしをもたらす効果が。

ヒーリングポイント 膝。足三里《あしさんり》（膝の下）膝《しつ》眼《がん》（膝の皿のすぐ下）犢《とく》鼻《び》（膝の皿の下）膝関節の痛みや腫れを軽減。

婁《ろう》宿《しゅく》

人と人をつなぐコーディネーター

本質 非常にまじめで勤勉な性格が特徴です。細部にまで気を配る能力が高く、責任感が強いため、任された仕事を最後までやり遂げる力があります。また、安定を重んじ、慎重に物事を進めるため、信頼される存在です。ただし、完璧主義の傾向があり、自分にも他人にも厳しくなりがちです。そのため、柔軟性を持つことが課題となりますが、その堅実さが大きな成果を生む基盤となります。

恋愛&結婚運 相手をしっかりと見極め、信頼関係を築くことに時間をかけますが、その分、一度結ばれた絆は非常に強固。結婚生活においては、家庭を守るための責任感が強く、パートナーとの信頼関係を大切にします。ただし、完璧を求めるあまり、相手にも厳しくなりがちな点には注意が必要。柔軟な心とお互いの理解が、より幸せな結婚生活を支えるカギとなります。

仕事運 細部に気を配り、責任感が強い性格を活かせる仕事。会計や経理、法律関連、品質管理、研究職など、正確さと堅実さが求められる職種。プロジェクトマネージメントでも能力を発揮します。

金運 無駄なく資産を増やす力があり慎重で堅実に財産を築きます。一方、リスクを避けすぎるので信頼できるファイナンシャルアドバイザーなどの意見を取り入れ、不安を軽減すること。

ヒーリングストーン オレンジカルサイト。気分を明るくし、喜びをもたらし、ポジティブなエネルギーを高めます。

ヒーリングポイント 脛。足三里《あしさんり》(膝の下)。豊隆《ほうりゅう》(脛の中央部分)。陰陵泉《いんりょうせん》(脛の内側)。膝や脛の痛みを和らげます。

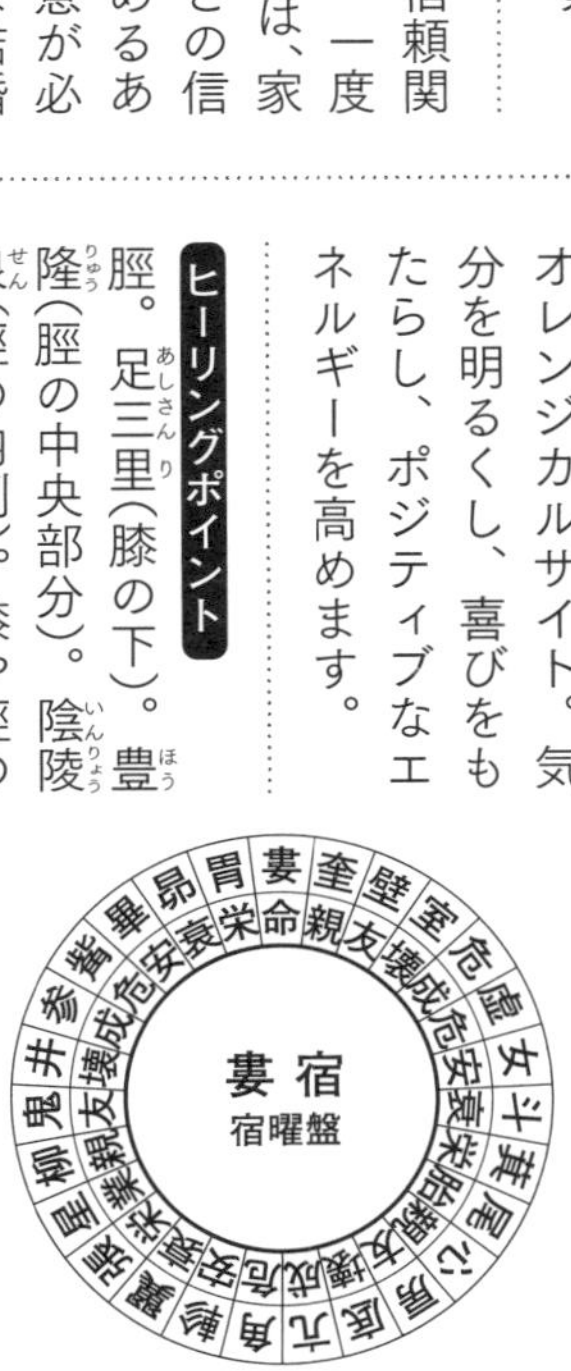

胃《い》宿《しゅく》

怖いもの知らずの人生開拓者

本質 実務的で堅実な性格でありながら、「無から有を産む」ような開拓者精神があり、新しいアイデアやプロジェクトを計画し、着実に実行していく力を持っています。このため未知の領域に踏み込み、そこから成果を上げることに長けているといえます。無駄を嫌い、効率を重視する姿勢とも相まって、堅実でありながら革新的な成功を収める力となります。

恋愛&結婚運 軽いおつき合いよりも、長期的なパートナーシップを築くことを好みます。相手に対して誠実で、深い信頼関係を築くことに重点を置くため、安定した関係が長続きします。結婚生活では、家庭を堅実に守り、実務的なサポートを惜しみません。ただし、現実的すぎるあまり、ロマンティックな面が不足しがちになることも。時には感情を表現することが重要です。

仕事運 開拓者精神を活かせる仕事。起業家やビジネス開発、不動産開発など、道を切り開き、計画的に成果を上げる職種に向いています。プロジェクトのマネージャーとして成功に導く力も発揮。

金運 堅実な資産管理で効率を重視し、無駄を排除して着実に財産を築きます。一方で計画的で慎重なあまりチャンスを逃しやすく、柔軟に考える力を養いアイデアや方法を試してみること。

ヒーリングストーン タイガーアイ。勇気と決断力を高め、困難を乗り越える力を強化。特に金運や仕事運を向上させる。

ヒーリングポイント 足先&足裏。湧泉《ゆうせん》(足裏の中央より上)。太白《たいはく》(足の親指の付け根)。足心《そくしん》(足裏の中央)。冷え性改善。

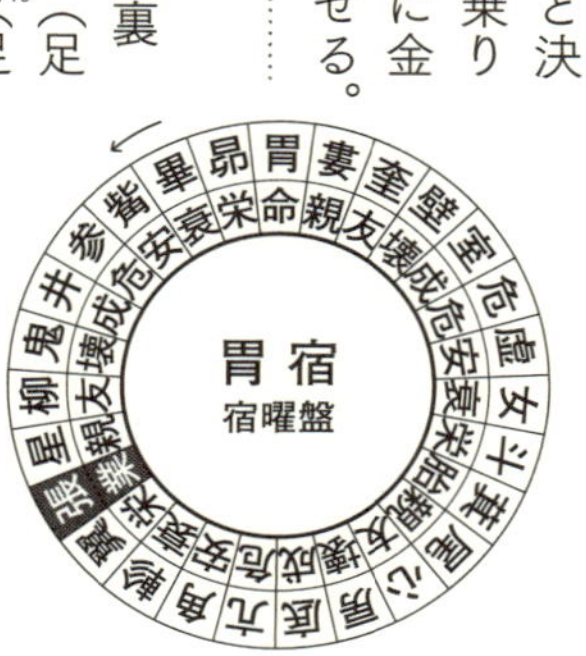

第5章

宿曜の相性占いと対人関係

相性の割り出し方

巻末の「本命宿早見表」か二次元コードで、自分の宿と相手の宿を出します。

例えば、1981年4月14日生まれの人なら、P.216の早見表で、月と日が交差したところを見ると「張」です。つまり「張宿」となります。次に相手の生年月日から、同じように「宿」を探して、相手は「胃宿」だとします。

「張宿」（P.144）の宿曜盤で「胃」をみると「胎」の関係となるのがわかります。相手の「胃宿」で「張」を探すと「業」になります。したがって、張宿と胃宿は、「業・胎」の関係の相性となり、解説文を見て（P.175）その相性の意味がわかります。

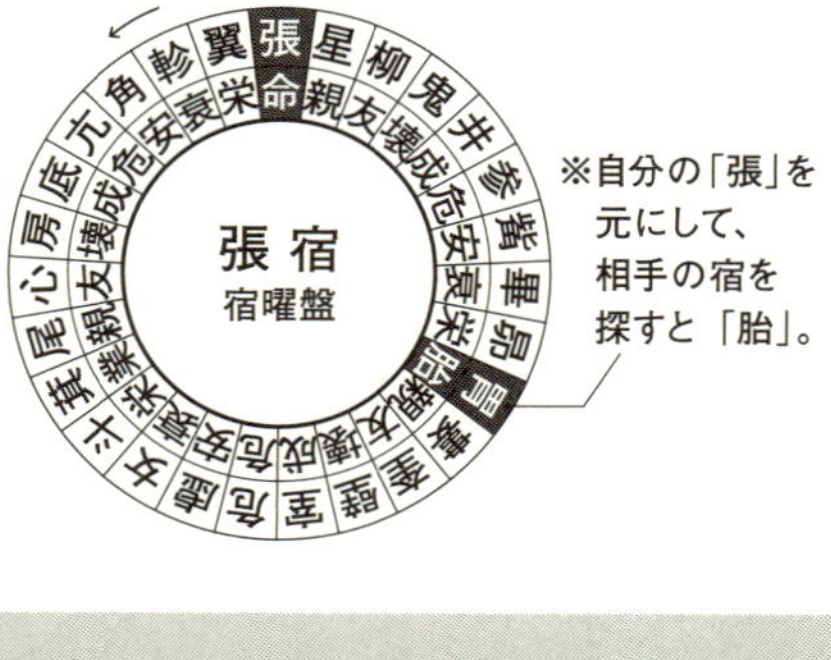

相性占いの特徴と法則

人は決して一人で生きてはいません。日々の生活や成功において、他人の助けや支えがあってこそ成り立っています。宿曜占星術の中でも人間関係を占う相性占いは、他に類をみない的中率の高さが特徴です。相性が良い悪い、好き、嫌いというような感情判断的に単純なものではありません。「袖すり合うも他生の縁」という言葉があるように必然的です。ここで巡り合ったのも何かの縁、良いも悪いも、今の自分に必要だから、出会いがあるのです。「運」を運んでくるのはいつでも「人」です。どう関わるかで生き方にも影響が表れます。その縁を大事にしていくことで、気づきもあり、運も上昇していくということです。

宿曜の相性占いは、自分の宿（本命宿）とほかの宿とは互いにどのような関係性なのか？　という対人関係の相性を導き出すもので、大きな特徴となっています。人と人を巡り合わせる縁。人は、時として人知を超えた不思議な力に導かれるものです。「こうなったのも何かの縁」とつき合い始めたりするのも、この縁の作用が影響しています。過去の縁を振り返り、現在の縁を発展させ、未来の縁に希望を託すこと。そして、その縁をどう受け入れ、発展させるかで、私たちの生きる道や世界も大きく変わっていきます。

人は無意識のうちにさまざまな選択をしています。いつ何を、誰を選ぶかで、人間関係はどんどん変わっていきます。今の人間関係のほとんどは、私たちの選択と縁が形作ったものと言ってもいいでしょう。

「円滑な人間関係を築くうえで、どのように相手とコミュニケーションを取るべきか」を紐解いていることが、宿曜占星術の相性占いの大きな特徴です。

人間関係の11のタイプと基本的な6種類の相性を紹介します。

また、相手との縁の深さで、「遠距離」「中距離」「近距離」がありますが、ここでは割愛します。

ゴールデンゲートのカギとなる人

空海が唱えた宿曜秘宝の中には、人間関係における相性の法則があります。その組み合わせは729通り。「自分にとってどういう役目がある人なのか」、それを見ることが重要です。「誰と出会うか」「誰と組むか」であなたの人生は変わっていきます。あなたのパワーを引き出す最強のご縁を知るには、自分と相手は、どのような相性なのかを知ること、そしてつき合い方を深く理解しておくことです。

何をしていいかわからないと悩んでいたり、人生の方向性を模索していたり、そんな方も多いと思います。それには「意味」があるのです。それは「ゴールデンゲート」を開けるために必要な時期だからです

では、「ゴールデンゲート」とは何でしょうか？　それは自分のステージアップを迎えたときや、今までの自分からさらなる高みを目指すときのことです。そんなときに

現れる人が、ゴールデンゲートを開ける「カギ」となる人です。

そんな人との関わり方しだいで、うまく自分のパワーを増大するために宿曜の「相性の法則」を見ていきましょう。

11の関係性を知る

円滑な人間関係を築くうえで、どのように相手とコミュニケーションを取るべきかを紐解いたものが、宿曜の相性の法則です。出会った瞬間に、人生が大きく変わるような影響を与え合い、重要な人や場所へつなぎ、無償で協力し合うのです。まさにこのパワーも百人力です。

人間関係の根底には、人としての「愛と感謝」の気持ちがあることが大切です。人生にはなくてはならない存在の人や、あなたに必要な人が現れるので、「あの人は嫌い」「あの人は苦手」と言っていられません。関係性を知ると、つき合うコツが自然とわかってきます。そしてお互いの関係で相乗効果が生まれて、どちらもどんどん運がよくなります。

①似た者同士の人 「命《めい》」

現世で出会うべき宿縁で結ばれている一心同体のようなソウルメイトの関係です。同じ価値観を持ち、人生の使命や役割も似ているので、損得抜きに応援でき、力の貸し借りも無理なくできます。分身のように運命的な縁がとても深く、お互い理解するのも早いですが、ときには摩擦もあります。ほどよい距離感が大事。双方にとってよいも悪いもなく、相手はもう一人の等身大の自分。公私にわたって惜しみなくサポートが発揮できれば、かけがえのないソウルメイトです。

②サポートしてもらう人 「業《ぎょう》」

前世からつながりのある運命共同体のように、お互いを必要とする強い絆のソウルメイトです。どこか懐かしさを感じる相手で、前世での貸しを返してくれるかのように、無償のサポートをしてくれます。価値観や行動パターンが似ているので、口に出さなくても、以心伝心でお互いのことが自然とわかってしまいます。

③サポートしてあげる人　「胎《たい》」

来世でも出会う、運命共同体のようにお互いに必要とする強い絆のソウルメイトです。宿命的な縁や志を受け継ぐことになるでしょう。相手につき従うケースはありますが、強制的なものではなく、一緒に果たすべき使命や役割で、未来に縁をつなぐような連携的なものとなるでしょう。本音のつき合いができるので、助け合いながら困難を乗り越えていくことができます。

④希望をもたらす人　「栄《えい》」

相手の能力をゆっくりと引き出し、親しみが信頼になり愛に変わり、ゆっくりと育まれていくでしょう。まずは、最初に自分が相手を栄えさせ、時間をかけて信頼を育てていくことです。

⑤親愛をもたらす人 「親《しん》」

第一印象のインパクトは感じられないけれど、ゆっくりと好意が芽生え、協力し合うことで絆が深まっていくでしょう。親しみが強く、思いやりのある確かな絆が深まっていきます。

⑥交友をもたらす人 「友《ゆう》」

精神レベルが似通っている場合が多いので、つき合いやすい相手と感じるでしょう。自然に優しい気持ちになり、心が開いて何でも話したくなる相手。時間を忘れていつまでも楽しい時間を共有したくなるでしょう。

⑦心のつながりをもたらす人 「衰《すい》」

何かと世話を焼きたい、面倒みたい、となってしまい、そうしているうちに自分も癒やされていきます。優しさに触れるうちに好きになっていたということが多く、精神的な結びつきが強い相手です。恋愛関係の場合は、どんな障害があっても乗り越えようとします。

⑧安定を持って破壊する人　「安《あん》」

主導権はあなた。無条件にあなたを受け入れてくれます。抱擁したくなるぐらい心地よい相手。気をつけたい点は挑発的な言葉を投げかけたり、相手の不安な気持ちを煽《あお》るような行動を取ってしまうことや、言いたいことを言いすぎたり、わがままするぎる態度や言動は、亀裂のもとになるので気をつけましょう。

⑨破壊される人　「壊《かい》」

理屈抜きで心魅かれ、自分が磨かれ、ややもすると心が壊れていく時もあるでしょう。一触即発のように、あらゆる意味で強烈なパッションをたきつけられることもあります。最初は意気投合して盛り上がることもありますが、愛情が絡むことで摩擦が生じ、憎しみを生む結果に。相手が師弟の師に当たり尊敬できる存在であれば、破壊される作用はよい方向に働きます。また、クリエイティブな分野での働きは、大成功する場合もありますが、リスクを覚悟する必要なときもあるでしょう。

⑩危険を与える人 「危《き》」

物事の見方や考え方が異なることが多く、意見に相違が生じやすいでしょう。考えや価値観が違いすぎてリスクも与えられますが成長の機会があり、世界観が広がるでしょう。予想外の言動や行動に驚かされますが、長続きのコツは相手に干渉しすぎないこと。大きなリスクを感じても、ハイリターンで返ってくる可能性があります。

⑪成功に導かれる人 「成《せい》」

違う考えや言動に刺激を受けますが、自分にないものを教えてくれて、補ってくれる有益な相手。考え方が違いますが、さまざまな知識や情報の交換ができ、知的好奇心をかき立てられるでしょう。適度な距離感を保つことができれば、成功へと導かれ、結果、有益な協力関係が築けます。

6つの相性 ～有名人パートナー

自分から見て、相手はどんなタイプでどんなエネルギーをもたらすのか、これを知るだけでも人力パワーがぐんとアップします。それぞれの環境でふさわしい相性の人と組めば、最高の結果をもたらしますし、その環境においてふさわしくない人であったとしても、相手の「宿」を知っていれば、お互いの相性を有効活用することができるのです。また相性を知ったうえで、相手がどのようなエネルギーを持っていて、どんなときにそのエネルギーを受け取ればよいか、さらに自分の持つエネルギーをどんな相手に差し伸べたらよいかもわかります。人間関係を円滑にするうえで、最高のバイブルになります。

①命《めい》・命《めい》

「命・命」の関係となる相性の相手と出会う確率は、6種類ある関係性の中でも一番低く、27分の1となります。だからこそ、出会った時には相手に対して惜しみないサポートを発揮すると、自分と等身大の相手である「命」の関係性だけに、百人力の人力パワーを受け取ることになります。

有名人パートナー
「**奎宿**」上皇陛下×「**奎宿**」上皇后美智子さま
「**心宿**」永山瑛太さん×「**心宿**」木村カエラさん
「**参宿**」TAKAHIROさん×「**参宿**」武井咲さん
「**柳宿**」松田翔太さん×「**柳宿**」秋元梢さん

②業《ぎょう》・胎《たい》

人生の「ターニングポイント」で出会うケースが多いでしょう。運命的な連鎖反応が生じる関係で、お互いを必要とし、果たすべき使命、役割で方向性が一致していきます。相互に無償の精神で協力し合い、エネルギーを分け合う関係です。協力関係が成り立つ宿縁の波長もぴったり合致するので、自分の周りに現れると、運気エネルギーもどんどん上がっていきます。

有名人パートナー

「危宿」叶恭子さん×**「参宿」**叶美香さん
「觜宿」小栗旬さん×**「角宿」**山田優さん
「翼宿」桑田佳祐さん×**「昴宿」**原由子さん

※命《めい》・業《ぎょう》・胎《たい》

仕事でもプライベートでも、どんな環境においても似たような価値観を持ち、損得勘定を抜きに応援できる関係です。運命の分かれ道や人生の岐路に立っている時に出会い、ステージアップのために背中を押し、一緒に歩んでくれる「人力パワー」を持つ人と言えます。力の貸し借りも無理なくできてしまう、現世で出会うべき相手なのです。

自分から見て命、業、胎の関係に当たる相手はソウルメイトと言えます。輪廻転生で自分が生まれ変わる「宿」なので、魂が似ていて運命的な縁がとても深いグループの一員です。

自分の枠を飛び越えた出会いをする相手であると同時に、人生を大きく変えるような影響を与え合います。重要な人や場所へつなぎ、無償の精神で協力し合う関係です。まさにこのパワーも百人力です。自分ひとりでは困難なことでも、人力パワーを「もらう」「あげる」の交換作用を起こして、難なく切り抜けられてしまいます。そして成功に導かれ運気もパワーアップしていくのです。

③栄《えい》・親《しん》

自分のステージアップのときや、これまでの自分からさらに高みを目指すときにまず表れるのは「栄・親」の関係です。

栄・親は、お互いにウィンウィンで発展的な関係性。最初はお互いに印象が薄いのですが、長くつき合うとかけがえのない存在になっていきます。なぜなら自分と似ているエネルギーを保有していて、互いに欲しいエネルギーをもらえる相手だからです。

この関係性で物事に当たると、お互いの能力を引き出し合うため、自分ができないことや苦手なことも楽々とできてしまいます。そしてひとりの力の限界を飛び越えて、双方にパワーがあふれ出します。

お互いの波長もぴったりと合致しているため、深まれば深まるほど自分の世界を広げていけます。恋愛よりも、結婚、ビジネス向き、それゆえに、ラッキーパーソンであり、仕事以外でもベストパートナーとなり、常に幸運を伴う理想的な相性です。

有名人パートナー

「**亢宿**」福山雅治さん×「**室宿**」吹石一恵さん
「**鬼宿**」柄本佑さん×「**井宿**」安藤サクラさん
「**婁宿**」岡田准一さん×「**柳宿**」宮崎あおいさん

④友《ゆう》・衰《すい》

人生には悲しいとき、つらいとき、心が折れそうなときがあります。そんなときにそばにいてくれて、自分の気持ちを汲み取り受け入れてくれる人がいたら、どんなに頼もしく心強いことでしょう。お互いに本心を打ち明けることができ、打算もなく精神的なつながりで支え合う相手。例えるなら、ラブラブと呼べるもの。とても親密な親友や恋人の相性です。気持ちのよいエネルギーが交換できます。それぞれの人生観や価値観に共鳴して飽きることなく語り会える間柄の二人。

気をつける点は、現実的で合理的な関係とは言い難く、利害が衝突するようなトラブルがあったときには「乗り越え」が問題となり、浮き彫りになります。損得でメリットを求めると歯車が合わなくなり、どちらかというとプライベートな場面で盛り上がるフレンドリーな場合もあります。

なんと言っても大事にしたいことは、仕事のストレスや疲れを緩和できるエネルギーが緩やかに流れて、心が和み安らぎを感じ、明日の仕事の活力となる人力パワーの相性と言えます。

有名人パートナー

「**胃宿**」DAIGOさん×「**奎宿**」北川景子さん
「**井宿**」堺雅人さん×「**心宿**」菅野美穂さん
「**昴宿**」田中裕二さん×「**婁宿**」山口もえさん

⑤安《あん》・壊《かい》

同じ相手であっても場面によって関係性が変わり、いろいろなシチュエーションで変化する人間関係もあります。例えば仕事では好相性なのに、プライベートだとどうしてもしっくりこない、逆に友達としては最高だけど、仕事になるとぶつかってしまう。恋人としては情熱的になれるけれど、結婚を考えると躊躇してしまうなどなど。

「安・壊」は、お互いに一皮むけながら研磨し合って成長し合う相性。最初は試練が伴います。磁石の「＋《プラス》と－《マイナス》」が引き合うように、最初は一気に惹かれ合いピタッとくっつくパワーがあります。惹き合う中でお互いの未知の才能を交換するので、どうしても相手のことがわからず、自分も相手も傷ついてしまうことがあるのです。

そんなときは磁石が「－《マイナス》と－」になって一気に離れていき、関係性が壊れるケースも少なくありません。

ただ、この関係性を成長と学びのパワーに変えると、あなたも相手もひと回りもふた回りも成長し、次のステージへのゴールデンゲートが開きます。ポイントは多少痛みが伴っても、自分を磨いてくれるマジックパワーの相手であると認識することです。

有名人パートナー

「室宿」 木村拓哉さん × **「星宿」** 工藤静香さん
「心宿」 反町隆史さん × **「参宿」** 松嶋菜々子さん
「危宿」 山本耕史さん × **「翼宿」** 堀北真希さん

⑥危《き》・成《せい》

自分がどうしていいかわからないとき、方向が見えないときに現れるのが「危・成」の人です。あなたがビジネスを発展させたいときに、自分が気づかなかった能力に気づかせてくれながら成長させてくれる相性です。「危・成」の人はビジネスパーソンですが、時にはピンチやリスクなどの危うさも伴います。それがゆくゆくは成功へとつながるベストチャンスになる可能性がある相性です。

そして考えが違うからこそ、刺激的、よいライバルとして切磋琢磨しながら成長し、自分に欠けている一面を相手に見出すことで、最終的には尊敬し合える良質のエネルギーとなっていきます。この関係性がやがてビジネスの成功を生み出します。ポイントは考え方が違う相手を受け入れ、尊敬すること、それが人力パワーとなり、ビジネスを成功させます。結婚も生涯のビジネスと捉えると経済発展の源と考えることもできる相性です。あなたが次のステージに行きたいとき、ビジネスや人生の成功を加速したいときに選ぶとパワーを得ることができる相手です。

有名人パートナー

「**壁宿**」三浦友和さん×「**畢宿**」山口百恵さん
「**奎宿**」菅田将暉さん×「**虚宿**」小松菜奈さん

縁と運がもたらす人生のエネルギー

「縁」と「運」は、私たちが生きていくための大切なエネルギーです。誰とどう関わるか、いつ何を始めればいいのか、挑戦すべきタイミングはいつが最適なのか、これらの要素は私たちの人生に大きな影響を与えます。

未来の計画を実行するとき、運気の流れと出会う人間関係を知っておくことは、人生という航路の舵取りをスムーズにします。宿曜の知識で見ると、あなた自身の「宿」には成就するための必要不可欠な情報が詰め込まれています。

宿曜では、6つの相性と11の関係性が鍵となり、さらに細分化すると729通りもあります。これらの「相性」や「縁」「運」は私たちの人生において引き寄せの力を持っています。

「袖すり合うも他生の縁」という言葉があるように、偶然の出会いと感じるこの縁は、あなたにとって必然的な縁であるということです。

人間関係・相性の法則に効力を発揮する

この人は自分にとって相性がよい・悪い、好き・嫌いという簡単な原理では宿曜の関係性は決まりません。そもそも私たちは一人では生きていけないのです。「いつ」「誰と出会って」「誰と一緒に活動するか」「どんなグループに属するのか」で人生が大きく変わってくるものです。

一番身近な人間関係が家族ですが、気が合う・合わない、本音が言える・言えない、ということが家族の中でも必ずあるはずです。

友人関係になれば、なおさらでしょう。さらに、職場の同僚、上司、取引き先の人、近所の人、趣味やサークルの仲間と活動の場が広がるほど関わる人も多くなります。

自分の立ち位置、役割というものが、関わる相手やグループによって異なってくるのが自然です。どのように関わっていくかで、人間関係が円滑に営まれていくのか、必然的に出会う人間関係だからこそ、関わり方が大事になるのです。

「ムカつくあの人」は、実はあなた自身！　ユング心理学では無意識の中に残されているもう一人の影・シャドウはあなたの「影」。目の前に現れる人は今のあなたに、相性がいいも悪いもなく、必然。等身大として見せてくれていると思えば、すべてＯＫとなります。サインやヒント、気づきを得ることになるので、納得できることになるはずです。

宿曜の相性は「コインの裏表」

自分から見た場合と相手から見た場合で、その「関係性」が異なります。まるでコインの裏表のように、お互いに必要な関係が成り立つのです。一枚で一つ、自分と相手で一つの一体感だからこそお互いの使命や役目があります。人と上手につき合う秘訣は、自分自身が幸せで安定していることにあります。

好き嫌いの感情を利用して相手を思い通りに動かそうとする関係では、人間関係はうまくいきません。お互いが心地よい距離感でつながれるようになると、良好な時間が流れます。

時には、会うたびにギクシャクして、悩み多い関係もありますが、自分とは違うタイプの人だからこそ学べることがある、と意識を変えると心地よく人とつながることができるでしょう。

驚くべき効果を誇る宿曜の「相性」の法則は、単に相性がよいか悪いかではなく、自分にとってどのような「役目」の人なのかを示しています。この世で出会う人々は、すべて今の自分に必要な存在であり、必然的なものです。

密教の両界曼荼羅《まんだら》の胎蔵《たいぞう》曼荼羅は「大日如来」が真ん中に座し、「大日如来」を宇宙として、次々とまわりに如来、菩薩、明王、天部などなどを生み出しています。その最も外側の「最外院」に27宿が鎮座しており、それは地球の人間である私たちを表しているかのようです。

27宿の神様、仏様を表しているのであれば宇宙（地球）の「神」である「27宿」を「嫌な人、嫌いな人」とは言えません。さらに、27宿は人間の「身体」の「頭から足先」までを表すご神体なのです。

その身体の部位を大切に労わり感謝の念が必要なのです。あなたの周りに表れる人々はみんなあなたにとって出会うべき必然的な人。何を気づき、何を感じるか！「よい」も「悪い」も、それぞれ意味があることなのです。

あなたの周りの人々は、あなたから見てどのような「相性」で、どのような「役目」を持つのでしょうか。反面教師として学びを与えてくれる人や、世界観を広げてくれる人など、さまざまな役目を持つ人がいます。

これを知ることで、つき合うコツが広がります。人はエネルギーを発しており、その周波数が合うと心地よく感じます。周波数が合わない場合でも、努力して合わせたり、探ったり、気づきを得たりすることで、どのような相性でも今の自分に必要な人だと捉えることができます。

これにより、必要な何かを得てチャンスが巡ってくるのです。お互いにわかり合い、わかち合うためには、相手の周波数をチューニングしてキャッチできるようになると、波動がよくなります。もちろん、ほどよい距離感も大事です。そのコツを知れば、つき合いの幅もどんどん広がっていくでしょう。

お互いにすべてを受け入れることはできなくて当たり前です。自分を中心にしたスケールで見ると、人には「よい面」と「悪い面」があります。

苦手意識を持つと、どうしても悪い面ばかりに目が行き、よい面にはなかなか気づけません。だからこそ、視点を変えて相手の長所を見つけることが重要です。相手のよい面に目を向けることで、尊敬や尊重の気持ちが芽生え、人間関係がよりよいものに変化します。

人間関係によるストレスは当たり前のこと。自分と相手はそもそも違う存在です。しかし、違う人の視点を取り入れることで、今まで気づかなかったよい面に気づけるきっかけにもなります。人間関係を築く際、自分と他人の違いを受け入れ、その違いを活かしていくことで、より豊かで充実した関係が築けるのです。

よい悪いも出会うタイミングも必然

そのときに必要な相手だから出会うのでしょう。人間関係の相性にテーマを絞ったとき、宿曜の目に見えない奥深い領域からの作用に驚かされると共に、人と人の不思議な出会いやご縁は宿命のなせるわざなのだと実感します。

ですから繰り返しますが、宿曜の相性は相手が自分にとって気が合うとか合わないとか、好き嫌いの感覚的なレベルで決定するものではなく、日々関わる人が自分にとってどういう「役目」を持つ人なのか！　エネルギーはどういう向きで流れているのか……そのエネルギーのバランスを知ると、人間関係の幅が広がっていきます。

この世（現世）に生まれ出るまで過去世で何度も生死を繰り返している間に、結ばれた因縁であり、前世で結ばれた縁は現世でも巡り合うということなのです。そのことを「袖すり合うも他生の縁」といいます。

あなたにとって相手にとって、必要であれば必ずどこかで縁があります。環境や時などによりいっとき離れることがあっても、再会してつながるときがやってきます。これが他生の縁でもあります。さらに時期やタイミングもあります。それを逃さないこと。よい運気のときは、徹底的にあなたに必要な人を引き寄せているはず。

すべての「物」や「人」にはエネルギーがある

エネルギーはその人の「思い」の中に入り込んでいきます。その人から受けてしまった悪いエネルギーは、あなたの心の中を悶々《もんもん》とさせるでしょう。

よいエネルギーは身体の中に循環して、氣のエネルギーが高まりますから周りの人たちや空間の波動もよくなるでしょう。

しかし、悪いエネルギーを受け取ってしまうと、氣のエネルギーが身体の中で停滞し淀んでいく。たとえばスーパーのレジでいつも以上に待たされて、あげくの果てに乱暴な接客。タクシーに乗ったら、行き先を告げても返事がない。なぜかそのイライラした態度の空気は、こちらにも伝染してくる。電車の中で乗客同士が急に口論となり罵声を浴びせる状況が目に入り、口論が聞こえてしまい、怖くなったらその波動は身体に伝染してきます。

嫌なことがあった、つらいことがあった、などなど悪いエネルギーに触れたら、その日のうちに邪気祓いをして落としてしまうことはとても大事ですね。そのままにしておくとそのイライラは、家族や仲間などの大切な人にも与えてしまう可能性が大になるでしょう。

手っ取り早い方法は落ち着いた気持ちを取り戻す深呼吸！　塩と酒を入れた風呂（P.123参照）に浸かる浄化！　アロマやお香を焚いて邪気祓い！　香りのよいボディーローションでバリアする！　嫌なことがあっても、その日で終わりにしましょう。日付が変われば新しい1日が始まりますから。

人力の強い柱で支えてもらう

日頃から自分の周りを支えてくれる人間関係をつくっておくことは大切です。信頼を得られる人間関係の縁を大切にしていくことで、縁は丸い円になり試練や困難があっても人の力を借りて支えてもらえば、うまく乗り越えて大きな結果となり、可能性もどんどん広がりを見せるでしょう。宿曜の人間関係では、

●よいも悪いも見せてくれる関係
●持続的に補佐する関係
●発展的で繁栄につながる関係
●心の支えになってくれる関係
●磨き合って成長する関係
●世界観が広がる関係

などがあります。環境によっても見方、捉え方、考え方はさまざまですが、どんな人間関係に囲まれて生きているか、感覚で知っておくこともできます。また、論理的に知ることで驚きを隠せないこともたくさんあります。

仏教におけるブッダは「善友がすべて」

電車に乗ったり、人の多い場所に行ったりして、そこで目にする集団を何気なく観察してみると服装、髪型、髪の色、目つき、顔つき、表情や話し方、話している言葉、動作、その姿や行動、態度、などなど立ち居振る舞いに多くの共通点を見つけることができます。

気の合う者や似通った者同士は、自然に寄り集まって仲間をつくるように「類は友を呼ぶ」ということわざ通り、常に一緒にいることで、さらにお互いが影響を与え合い、その特徴が顕著になっていきます。

悪友のそばにいれば悪友の影響を受けるし、善友のそばにいれば善友の影響を受けます。

知らず知らずのうちに、お互いに影響し合っていきます。だからこそ、意識して友を見極めることの大切さを「ブッタ」は説いたのでしょう。

道を成すための日々は自分が尊敬できる人や、優れた人物と会って話をすることで成長が加速します。反対に悪い癖を持っている人や、評判のよくない人とは、距離を置くことは必要かもしれません。

このように自分の周りを見た時にどのような人が多いか、私たちは身近にいる人から、知らず知らずのうちに大きな影響を受けて生活をしています。

それは、自分が積み重ねてつくってきた人間関係なのです。ビジネスでは誰と組むか、プライベートでは誰といるか、宿曜で解いている「6つの相性」「11の関係性」は、単なるよい悪いではなく、お互いによい影響を与え合える関係性を構築するための人生の羅針盤なのです。

巻末資料

本命宿早見表

1920年

	1	2	3	4	5	6	7	8	9	10	11	12	13	14	15	16	17	18	19	20	21	22	23	24	25	26	27	28	29	30	31
1月	畢	觜	参	井	鬼	柳	星	張	翼	軫	角	亢	氐	房	心	尾	箕	斗	女	虚	虚	危	室	壁	奎	婁	胃	昴	畢	觜	参
2月	井	鬼	柳	星	張	翼	軫	角	亢	氐	房	心	尾	箕	斗	女	虚	危	室	室	壁	奎	婁	胃	昴	畢	觜	参	井		
3月	鬼	柳	星	張	翼	軫	角	亢	氐	房	心	尾	箕	斗	女	虚	危	室	壁	奎	婁	胃	昴	畢	觜	参	井	鬼	柳	星	張
4月	翼	軫	角	亢	氐	房	心	尾	箕	斗	女	虚	危	室	壁	奎	婁	胃	胃	昴	畢	觜	参	井	鬼	柳	星	張	翼	軫	
5月	角	亢	氐	房	心	尾	箕	斗	女	虚	危	室	壁	奎	婁	胃	昴	畢	觜	参	井	鬼	柳	星	張	翼	軫	角	亢	氐	房
6月	心	尾	箕	斗	女	虚	危	室	壁	奎	婁	胃	昴	畢	觜	参	井	鬼	柳	星	張	翼	軫	角	亢	氐	房	心	尾	箕	
7月	斗	女	虚	危	室	壁	奎	婁	胃	昴	畢	觜	参	井	鬼	鬼	柳	星	張	翼	軫	角	亢	氐	房	心	尾	箕	斗	女	虚
8月	危	室	壁	奎	婁	胃	昴	畢	觜	参	井	鬼	柳	張	翼	軫	角	亢	氐	房	心	尾	箕	斗	女	虚	危	室	壁	奎	婁
9月	胃	昴	畢	觜	参	井	鬼	柳	星	張	翼	角	亢	氐	房	心	尾	箕	斗	女	虚	危	室	壁	奎	婁	胃	昴	畢	觜	
10月	参	井	鬼	柳	星	張	翼	軫	角	亢	氐	氐	房	心	尾	箕	斗	女	虚	危	室	壁	奎	婁	胃	昴	畢	觜	参	井	鬼
11月	柳	星	張	翼	軫	角	亢	氐	房	心	心	尾	箕	斗	女	虚	危	室	壁	奎	婁	胃	昴	畢	觜	参	井	鬼	柳	星	
12月	張	翼	軫	角	亢	氐	房	心	尾	斗	女	虚	危	室	壁	奎	婁	胃	昴	畢	觜	参	井	鬼	柳	星	張	翼	軫	角	亢

1921年

	1	2	3	4	5	6	7	8	9	10	11	12	13	14	15	16	17	18	19	20	21	22	23	24	25	26	27	28	29	30	31
1月	氐	房	心	尾	箕	斗	女	虚	虚	危	室	壁	奎	婁	胃	昴	畢	觜	参	井	鬼	柳	星	張	翼	軫	角	亢	氐	房	心
2月	尾	箕	斗	女	虚	危	室	室	壁	奎	婁	胃	昴	畢	觜	参	井	鬼	柳	星	張	翼	軫	角	亢	氐	房	心			
3月	尾	箕	斗	女	虚	危	室	壁	奎	奎	婁	胃	昴	畢	觜	参	井	鬼	柳	星	張	翼	軫	角	亢	氐	房	心	尾	箕	斗
4月	女	虚	危	室	壁	奎	婁	胃	昴	畢	觜	参	井	鬼	柳	星	張	翼	軫	角	亢	氐	房	心	尾	箕	斗	女	虚	危	
5月	室	壁	奎	婁	胃	昴	畢	畢	觜	参	井	鬼	柳	星	張	翼	軫	角	亢	氐	房	心	尾	箕	斗	女	虚	危	室	壁	奎
6月	婁	胃	昴	畢	觜	参	井	鬼	柳	星	張	翼	軫	角	亢	氐	房	心	尾	箕	斗	女	虚	危	室	壁	奎	婁	胃	昴	
7月	畢	觜	参	井	鬼	柳	星	張	翼	軫	角	亢	氐	房	心	尾	箕	斗	女	虚	危	室	壁	奎	婁	胃	昴	畢	觜	参	井
8月	鬼	柳	星	張	翼	軫	角	亢	氐	房	心	尾	箕	斗	女	虚	危	室	壁	奎	婁	胃	昴	畢	觜	参	井	鬼	柳	星	張
9月	翼	角	亢	氐	房	心	尾	箕	斗	女	虚	危	室	壁	奎	婁	胃	昴	畢	觜	参	井	鬼	柳	星	張	翼	軫	角	亢	
10月	氐	房	心	尾	箕	斗	女	虚	危	室	壁	奎	婁	胃	昴	畢	觜	参	井	鬼	柳	星	張	翼	軫	角	亢	氐	房	心	心
11月	尾	箕	斗	女	虚	危	室	壁	奎	婁	胃	昴	畢	觜	参	井	鬼	柳	星	張	翼	軫	角	亢	氐	房	心	尾	斗	女	
12月	虚	危	室	壁	奎	婁	胃	昴	畢	觜	参	井	鬼	柳	星	張	翼	軫	角	亢	氐	房	心	尾	箕	斗	女	虚	虚	危	室

1922年

	1	2	3	4	5	6	7	8	9	10	11	12	13	14	15	16	17	18	19	20	21	22	23	24	25	26	27	28	29	30	31
1月	壁	奎	婁	胃	昴	畢	觜	参	井	鬼	柳	星	張	翼	軫	角	亢	氐	房	心	尾	箕	斗	女	虚	危	室	室	壁	奎	婁
2月	胃	昴	畢	觜	参	井	鬼	柳	星	張	翼	軫	角	亢	氐	房	心	尾	箕	斗	女	虚	危	室	壁	奎	奎	婁			
3月	胃	昴	畢	觜	参	井	鬼	柳	星	張	翼	軫	角	亢	氐	房	心	尾	箕	斗	女	虚	危	室	壁	奎	婁	胃	昴	畢	觜
4月	参	井	鬼	柳	星	張	翼	軫	角	亢	氐	房	心	尾	箕	斗	女	虚	危	室	壁	奎	婁	胃	昴	畢	畢	觜	参	井	
5月	鬼	柳	星	張	翼	軫	角	亢	氐	房	心	尾	箕	斗	女	虚	危	室	壁	奎	婁	胃	昴	畢	觜	参	参	井	鬼	柳	星
6月	張	翼	軫	角	亢	氐	房	心	尾	箕	斗	女	虚	危	室	壁	奎	婁	胃	昴	畢	觜	参	井	参	井	鬼	柳	星	張	
7月	翼	軫	角	亢	氐	房	心	尾	箕	斗	女	虚	危	室	壁	奎	婁	胃	昴	畢	觜	参	井	鬼	柳	星	張	翼	軫	角	亢
8月	氐	房	心	尾	箕	斗	女	虚	危	室	壁	奎	婁	胃	昴	畢	觜	参	井	鬼	柳	星	張	翼	軫	角	亢	氐	房	心	尾
9月	箕	斗	女	虚	危	室	壁	奎	婁	胃	昴	畢	觜	参	井	鬼	柳	星	張	翼	角	亢	氐	房	心	尾	箕	斗	女	虚	
10月	危	室	壁	奎	婁	胃	昴	畢	觜	参	井	鬼	柳	星	張	翼	軫	角	亢	氐	房	心	尾	箕	斗	女	虚	危	室	壁	奎
11月	婁	胃	昴	畢	觜	参	井	鬼	柳	星	張	翼	軫	角	亢	氐	房	心	心	尾	箕	斗	女	虚	危	室	壁	奎	婁	胃	
12月	昴	畢	觜	参	井	鬼	柳	星	張	翼	軫	角	亢	氐	房	心	尾	斗	女	虚	危	室	壁	奎	婁	胃	昴	畢	觜	参	井

1923年

	1	2	3	4	5	6	7	8	9	10	11	12	13	14	15	16	17	18	19	20	21	22	23	24	25	26	27	28	29	30	31
1月	鬼	柳	星	張	翼	軫	角	亢	氐	房	心	尾	箕	斗	女	虚	虚	危	室	壁	奎	婁	胃	昴	畢	觜	参	井	鬼	柳	星
2月	張	翼	軫	角	亢	氐	房	心	尾	箕	斗	女	虚	危	室	室	壁	奎	婁	胃	昴	畢	觜	参	井	鬼	柳	星			
3月	張	翼	軫	角	亢	氐	房	心	尾	箕	斗	女	虚	危	室	壁	奎	婁	胃	昴	畢	觜	参	井	鬼	柳	星	張	翼	軫	角
4月	亢	氐	房	心	尾	箕	斗	女	虚	危	室	壁	奎	婁	胃	胃	昴	畢	觜	参	井	鬼	柳	星	張	翼	軫	角	亢	氐	
5月	房	心	尾	箕	斗	女	虚	危	室	壁	奎	婁	胃	昴	畢	畢	觜	参	井	鬼	柳	星	張	翼	軫	角	亢	氐	房	心	尾
6月	箕	斗	女	虚	危	室	壁	奎	婁	胃	昴	畢	觜	参	井	鬼	柳	星	張	翼	軫	角	亢	氐	房	心	尾	箕	斗	女	
7月	虚	危	室	壁	奎	婁	胃	昴	畢	觜	参	井	鬼	鬼	柳	星	張	翼	軫	角	亢	氐	房	心	尾	箕	斗	女	虚	危	室
8月	壁	奎	婁	胃	昴	畢	觜	参	井	鬼	柳	張	翼	軫	角	亢	氐	房	心	尾	箕	斗	女	虚	危	室	壁	奎	婁	胃	昴
9月	畢	觜	参	井	鬼	柳	星	張	翼	軫	角	亢	氐	房	心	尾	箕	斗	女	虚	危	室	壁	奎	婁	胃	昴	畢	觜	参	
10月	井	鬼	柳	星	張	翼	軫	角	亢	氐	房	心	尾	箕	斗	女	虚	危	室	壁	奎	婁	胃	昴	畢	觜	参	井	鬼	柳	星
11月	張	翼	軫	角	亢	氐	房	心	心	尾	箕	斗	女	虚	危	室	壁	奎	婁	胃	昴	畢	觜	参	井	鬼	柳	星	張	翼	
12月	軫	角	亢	氐	房	心	尾	斗	女	虚	危	室	壁	奎	婁	胃	昴	畢	觜	参	井	鬼	柳	星	張	翼	軫	角	亢	氐	房

1924年

	1	2	3	4	5	6	7	8	9	10	11	12	13	14	15	16	17	18	19	20	21	22	23	24	25	26	27	28	29	30	31
1月	心	尾	箕	斗	女	虚	危	室	壁	奎	婁	胃	昴	畢	觜	参	井	鬼	柳	星	張	翼	軫	角	亢	氐	房	心	尾	箕	斗
2月	女	虚	危	室	室	壁	奎	婁	胃	昴	畢	觜	参	井	鬼	柳	星	張	翼	軫	角	亢	氐	房	心	尾	箕	斗	女		
3月	虚	危	室	壁	奎	奎	婁	胃	昴	畢	觜	参	井	鬼	柳	星	張	翼	軫	角	亢	氐	房	心	尾	箕	斗	女	虚	危	室
4月	壁	奎	婁	胃	昴	畢	觜	参	井	鬼	柳	星	張	翼	軫	角	亢	氐	房	心	尾	箕	斗	女	虚	危	室	壁	奎	婁	
5月	胃	昴	畢	畢	觜	参	井	鬼	柳	星	張	翼	軫	角	亢	氐	房	心	尾	箕	斗	女	虚	危	室	壁	奎	婁	胃	昴	畢
6月	觜	参	井	鬼	柳	星	張	翼	軫	角	亢	氐	房	心	尾	箕	斗	女	虚	危	室	壁	奎	婁	胃	昴	畢	觜	参	井	
7月	鬼	鬼	柳	星	張	翼	軫	角	亢	氐	房	心	尾	箕	斗	女	虚	危	室	壁	奎	婁	胃	昴	畢	觜	参	井	鬼	柳	星
8月	張	翼	軫	角	亢	氐	房	心	尾	箕	斗	女	虚	危	室	壁	奎	婁	胃	昴	畢	觜	参	井	鬼	柳	星	張	翼	角	亢
9月	氐	房	心	尾	箕	斗	女	虚	危	室	壁	奎	婁	胃	昴	畢	觜	参	井	鬼	柳	星	張	翼	軫	角	亢	氐	氐	房	
10月	心	尾	箕	斗	女	虚	危	室	壁	奎	婁	胃	昴	畢	觜	参	井	鬼	柳	星	張	翼	軫	角	亢	氐	房	心	尾	箕	斗
11月	女	虚	危	室	壁	奎	婁	胃	昴	畢	觜	参	井	鬼	柳	星	張	翼	軫	角	亢	氐	房	心	尾	箕	斗	女	虚	危	
12月	室	壁	奎	婁	胃	昴	畢	觜	参	井	鬼	柳	星	張	翼	軫	角	亢	氐	房	心	尾	箕	斗	女	虚	危	室	壁	奎	婁

1925年

	1	2	3	4	5	6	7	8	9	10	11	12	13	14	15	16	17	18	19	20	21	22	23	24	25	26	27	28	29	30	31
1月	胃	昴	畢	觜	参	井	鬼	柳	星	張	翼	軫	角	亢	氐	房	心	尾	箕	斗	女	虚	危	室	壁	奎	婁	胃	昴	畢	觜
2月	参	井	鬼	柳	星	張	翼	軫	角	亢	氐	房	心	尾	箕	斗	女	虚	危	室	壁	奎	奎	婁	胃	昴	畢	觜			
3月	参	井	鬼	柳	星	張	翼	軫	角	亢	氐	房	心	尾	箕	斗	女	虚	危	室	壁	奎	婁	胃	昴	畢	觜	参	井	鬼	柳
4月	星	張	翼	軫	角	亢	氐	房	心	尾	箕	斗	女	虚	危	室	壁	奎	婁	胃	昴	畢	畢	觜	参	井	鬼	柳	星	張	
5月	翼	軫	角	亢	氐	房	心	尾	箕	斗	女	虚	危	室	壁	奎	婁	胃	昴	畢	觜	参	畢	觜	参	井	鬼	柳	星	張	翼
6月	軫	角	亢	氐	房	心	尾	箕	斗	女	虚	危	室	壁	奎	婁	胃	昴	畢	觜	参	井	鬼	柳	星	張	翼	軫	角	亢	
7月	氐	房	心	尾	箕	斗	女	虚	危	室	壁	奎	婁	胃	昴	畢	觜	参	井	鬼	鬼	柳	星	張	翼	軫	角	亢	氐	房	心
8月	尾	箕	斗	女	虚	危	室	壁	奎	婁	胃	昴	畢	觜	参	井	鬼	柳	張	翼	軫	角	亢	氐	房	心	尾	箕	斗	女	虚
9月	危	室	壁	奎	婁	胃	昴	畢	觜	参	井	鬼	柳	星	張	翼	軫	角	亢	氐	房	心	尾	箕	斗	女	虚	危	室	壁	
10月	奎	婁	胃	昴	畢	觜	参	井	鬼	柳	星	張	翼	軫	角	亢	氐	氐	房	心	尾	箕	斗	女	虚	危	室	壁	奎	婁	胃
11月	昴	畢	觜	参	井	鬼	柳	星	張	翼	軫	角	亢	氐	房	心	尾	箕	斗	女	虚	危	室	壁	奎	婁	胃	昴	畢	觜	
12月	参	井	鬼	柳	星	張	翼	軫	角	亢	氐	房	心	尾	箕	斗	女	虚	危	室	壁	奎	婁	胃	昴	畢	觜	参	井	鬼	柳

1926年

	1	2	3	4	5	6	7	8	9	10	11	12	13	14	15	16	17	18	19	20	21	22	23	24	25	26	27	28	29	30	31
1月	星	張	翼	軫	角	亢	氐	房	心	尾	箕	斗	女	虚	危	室	壁	奎	婁	胃	昴	畢	觜	参	井	鬼	柳	星	張	翼	軫
2月	角	亢	氐	房	心	尾	箕	斗	女	虚	危	室	室	壁	奎	婁	胃	昴	畢	觜	参	井	鬼	柳	星	張	翼	軫			
3月	角	亢	氐	房	心	尾	箕	斗	女	虚	危	室	壁	奎	婁	胃	昴	畢	觜	参	井	鬼	柳	星	張	翼	軫	角	亢	氐	房
4月	心	尾	箕	斗	女	虚	危	室	壁	奎	婁	胃	昴	畢	觜	参	井	鬼	柳	星	張	翼	軫	角	亢	氐	房	心	尾	箕	
5月	斗	女	虚	危	室	壁	奎	婁	胃	昴	畢	畢	觜	参	井	鬼	柳	星	張	翼	軫	角	亢	氐	房	心	尾	箕	斗	女	虚
6月	危	室	壁	奎	婁	胃	昴	畢	觜	参	井	鬼	柳	星	張	翼	軫	角	亢	氐	房	心	尾	箕	斗	女	虚	危	室	壁	
7月	奎	婁	胃	昴	畢	觜	参	井	鬼	鬼	柳	星	張	翼	軫	角	亢	氐	房	心	尾	箕	斗	女	虚	危	室	壁	奎	婁	胃
8月	昴	畢	觜	参	井	鬼	柳	張	翼	軫	角	亢	氐	房	心	尾	箕	斗	女	虚	危	室	壁	奎	婁	胃	昴	畢	觜	参	井
9月	鬼	柳	星	張	翼	軫	角	亢	氐	房	心	尾	箕	斗	女	虚	危	室	壁	奎	婁	胃	昴	畢	觜	参	井	鬼	柳	星	
10月	張	翼	軫	角	亢	氐	氐	房	心	尾	箕	斗	女	虚	危	室	壁	奎	婁	胃	昴	畢	觜	参	井	鬼	柳	星	張	翼	軫
11月	角	亢	氐	房	心	尾	箕	斗	女	虚	危	室	壁	奎	婁	胃	昴	畢	觜	参	井	鬼	柳	星	張	翼	軫	角	亢	氐	
12月	房	心	尾	箕	斗	女	虚	危	室	壁	奎	婁	胃	昴	畢	觜	参	井	鬼	柳	星	張	翼	軫	角	亢	氐	房	心	尾	箕

1927年

	1	2	3	4	5	6	7	8	9	10	11	12	13	14	15	16	17	18	19	20	21	22	23	24	25	26	27	28	29	30	31
1月	斗	女	虚	虚	危	室	壁	奎	婁	胃	昴	畢	觜	参	井	鬼	柳	星	張	翼	軫	角	亢	氐	心	觜	尾	箕	斗	女	虚
2月	危	室	壁	奎	婁	胃	昴	畢	觜	参	井	鬼	柳	星	張	翼	軫	角	亢	氐	房	心	尾	箕	斗	女	危	星			
3月	室	壁	奎	奎	婁	胃	昴	畢	觜	参	井	鬼	柳	星	張	翼	軫	角	亢	氐	房	心	尾	箕	斗	女	虚	危	室	壁	奎
4月	婁	胃	昴	畢	觜	参	井	鬼	柳	星	張	翼	軫	角	亢	氐	房	心	尾	箕	斗	女	虚	危	室	壁	奎	婁	胃	昴	
5月	畢	觜	参	井	鬼	柳	星	張	翼	軫	角	亢	氐	房	心	尾	箕	斗	女	虚	危	室	壁	奎	婁	胃	昴	畢	觜	参	参
6月	井	鬼	柳	星	張	翼	軫	角	亢	氐	房	心	尾	箕	斗	女	虚	危	室	壁	奎	婁	胃	昴	畢	觜	参	井	鬼	柳	
7月	星	張	翼	軫	角	亢	氐	房	心	尾	箕	斗	女	虚	危	室	壁	奎	婁	胃	昴	畢	觜	参	井	鬼	柳	星	張	翼	軫
8月	角	亢	氐	房	心	尾	箕	斗	女	虚	危	室	壁	奎	婁	胃	昴	畢	觜	参	井	鬼	柳	星	張	翼	角	亢	氐	房	心
9月	尾	箕	斗	女	虚	危	室	壁	奎	婁	胃	昴	畢	觜	参	井	鬼	柳	星	張	翼	軫	角	亢	氐	氐	房	心	尾	箕	
10月	斗	女	虚	危	室	壁	奎	婁	胃	昴	畢	觜	参	鬼	斗	柳	星	張	翼	軫	角	亢	氐	房	心	心	尾	箕	斗	女	虚
11月	危	室	壁	奎	婁	胃	昴	畢	觜	参	井	鬼	柳	星	張	翼	軫	角	亢	氐	房	心	尾	斗	女	虚	危	室	壁	奎	
12月	婁	胃	昴	畢	觜	参	井	鬼	柳	星	張	翼	軫	角	亢	氐	房	心	尾	箕	斗	女	虚	虚	危	室	壁	奎	婁	胃	昴

1928年

	1	2	3	4	5	6	7	8	9	10	11	12	13	14	15	16	17	18	19	20	21	22	23	24	25	26	27	28	29	30	31
1月	畢	觜	参	井	鬼	柳	星	張	翼	軫	角	亢	氐	房	心	尾	箕	斗	女	虚	危	室	室	壁	奎	婁	胃	昴	畢	觜	参
2月	井	鬼	柳	星	張	翼	軫	角	亢	氐	房	心	尾	箕	斗	女	虚	危	室	壁	奎	婁	胃	昴	畢	觜	参	井	鬼		
3月	柳	星	張	翼	軫	角	亢	氐	房	心	尾	箕	斗	女	虚	危	室	壁	奎	婁	胃	奎	婁	胃	昴	畢	觜	参	井	鬼	柳
4月	星	張	翼	軫	角	亢	氐	房	心	尾	箕	斗	女	虚	危	室	壁	奎	婁	胃	昴	畢	觜	参	井	鬼	柳	星	張	翼	
5月	軫	角	亢	氐	房	心	尾	箕	斗	女	虚	危	室	壁	奎	婁	胃	昴	畢	觜	参	井	鬼	柳	星	張	翼	軫	角	亢	氐
6月	房	心	尾	箕	斗	女	虚	危	室	壁	奎	婁	胃	昴	畢	觜	参	参	井	鬼	柳	星	張	翼	軫	角	亢	氐	房	心	
7月	尾	箕	斗	女	虚	危	室	壁	奎	婁	胃	昴	畢	觜	参	井	鬼	柳	星	張	翼	軫	角	亢	氐	房	心	尾	箕	斗	女
8月	虚	危	室	壁	奎	婁	胃	昴	畢	觜	参	井	鬼	柳	張	翼	軫	角	亢	氐	房	心	尾	箕	斗	女	虚	危	室	壁	奎
9月	婁	胃	昴	畢	觜	参	井	鬼	柳	星	張	翼	軫	角	亢	氐	房	心	尾	箕	斗	女	虚	危	室	壁	奎	婁	胃	昴	
10月	畢	觜	参	井	鬼	柳	星	張	翼	軫	角	亢	氐	氐	房	心	尾	箕	斗	女	虚	危	室	壁	奎	婁	胃	昴	畢	觜	参
11月	井	鬼	柳	星	張	翼	軫	角	亢	氐	房	心	尾	箕	斗	女	虚	危	室	壁	奎	婁	胃	昴	畢	觜	参	井	鬼	柳	
12月	星	張	翼	軫	角	亢	氐	房	心	尾	箕	斗	女	虚	危	室	壁	奎	婁	胃	昴	畢	觜	参	井	鬼	柳	星	張	翼	軫

1929年

	1	2	3	4	5	6	7	8	9	10	11	12	13	14	15	16	17	18	19	20	21	22	23	24	25	26	27	28	29	30	31
1月	角	亢	氐	房	心	尾	箕	斗	女	虚	虚	危	室	壁	奎	婁	胃	昴	畢	觜	参	井	鬼	柳	星	張	翼	軫	角	亢	氐
2月	房	心	尾	箕	斗	女	虚	危	室	室	壁	奎	婁	胃	昴	畢	觜	参	井	鬼	柳	星	張	翼	軫	角	亢	氐			
3月	房	心	尾	箕	斗	女	虚	危	室	壁	奎	婁	胃	昴	畢	觜	参	井	鬼	柳	星	張	翼	軫	角	亢	氐	房	心	尾	箕
4月	斗	女	虚	危	室	壁	奎	婁	胃	胃	昴	畢	觜	参	井	鬼	柳	星	張	翼	軫	角	亢	氐	房	心	尾	箕	斗	女	
5月	虚	危	室	壁	奎	婁	胃	昴	畢	觜	参	井	鬼	柳	星	張	翼	軫	角	亢	氐	房	心	尾	箕	斗	女	虚	危	室	壁
6月	奎	婁	胃	昴	畢	觜	参	井	鬼	柳	星	張	翼	軫	角	亢	氐	房	心	尾	箕	斗	女	虚	危	室	壁	奎	婁	胃	
7月	昴	畢	觜	参	井	鬼	鬼	柳	星	張	翼	軫	角	亢	氐	房	心	尾	箕	斗	女	虚	危	室	壁	奎	婁	胃	昴	畢	觜
8月	参	井	鬼	柳	張	翼	軫	角	亢	氐	房	心	尾	箕	斗	女	虚	危	室	壁	奎	婁	胃	昴	畢	觜	参	井	鬼	柳	星
9月	張	翼	角	亢	氐	房	心	尾	箕	斗	女	虚	危	室	壁	奎	婁	胃	昴	畢	觜	参	井	鬼	柳	星	張	翼	軫	角	
10月	亢	氐	氐	房	心	尾	箕	斗	女	虚	危	室	壁	奎	婁	胃	昴	畢	觜	参	井	鬼	柳	星	張	翼	軫	角	亢	氐	房
11月	心	尾	箕	斗	女	虚	危	室	壁	奎	婁	胃	昴	畢	觜	参	井	鬼	柳	星	張	翼	軫	角	亢	氐	房	心	尾	箕	
12月	斗	女	虚	危	室	壁	奎	婁	胃	昴	畢	觜	参	井	鬼	柳	星	張	翼	軫	角	亢	氐	房	心	尾	箕	斗	女	虚	虚

1930年

	1	2	3	4	5	6	7	8	9	10	11	12	13	14	15	16	17	18	19	20	21	22	23	24	25	26	27	28	29	30	31
1月	危	室	壁	奎	婁	胃	昴	畢	觜	参	井	鬼	柳	星	張	翼	軫	角	亢	氐	房	心	尾	箕	斗	女	虚	危	室	室	壁
2月	奎	婁	胃	昴	畢	觜	参	井	鬼	柳	星	張	翼	軫	角	亢	氐	房	心	尾	箕	斗	女	虚	危	室	壁	奎			
3月	婁	胃	昴	畢	觜	参	井	鬼	柳	星	張	翼	軫	角	亢	氐	房	心	尾	箕	斗	女	虚	危	室	壁	奎	婁	胃	胃	昴
4月	畢	觜	参	井	鬼	柳	星	張	翼	軫	角	亢	氐	房	心	尾	箕	斗	女	虚	危	室	壁	奎	婁	胃	昴	畢	畢	觜	
5月	参	井	鬼	柳	星	張	翼	軫	角	亢	氐	房	心	尾	箕	斗	女	虚	危	室	壁	奎	婁	胃	昴	畢	觜	参	井	鬼	柳
6月	星	張	翼	軫	角	亢	氐	房	心	尾	箕	斗	女	虚	危	室	壁	奎	婁	胃	昴	畢	觜	参	井	鬼	柳	星	張	翼	
7月	軫	角	亢	氐	房	心	尾	箕	斗	女	虚	危	室	壁	奎	婁	胃	昴	畢	觜	参	井	鬼	柳	星	鬼	柳	星	張	翼	軫
8月	角	亢	氐	房	心	尾	箕	斗	女	虚	危	室	壁	奎	婁	胃	昴	畢	觜	参	井	鬼	柳	張	翼	軫	角	亢	氐	房	心
9月	尾	箕	斗	女	虚	危	室	壁	奎	婁	胃	昴	畢	觜	参	井	鬼	柳	星	張	翼	角	亢	氐	房	心	尾	箕	斗	女	
10月	虚	危	室	壁	奎	婁	胃	昴	畢	觜	参	井	鬼	柳	星	張	翼	軫	角	亢	氐	氐	房	心	尾	箕	斗	女	虚	危	室
11月	壁	奎	婁	胃	昴	畢	觜	参	井	鬼	柳	星	張	翼	軫	角	亢	氐	房	心	尾	箕	斗	女	虚	危	室	壁	奎	婁	
12月	胃	昴	畢	觜	参	井	鬼	柳	星	張	翼	軫	角	亢	氐	房	心	尾	箕	斗	女	虚	危	室	壁	奎	婁	胃	昴	畢	觜

1931年

	1	2	3	4	5	6	7	8	9	10	11	12	13	14	15	16	17	18	19	20	21	22	23	24	25	26	27	28	29	30	31
1月	参	井	鬼	柳	星	張	翼	軫	角	亢	氐	房	心	尾	箕	斗	女	虚	虚	危	室	壁	奎	婁	胃	昴	畢	觜	参	井	鬼
2月	柳	星	張	翼	軫	角	亢	氐	房	心	尾	箕	斗	女	虚	危	室	壁	奎	婁	胃	昴	畢	觜	参	井	鬼	柳			
3月	星	張	翼	軫	角	亢	氐	房	心	尾	箕	斗	女	虚	危	室	壁	奎	奎	婁	胃	昴	畢	觜	参	井	鬼	柳	星	張	翼
4月	軫	角	亢	氐	房	心	尾	箕	斗	女	虚	危	室	壁	奎	婁	胃	胃	昴	畢	觜	参	井	鬼	柳	星	張	翼	軫	角	
5月	亢	氐	房	心	尾	箕	斗	女	虚	危	室	壁	奎	婁	胃	昴	畢	畢	觜	参	井	鬼	柳	星	張	翼	軫	角	亢	氐	房
6月	心	尾	箕	斗	女	虚	危	室	壁	奎	婁	胃	昴	畢	觜	参	井	鬼	柳	星	張	翼	軫	角	亢	氐	房	心	尾	箕	
7月	斗	女	虚	危	室	壁	奎	婁	胃	昴	畢	觜	参	井	鬼	柳	星	張	翼	軫	角	亢	氐	房	心	尾	箕	斗	女	虚	危
8月	室	壁	奎	婁	胃	昴	畢	觜	参	井	鬼	柳	星	張	翼	軫	角	亢	氐	房	心	尾	箕	斗	女	虚	危	室	壁	奎	婁
9月	胃	昴	畢	觜	参	井	鬼	柳	星	張	翼	角	亢	氐	房	心	尾	箕	斗	女	虚	危	室	壁	奎	婁	胃	昴	畢	觜	
10月	参	井	鬼	柳	星	張	翼	軫	角	亢	氐	房	心	尾	箕	斗	女	虚	危	室	壁	奎	婁	胃	昴	畢	觜	参	井	鬼	柳
11月	星	張	翼	軫	角	亢	氐	房	心	心	尾	箕	斗	女	虚	危	室	壁	奎	婁	胃	昴	畢	觜	参	井	鬼	柳	星	張	
12月	翼	軫	角	亢	氐	房	心	尾	斗	女	虚	危	室	壁	奎	婁	胃	昴	畢	觜	参	井	鬼	柳	星	張	翼	軫	角	亢	氐

1932年

	1	2	3	4	5	6	7	8	9	10	11	12	13	14	15	16	17	18	19	20	21	22	23	24	25	26	27	28	29	30	31
1月	房	心	尾	箕	斗	女	虚	虚	危	室	壁	奎	婁	胃	昴	畢	觜	参	井	鬼	柳	星	張	翼	軫	角	亢	氐	房	心	尾
2月	箕	斗	女	虚	危	室	壁	奎	婁	胃	昴	畢	觜	参	井	鬼	柳	星	張	翼	軫	角	亢	氐	房	心	尾	箕	斗		
3月	女	虚	危	室	壁	奎	奎	婁	胃	昴	畢	觜	参	井	鬼	柳	星	張	翼	軫	角	亢	氐	房	心	尾	箕	斗	女	虚	危
4月	室	壁	奎	婁	胃	胃	昴	畢	觜	参	井	鬼	柳	星	張	翼	軫	角	亢	氐	房	心	尾	箕	斗	女	虚	危	室	壁	
5月	奎	婁	胃	昴	畢	畢	觜	参	井	鬼	柳	星	張	翼	軫	角	亢	氐	房	心	尾	箕	斗	女	虚	危	室	壁	奎	婁	胃
6月	昴	畢	觜	参	井	鬼	柳	星	張	翼	軫	角	亢	氐	房	心	尾	箕	斗	女	虚	危	室	壁	奎	婁	胃	昴	畢	觜	
7月	参	井	鬼	鬼	柳	星	張	翼	軫	角	亢	氐	房	心	尾	箕	斗	女	虚	危	室	壁	奎	婁	胃	昴	畢	觜	参	井	鬼
8月	柳	張	翼	軫	角	亢	氐	房	心	尾	箕	斗	女	虚	危	室	壁	奎	婁	胃	昴	畢	觜	参	井	鬼	柳	星	張	翼	軫
9月	角	亢	氐	房	心	尾	箕	斗	女	虚	危	室	壁	奎	婁	胃	昴	畢	觜	参	井	鬼	柳	星	張	翼	軫	角	亢	氐	
10月	房	心	尾	箕	斗	女	虚	危	室	壁	奎	婁	胃	昴	畢	觜	参	井	鬼	柳	星	張	翼	軫	角	亢	氐	房	心	尾	箕
11月	斗	女	虚	危	室	壁	奎	婁	胃	昴	畢	觜	参	井	鬼	柳	星	張	翼	軫	角	亢	氐	房	心	尾	箕	斗	女	虚	
12月	危	室	壁	奎	婁	胃	昴	畢	觜	参	井	鬼	柳	星	張	翼	軫	角	亢	氐	房	心	尾	箕	斗	女	虚	危	室	壁	奎

1933年

	1	2	3	4	5	6	7	8	9	10	11	12	13	14	15	16	17	18	19	20	21	22	23	24	25	26	27	28	29	30	31
1月	婁	胃	昴	畢	觜	参	井	鬼	柳	星	張	翼	軫	角	亢	氐	房	心	尾	箕	斗	女	虚	危	室	室	壁	奎	婁	胃	昴
2月	畢	觜	参	井	鬼	柳	星	張	翼	軫	角	亢	氐	房	心	尾	箕	斗	女	虚	危	室	壁	奎	婁	胃	昴	畢			
3月	觜	参	井	鬼	柳	星	張	翼	軫	角	亢	氐	房	心	尾	箕	斗	女	虚	危	室	壁	奎	婁	胃	胃	昴	畢	觜	参	井
4月	鬼	柳	星	張	翼	軫	角	亢	氐	房	心	尾	箕	斗	女	虚	危	室	壁	奎	婁	胃	昴	畢	畢	觜	参	井	鬼	柳	
5月	星	張	翼	軫	角	亢	氐	房	心	尾	箕	斗	女	虚	危	室	壁	奎	婁	胃	昴	畢	觜	参	井	鬼	柳	星	張	翼	軫
6月	角	亢	氐	房	心	尾	箕	斗	女	虚	危	室	壁	奎	婁	胃	昴	畢	觜	参	井	鬼	参	井	鬼	柳	星	張	翼	軫	
7月	角	亢	氐	房	心	尾	箕	斗	女	虚	危	室	壁	奎	婁	胃	昴	畢	觜	参	井	鬼	鬼	柳	星	張	翼	軫	角	亢	氐
8月	房	心	尾	箕	斗	女	虚	危	室	壁	奎	婁	胃	昴	畢	觜	参	井	鬼	柳	張	翼	軫	角	亢	氐	房	心	尾	箕	斗
9月	女	虚	危	室	壁	奎	婁	胃	昴	畢	觜	参	井	鬼	柳	星	張	翼	軫	角	亢	氐	房	心	尾	箕	斗	女	虚	危	
10月	室	壁	奎	婁	胃	昴	畢	觜	参	井	鬼	柳	星	張	翼	軫	角	亢	氐	房	心	尾	箕	斗	女	虚	危	室	壁	奎	婁
11月	胃	昴	畢	觜	参	井	鬼	柳	星	張	翼	軫	角	亢	氐	房	心	心	尾	箕	斗	女	虚	危	室	壁	奎	婁	胃	昴	
12月	畢	觜	参	井	鬼	柳	星	張	翼	軫	角	亢	氐	房	心	尾	斗	女	虚	危	室	壁	奎	婁	胃	昴	畢	觜	参	井	鬼

1934年

	1	2	3	4	5	6	7	8	9	10	11	12	13	14	15	16	17	18	19	20	21	22	23	24	25	26	27	28	29	30	31
1月	柳	星	張	翼	軫	角	亢	氐	房	心	尾	箕	斗	女	虚	危	室	壁	奎	婁	胃	昴	畢	觜	参	井	鬼	柳	星	張	翼
2月	軫	角	亢	氐	房	心	尾	箕	斗	女	虚	危	室	室	壁	奎	婁	胃	昴	畢	觜	参	井	鬼	柳	星	張	翼			
3月	軫	角	亢	氐	房	心	尾	箕	斗	女	虚	危	室	壁	奎	婁	胃	昴	畢	觜	参	井	鬼	柳	星	張	翼	軫	角	亢	氐
4月	房	心	尾	箕	斗	女	虚	危	室	壁	奎	婁	胃	胃	昴	畢	觜	参	井	鬼	柳	星	張	翼	軫	角	亢	氐	房	心	
5月	尾	箕	斗	女	虚	危	室	壁	奎	婁	胃	昴	畢	觜	参	井	鬼	柳	星	張	翼	軫	角	亢	氐	房	心	尾	箕	斗	女
6月	虚	危	室	壁	奎	婁	胃	昴	畢	觜	参	参	井	鬼	柳	星	張	翼	軫	角	亢	氐	房	心	尾	箕	斗	女	虚	危	
7月	室	壁	奎	婁	胃	昴	畢	觜	参	井	鬼	鬼	柳	星	張	翼	軫	角	亢	氐	房	心	尾	箕	斗	女	虚	危	室	壁	奎
8月	婁	胃	昴	畢	觜	参	井	鬼	柳	張	翼	軫	角	亢	氐	房	心	尾	箕	斗	女	虚	危	室	壁	奎	婁	胃	昴	畢	觜
9月	参	井	鬼	柳	星	張	翼	軫	角	亢	氐	房	心	尾	箕	斗	女	虚	危	室	壁	奎	婁	胃	昴	畢	觜	参	井	鬼	
10月	柳	星	張	翼	軫	角	亢	氐	氐	房	心	尾	箕	斗	女	虚	危	室	壁	奎	婁	胃	昴	畢	觜	参	井	鬼	柳	星	張
11月	翼	軫	角	亢	氐	房	心	尾	箕	斗	女	虚	危	室	壁	奎	婁	胃	昴	畢	觜	参	井	鬼	柳	星	張	翼	軫	角	
12月	亢	氐	房	心	尾	箕	斗	女	虚	危	室	壁	奎	婁	胃	昴	畢	觜	参	井	鬼	柳	星	張	翼	軫	角	亢	氐	房	心

1935年

	1	2	3	4	5	6	7	8	9	10	11	12	13	14	15	16	17	18	19	20	21	22	23	24	25	26	27	28	29	30	31
1月	尾	箕	斗	女	虚	危	室	壁	奎	婁	胃	昴	畢	觜	参	井	鬼	柳	星	張	翼	軫	角	亢	氐	房	心	尾	箕	斗	女
2月	虚	危	室	室	壁	奎	婁	胃	昴	畢	觜	参	井	鬼	柳	星	張	翼	軫	角	亢	氐	房	心	尾	箕	斗	女			
3月	虚	危	室	壁	奎	婁	胃	昴	畢	觜	参	井	鬼	柳	星	張	翼	軫	角	亢	氐	房	心	尾	箕	斗	女	虚	危	室	壁
4月	奎	婁	胃	昴	畢	觜	参	井	鬼	柳	星	張	翼	軫	角	亢	氐	房	心	尾	箕	斗	女	虚	危	室	壁	奎	婁	胃	
5月	昴	畢	畢	觜	参	井	鬼	柳	星	張	翼	軫	角	亢	氐	房	心	尾	箕	斗	女	虚	危	室	壁	奎	婁	胃	昴	畢	觜
6月	参	井	鬼	柳	星	張	翼	軫	角	亢	氐	房	心	尾	箕	斗	女	虚	危	室	壁	奎	婁	胃	昴	畢	觜	参	井	鬼	
7月	鬼	柳	星	張	翼	軫	角	亢	氐	房	心	尾	箕	斗	女	虚	危	室	壁	奎	婁	胃	昴	畢	觜	参	井	鬼	柳	張	翼
8月	軫	角	亢	氐	房	心	尾	箕	斗	女	虚	危	室	壁	奎	婁	胃	昴	畢	觜	参	井	鬼	柳	星	張	翼	軫	角	亢	氐
9月	房	心	尾	箕	斗	女	虚	危	室	壁	奎	婁	胃	昴	畢	觜	参	井	鬼	柳	星	張	翼	軫	角	亢	氐	氐	房	心	
10月	尾	箕	斗	女	虚	危	室	壁	奎	婁	胃	昴	畢	觜	参	井	鬼	柳	星	張	翼	軫	角	亢	氐	房	心	尾	箕	斗	女
11月	虚	危	室	壁	奎	婁	胃	昴	畢	觜	参	井	鬼	柳	星	張	翼	軫	角	亢	氐	房	心	尾	箕	斗	女	虚	危	室	
12月	壁	奎	婁	胃	昴	畢	觜	参	井	鬼	柳	星	張	翼	軫	角	亢	氐	房	心	尾	箕	斗	女	虚	虚	危	室	壁	奎	婁

1936年

	1	2	3	4	5	6	7	8	9	10	11	12	13	14	15	16	17	18	19	20	21	22	23	24	25	26	27	28	29	30	31
1月	胃	昴	畢	觜	参	井	鬼	柳	星	張	翼	軫	角	亢	氐	房	心	尾	箕	斗	女	虚	危	室	壁	奎	婁	胃	昴	畢	觜
2月	参	井	鬼	柳	星	張	翼	軫	角	亢	氐	房	心	尾	箕	斗	女	虚	危	室	壁	奎	奎	婁	胃	昴	畢	觜	参		
3月	井	鬼	柳	星	張	翼	軫	角	亢	氐	房	心	尾	箕	斗	女	虚	危	室	壁	奎	婁	胃	昴	畢	觜	参	井	鬼	柳	星
4月	張	翼	軫	角	亢	氐	房	心	尾	箕	斗	女	虚	危	室	壁	奎	婁	胃	昴	胃	昴	畢	觜	参	井	鬼	柳	星	張	
5月	翼	軫	角	亢	氐	房	心	尾	箕	斗	女	虚	危	室	壁	奎	婁	胃	昴	畢	畢	觜	参	井	鬼	柳	星	張	翼	軫	角
6月	亢	氐	房	心	尾	箕	斗	女	虚	危	室	壁	奎	婁	胃	昴	畢	觜	参	井	鬼	柳	星	張	翼	軫	角	亢	氐	房	
7月	心	尾	箕	斗	女	虚	危	室	壁	奎	婁	胃	昴	畢	觜	参	井	鬼	鬼	柳	星	張	翼	軫	角	亢	氐	房	心	尾	箕
8月	斗	女	虚	危	室	壁	奎	婁	胃	昴	畢	觜	参	井	鬼	柳	張	翼	軫	角	亢	氐	房	心	尾	箕	斗	女	虚	危	室
9月	壁	奎	婁	胃	昴	畢	觜	参	井	鬼	柳	星	張	翼	軫	角	亢	氐	房	心	尾	箕	斗	女	虚	危	室	壁	奎	婁	
10月	胃	昴	畢	觜	参	井	鬼	柳	星	張	翼	軫	角	亢	氐	房	心	尾	箕	斗	女	虚	危	室	壁	奎	婁	胃	昴	畢	觜
11月	参	井	鬼	柳	星	張	翼	軫	角	亢	氐	房	心	心	尾	箕	斗	女	虚	危	室	壁	奎	婁	胃	昴	畢	觜	参	井	
12月	鬼	柳	星	張	翼	軫	角	亢	氐	房	心	尾	箕	斗	女	虚	危	室	壁	奎	婁	胃	昴	畢	觜	参	井	鬼	柳	星	張

1937年

	1	2	3	4	5	6	7	8	9	10	11	12	13	14	15	16	17	18	19	20	21	22	23	24	25	26	27	28	29	30	31
1月	翼	軫	角	亢	氐	房	心	尾	箕	斗	女	虚	虚	危	室	壁	奎	婁	胃	昴	畢	觜	参	井	鬼	柳	星	張	翼	軫	角
2月	亢	氐	房	心	尾	箕	斗	女	虚	危	室	壁	奎	婁	胃	昴	畢	觜	参	井	鬼	柳	星	張	翼	軫	角	亢			
3月	氐	房	心	尾	箕	斗	女	虚	危	室	壁	奎	奎	婁	胃	昴	畢	觜	参	井	鬼	柳	星	張	翼	軫	角	亢	氐	房	心
4月	尾	箕	斗	女	虚	危	室	壁	奎	婁	胃	昴	畢	觜	参	井	鬼	柳	星	張	翼	軫	角	亢	氐	房	心	尾	箕	斗	
5月	女	虚	危	室	壁	奎	婁	胃	昴	畢	觜	参	井	鬼	柳	星	張	翼	軫	角	亢	氐	房	心	尾	箕	斗	女	虚	危	室
6月	壁	奎	婁	胃	昴	畢	觜	参	参	井	鬼	柳	星	張	翼	軫	角	亢	氐	房	心	尾	箕	斗	女	虚	危	室	壁	奎	
7月	婁	胃	昴	畢	觜	参	井	鬼	柳	星	張	翼	軫	角	亢	氐	房	心	尾	箕	斗	女	虚	危	室	壁	奎	婁	胃	昴	畢
8月	觜	参	井	鬼	柳	張	翼	軫	角	亢	氐	房	心	尾	箕	斗	女	虚	危	室	壁	奎	婁	胃	昴	畢	觜	参	井	鬼	柳
9月	星	張	翼	軫	角	亢	氐	房	心	尾	箕	斗	女	虚	危	室	壁	奎	婁	胃	昴	畢	觜	参	井	鬼	柳	星	張	翼	
10月	軫	角	亢	氐	房	心	尾	箕	斗	女	虚	危	室	壁	奎	婁	胃	昴	畢	觜	参	井	鬼	柳	星	張	翼	軫	角	亢	氐
11月	房	心	心	尾	箕	斗	女	虚	危	室	壁	奎	婁	胃	昴	畢	觜	参	井	鬼	柳	星	張	翼	軫	角	亢	氐	房	心	
12月	尾	箕	斗	女	虚	危	室	壁	奎	婁	胃	昴	畢	觜	参	井	鬼	柳	星	張	翼	軫	角	亢	氐	房	心	尾	箕	斗	女

1938年

	1	2	3	4	5	6	7	8	9	10	11	12	13	14	15	16	17	18	19	20	21	22	23	24	25	26	27	28	29	30	31
1月	虚	虚	危	室	壁	奎	婁	胃	昴	畢	觜	参	井	鬼	柳	星	張	翼	軫	角	亢	氐	房	心	尾	箕	斗	女	虚	危	室
2月	壁	奎	婁	胃	昴	畢	觜	参	井	鬼	柳	星	張	翼	軫	角	亢	氐	房	心	尾	箕	斗	女	虚	危	室	壁			
3月	奎	奎	婁	胃	昴	畢	觜	参	井	鬼	柳	星	張	翼	軫	角	亢	氐	房	心	尾	箕	斗	女	虚	危	室	壁	奎	婁	胃
4月	胃	昴	畢	觜	参	井	鬼	柳	星	張	翼	軫	角	亢	氐	房	心	尾	箕	斗	女	虚	危	室	壁	奎	婁	胃	昴	畢	
5月	觜	参	井	鬼	柳	星	張	翼	軫	角	亢	氐	房	心	尾	箕	斗	女	虚	危	室	壁	奎	婁	胃	昴	畢	觜	参	井	鬼
6月	柳	星	張	翼	軫	角	亢	氐	房	心	尾	箕	斗	女	虚	危	室	壁	奎	婁	胃	昴	畢	觜	参	井	鬼	鬼	柳	星	
7月	張	翼	軫	角	亢	氐	房	心	尾	箕	斗	女	虚	危	室	壁	奎	婁	胃	昴	畢	觜	参	井	鬼	柳	張	翼	軫	角	亢
8月	氐	房	心	尾	箕	斗	女	虚	危	室	壁	奎	婁	胃	昴	畢	觜	参	井	鬼	柳	星	張	翼	張	翼	軫	角	亢	氐	房
9月	心	尾	箕	斗	女	虚	危	室	壁	奎	婁	胃	昴	畢	觜	参	井	鬼	柳	星	張	翼	軫	角	亢	氐	房	心	尾	箕	
10月	斗	女	虚	危	室	壁	奎	婁	胃	昴	畢	觜	参	井	鬼	柳	星	張	翼	軫	角	亢	氐	房	心	尾	箕	斗	女	虚	危
11月	室	壁	奎	婁	胃	昴	畢	觜	参	井	鬼	柳	星	張	翼	軫	角	亢	氐	房	心	心	尾	箕	斗	女	虚	危	室	壁	
12月	奎	婁	胃	昴	畢	觜	参	井	鬼	柳	星	張	翼	軫	角	亢	氐	房	心	尾	箕	斗	女	虚	危	室	壁	奎	婁	胃	昴

1939年

	1	2	3	4	5	6	7	8	9	10	11	12	13	14	15	16	17	18	19	20	21	22	23	24	25	26	27	28	29	30	31
1月	畢	觜	参	井	鬼	柳	星	張	翼	軫	角	亢	氐	房	心	尾	箕	斗	女	虚	危	室	壁	奎	婁	胃	昴	畢	觜	参	井
2月	鬼	柳	星	張	翼	軫	角	亢	氐	房	心	尾	箕	斗	女	虚	危	室	室	壁	奎	婁	胃	昴	畢	觜	参	井			
3月	鬼	柳	星	張	翼	軫	角	亢	氐	房	心	尾	箕	斗	女	虚	危	室	壁	奎	奎	婁	胃	昴	畢	觜	参	井	鬼	柳	星
4月	張	翼	軫	角	亢	氐	房	心	尾	箕	斗	女	虚	危	室	壁	奎	婁	胃	胃	昴	畢	觜	参	井	鬼	柳	星	張	翼	
5月	軫	角	亢	氐	房	心	尾	箕	斗	女	虚	危	室	壁	奎	婁	胃	昴	畢	觜	参	井	鬼	柳	星	張	翼	軫	角	亢	氐
6月	房	心	尾	箕	斗	女	虚	危	室	壁	奎	婁	胃	昴	畢	觜	参	井	鬼	柳	星	張	翼	軫	角	亢	氐	房	心	尾	
7月	箕	斗	女	虚	危	室	壁	奎	婁	胃	昴	畢	觜	参	井	鬼	鬼	柳	星	張	翼	軫	角	亢	氐	房	心	尾	箕	斗	女
8月	虚	危	室	壁	奎	婁	胃	昴	畢	觜	参	井	鬼	柳	張	翼	軫	角	亢	氐	房	心	尾	箕	斗	女	虚	危	室	壁	奎
9月	婁	胃	昴	畢	觜	参	井	鬼	柳	星	張	翼	角	亢	氐	房	心	尾	箕	斗	女	虚	危	室	壁	奎	婁	胃	昴	畢	
10月	觜	参	井	鬼	柳	星	張	翼	軫	角	亢	氐	氐	房	心	尾	箕	斗	女	虚	危	室	壁	奎	婁	胃	昴	畢	觜	参	井
11月	鬼	柳	星	張	翼	軫	角	亢	氐	房	心	尾	箕	斗	女	虚	危	室	壁	奎	婁	胃	昴	畢	觜	参	井	鬼	柳	星	
12月	張	翼	軫	角	亢	氐	房	心	尾	箕	斗	女	虚	危	室	壁	奎	婁	胃	昴	畢	觜	参	井	鬼	柳	星	張	翼	軫	角

1940年

	1	2	3	4	5	6	7	8	9	10	11	12	13	14	15	16	17	18	19	20	21	22	23	24	25	26	27	28	29	30	31
1月	亢	氐	房	心	尾	箕	斗	女	虚	危	室	壁	奎	婁	胃	昴	畢	觜	参	井	鬼	柳	星	張	翼	軫	角	亢	氐	房	心
2月	尾	箕	斗	女	虚	危	室	室	壁	奎	婁	胃	昴	畢	觜	参	井	鬼	柳	星	張	翼	軫	角	亢	氐	房	心	尾		
3月	箕	斗	女	虚	危	室	壁	奎	奎	婁	胃	昴	畢	觜	参	井	鬼	柳	星	張	翼	軫	角	亢	氐	房	心	尾	箕	斗	女
4月	虚	危	室	壁	奎	婁	胃	胃	昴	畢	觜	参	井	鬼	柳	星	張	翼	軫	角	亢	氐	房	心	尾	箕	斗	女	虚	危	
5月	室	壁	奎	婁	胃	昴	畢	觜	参	井	鬼	柳	星	張	翼	軫	角	亢	氐	房	心	尾	箕	斗	女	虚	危	室	壁	奎	婁
6月	胃	昴	畢	觜	参	参	井	鬼	柳	星	張	翼	軫	角	亢	氐	房	心	尾	箕	斗	女	虚	危	室	壁	奎	婁	胃	昴	
7月	畢	觜	参	井	鬼	柳	星	張	翼	軫	角	亢	氐	房	心	尾	箕	斗	女	虚	危	室	壁	奎	婁	胃	昴	畢	觜	参	井
8月	鬼	柳	星	張	翼	軫	角	亢	氐	房	心	尾	箕	斗	女	虚	危	室	壁	奎	婁	胃	昴	畢	觜	参	井	鬼	柳	星	張
9月	翼	角	亢	氐	房	心	尾	箕	斗	女	虚	危	室	壁	奎	婁	胃	昴	畢	觜	参	井	鬼	柳	星	張	翼	軫	角	亢	
10月	氐	房	心	尾	箕	斗	女	虚	危	室	壁	奎	婁	胃	昴	畢	觜	参	井	鬼	柳	星	張	翼	軫	角	亢	氐	房	心	心
11月	尾	箕	斗	女	虚	危	室	壁	奎	婁	胃	昴	畢	觜	参	井	鬼	柳	星	張	翼	軫	角	亢	氐	房	心	尾	斗	女	
12月	虚	危	室	壁	奎	婁	胃	昴	畢	觜	参	井	鬼	柳	星	張	翼	軫	角	亢	氐	房	心	尾	箕	斗	女	虚	虚	危	室

1941年

	1	2	3	4	5	6	7	8	9	10	11	12	13	14	15	16	17	18	19	20	21	22	23	24	25	26	27	28	29	30	31
1月	壁	奎	婁	胃	昴	畢	觜	参	井	鬼	柳	星	張	翼	軫	角	亢	氐	房	心	尾	箕	斗	女	虚	危	室	壁	奎	婁	胃
2月	昴	畢	觜	参	井	鬼	柳	星	張	翼	軫	角	亢	氐	房	心	尾	箕	斗	女	虚	危	室	壁	奎	奎	婁	胃			
3月	昴	畢	觜	参	井	鬼	柳	星	張	翼	軫	角	亢	氐	房	心	尾	箕	斗	女	虚	危	室	壁	奎	婁	胃	胃	昴	畢	觜
4月	参	井	鬼	柳	星	張	翼	軫	角	亢	氐	房	心	尾	箕	斗	女	虚	危	室	壁	奎	婁	胃	昴	畢	觜	参	井	鬼	
5月	柳	星	張	翼	軫	角	亢	氐	房	心	尾	箕	斗	女	虚	危	室	壁	奎	婁	胃	昴	畢	觜	参	参	井	鬼	柳	星	張
6月	翼	軫	角	亢	氐	房	心	尾	箕	斗	女	虚	危	室	壁	奎	婁	胃	昴	畢	觜	参	井	鬼	鬼	柳	星	張	翼	軫	
7月	角	亢	氐	房	心	尾	箕	斗	女	虚	危	室	壁	奎	婁	胃	昴	畢	觜	参	井	鬼	柳	鬼	柳	星	張	翼	軫	角	亢
8月	氐	房	心	尾	箕	斗	女	虚	危	室	壁	奎	婁	胃	昴	畢	觜	参	井	鬼	柳	星	張	翼	軫	角	亢	氐	房	心	尾
9月	箕	斗	女	虚	危	室	壁	奎	婁	胃	昴	畢	觜	参	井	鬼	柳	星	張	翼	角	亢	氐	房	心	尾	箕	斗	女	虚	
10月	危	室	壁	奎	婁	胃	昴	畢	觜	参	井	鬼	柳	星	張	翼	軫	角	亢	氐	房	心	尾	箕	斗	女	虚	危	室	壁	奎
11月	婁	胃	昴	畢	觜	参	井	鬼	柳	星	張	翼	軫	角	亢	氐	房	心	心	尾	箕	斗	女	虚	危	室	壁	奎	婁	胃	
12月	昴	畢	觜	参	井	鬼	柳	星	張	翼	軫	角	亢	氐	房	心	尾	斗	女	虚	危	室	壁	奎	婁	胃	昴	畢	觜	参	井

1942年

	1	2	3	4	5	6	7	8	9	10	11	12	13	14	15	16	17	18	19	20	21	22	23	24	25	26	27	28	29	30	31
1月	鬼	柳	星	張	翼	軫	角	亢	氐	房	心	尾	箕	斗	女	虚	虚	危	室	壁	奎	婁	胃	昴	畢	觜	参	井	鬼	柳	星
2月	張	翼	軫	角	亢	氐	房	心	尾	箕	斗	女	虚	危	室	壁	奎	婁	胃	昴	畢	觜	参	井	鬼	柳	星	張			
3月	翼	軫	角	亢	氐	房	心	尾	箕	斗	女	虚	危	室	壁	奎	奎	婁	胃	昴	畢	觜	参	井	鬼	柳	星	張	翼	軫	角
4月	亢	氐	房	心	尾	箕	斗	女	虚	危	室	壁	奎	婁	胃	昴	畢	觜	参	井	鬼	柳	星	張	翼	軫	角	亢	氐	房	
5月	心	尾	箕	斗	女	虚	危	室	壁	奎	婁	胃	昴	畢	畢	觜	参	井	鬼	柳	星	張	翼	軫	角	亢	氐	房	心	尾	箕
6月	斗	女	虚	危	室	壁	奎	婁	胃	昴	畢	觜	参	参	井	鬼	柳	星	張	翼	軫	角	亢	氐	房	心	尾	箕	斗	女	
7月	虚	危	室	壁	奎	婁	胃	昴	畢	觜	参	井	鬼	柳	星	張	翼	軫	角	亢	氐	房	心	尾	箕	斗	女	虚	危	室	壁
8月	奎	婁	胃	昴	畢	觜	参	井	鬼	柳	星	張	翼	軫	角	亢	氐	房	心	尾	箕	斗	女	虚	危	室	壁	奎	婁	胃	昴
9月	畢	觜	参	井	鬼	柳	星	張	翼	軫	角	亢	氐	房	心	尾	箕	斗	女	虚	危	室	壁	奎	婁	胃	昴	畢	觜	参	
10月	井	鬼	柳	星	張	翼	軫	角	亢	氐	房	心	尾	箕	斗	女	虚	危	室	壁	奎	婁	胃	昴	畢	觜	参	井	鬼	柳	星
11月	張	翼	軫	角	亢	氐	房	心	心	尾	箕	斗	女	虚	危	室	壁	奎	婁	胃	昴	畢	觜	参	井	鬼	柳	星	張	翼	
12月	軫	角	亢	氐	房	心	尾	斗	女	虚	危	室	壁	奎	婁	胃	昴	畢	觜	参	井	鬼	柳	星	張	翼	軫	角	亢	氐	房

1943年

	1	2	3	4	5	6	7	8	9	10	11	12	13	14	15	16	17	18	19	20	21	22	23	24	25	26	27	28	29	30	31
1月	心	尾	箕	斗	女	虚	危	室	壁	奎	婁	胃	昴	畢	觜	参	井	鬼	柳	星	張	翼	軫	角	亢	氐	房	心	尾	箕	斗
2月	女	虚	危	室	室	壁	奎	婁	胃	昴	畢	觜	参	井	鬼	柳	星	張	翼	軫	角	亢	氐	房	心	尾	箕	斗			
3月	女	虚	危	室	壁	奎	婁	胃	昴	畢	觜	参	井	鬼	柳	星	張	翼	軫	角	亢	氐	房	心	尾	箕	斗	女	虚	危	室
4月	壁	奎	婁	胃	胃	昴	畢	觜	参	井	鬼	柳	星	張	翼	軫	角	亢	氐	房	心	尾	箕	斗	女	虚	危	室	壁	奎	
5月	婁	胃	昴	畢	觜	参	井	鬼	柳	星	張	翼	軫	角	亢	氐	房	心	尾	箕	斗	女	虚	危	室	壁	奎	婁	胃	昴	畢
6月	觜	参	参	井	鬼	柳	星	張	翼	軫	角	亢	氐	房	心	尾	箕	斗	女	虚	危	室	壁	奎	婁	胃	昴	畢	觜	参	
7月	井	鬼	柳	星	張	翼	軫	角	亢	氐	房	心	尾	箕	斗	女	虚	危	室	壁	奎	婁	胃	昴	畢	觜	参	井	鬼	柳	星
8月	張	翼	軫	角	亢	氐	房	心	尾	箕	斗	女	虚	危	室	壁	奎	婁	胃	昴	畢	觜	参	井	鬼	柳	星	張	翼	軫	角
9月	亢	氐	房	心	尾	箕	斗	女	虚	危	室	壁	奎	婁	胃	昴	畢	觜	参	井	鬼	柳	星	張	翼	軫	角	亢	氐	房	
10月	心	尾	箕	斗	女	虚	危	室	壁	奎	婁	胃	昴	畢	觜	参	井	鬼	柳	星	張	翼	軫	角	亢	氐	房	心	心	尾	箕
11月	斗	女	虚	危	室	壁	奎	婁	胃	昴	畢	觜	参	井	鬼	柳	星	張	翼	軫	角	亢	氐	房	心	尾	箕	斗	女	虚	
12月	危	室	壁	奎	婁	胃	昴	畢	觜	参	井	鬼	柳	星	張	翼	軫	角	亢	氐	房	心	尾	箕	斗	女	虚	危	室	壁	奎

1944年

	1	2	3	4	5	6	7	8	9	10	11	12	13	14	15	16	17	18	19	20	21	22	23	24	25	26	27	28	29	30	31
1月	婁	胃	昴	畢	觜	参	井	鬼	柳	星	張	翼	軫	角	亢	氐	房	心	尾	箕	斗	女	虚	危	室	室	壁	奎	婁	胃	昴
2月	畢	觜	参	井	鬼	柳	星	張	翼	軫	角	亢	氐	房	心	尾	箕	斗	女	虚	危	室	壁	奎	婁	胃	昴	畢	觜		
3月	参	井	鬼	柳	星	張	翼	軫	角	亢	氐	房	心	尾	箕	斗	女	虚	危	室	壁	奎	婁	胃	昴	畢	觜	参	井	鬼	柳
4月	星	張	翼	軫	角	亢	氐	房	心	尾	箕	斗	女	虚	危	室	壁	奎	婁	胃	昴	畢	畢	觜	参	井	鬼	柳	星	張	
5月	翼	軫	角	亢	氐	房	心	尾	箕	斗	女	虚	危	室	壁	奎	婁	胃	昴	畢	觜	畢	觜	参	井	鬼	柳	星	張	翼	軫
6月	角	亢	氐	房	心	尾	箕	斗	女	虚	危	室	壁	奎	婁	胃	昴	畢	觜	参	参	井	鬼	柳	星	張	翼	軫	角	亢	
7月	氐	房	心	尾	箕	斗	女	虚	危	室	壁	奎	婁	胃	昴	畢	觜	参	井	鬼	柳	星	張	翼	軫	角	亢	氐	房	心	尾
8月	箕	斗	女	虚	危	室	壁	奎	婁	胃	昴	畢	觜	参	井	鬼	柳	星	張	翼	軫	角	亢	氐	房	心	尾	箕	斗	女	虚
9月	危	室	壁	奎	婁	胃	昴	畢	觜	参	井	鬼	柳	星	張	翼	角	亢	氐	房	心	尾	箕	斗	女	虚	危	室	壁	奎	
10月	婁	胃	昴	畢	觜	参	井	鬼	柳	星	張	翼	軫	角	亢	氐	氐	房	心	尾	箕	斗	女	虚	危	室	壁	奎	婁	胃	昴
11月	畢	觜	参	井	鬼	柳	星	張	翼	軫	角	亢	氐	房	心	心	尾	箕	斗	女	虚	危	室	壁	奎	婁	胃	昴	畢	觜	
12月	参	井	鬼	柳	星	張	翼	軫	角	亢	氐	房	心	尾	斗	女	虚	危	室	壁	奎	婁	胃	昴	畢	觜	参	井	鬼	柳	星

1945年

	1	2	3	4	5	6	7	8	9	10	11	12	13	14	15	16	17	18	19	20	21	22	23	24	25	26	27	28	29	30	31
1月	張	翼	軫	角	亢	氐	房	心	尾	箕	斗	女	虚	虚	危	室	壁	奎	婁	胃	昴	畢	觜	参	井	鬼	柳	星	張	翼	軫
2月	角	亢	氐	房	心	尾	箕	斗	女	虚	危	室	室	壁	奎	婁	胃	昴	畢	觜	参	井	鬼	柳	星	張	翼	軫			
3月	角	亢	氐	房	心	尾	箕	斗	女	虚	危	室	壁	奎	婁	胃	昴	畢	觜	参	井	鬼	柳	星	張	翼	軫	角	亢	氐	房
4月	心	尾	箕	斗	女	虚	危	室	壁	奎	婁	胃	昴	畢	觜	参	井	鬼	柳	星	張	翼	軫	角	亢	氐	房	心	尾	箕	
5月	斗	女	虚	危	室	壁	奎	婁	胃	昴	畢	畢	觜	参	井	鬼	柳	星	張	翼	軫	角	亢	氐	房	心	尾	箕	斗	女	虚
6月	危	室	壁	奎	婁	胃	昴	畢	觜	参	井	鬼	柳	星	張	翼	軫	角	亢	氐	房	心	尾	箕	斗	女	虚	危	室	壁	
7月	奎	婁	胃	昴	畢	觜	参	井	鬼	柳	星	張	翼	軫	角	亢	氐	房	心	尾	箕	斗	女	虚	危	室	壁	奎	婁	胃	昴
8月	畢	觜	参	井	鬼	柳	星	張	翼	軫	角	亢	氐	房	心	尾	箕	斗	女	虚	危	室	壁	奎	婁	胃	昴	畢	觜	参	井
9月	鬼	柳	星	張	翼	角	亢	氐	房	心	尾	箕	斗	女	虚	危	室	壁	奎	婁	胃	昴	畢	觜	参	井	鬼	柳	星	張	
10月	翼	軫	角	亢	氐	氐	房	心	尾	箕	斗	女	虚	危	室	壁	奎	婁	胃	昴	畢	觜	参	井	鬼	柳	星	張	翼	軫	角
11月	亢	氐	房	心	心	尾	箕	斗	女	虚	危	室	壁	奎	婁	胃	昴	畢	觜	参	井	鬼	柳	星	張	翼	軫	角	亢	氐	
12月	房	心	尾	箕	斗	女	虚	危	室	壁	奎	婁	胃	昴	畢	觜	参	井	鬼	柳	星	張	翼	軫	角	亢	氐	房	心	尾	箕

1946年

	1	2	3	4	5	6	7	8	9	10	11	12	13	14	15	16	17	18	19	20	21	22	23	24	25	26	27	28	29	30	31
1月	斗	女	虚	危	室	壁	奎	婁	胃	昴	畢	觜	参	井	鬼	柳	星	張	翼	軫	角	亢	氐	房	心	尾	箕	斗	女	虚	危
2月	室	室	壁	奎	婁	胃	昴	畢	觜	参	井	鬼	柳	星	張	翼	軫	角	亢	氐	房	心	尾	箕	斗	女	虚	危			
3月	室	壁	奎	奎	婁	胃	昴	畢	觜	参	井	鬼	柳	星	張	翼	軫	角	亢	氐	房	心	尾	箕	斗	女	虚	危	室	壁	奎
4月	婁	胃	昴	畢	觜	参	井	鬼	柳	星	張	翼	軫	角	亢	氐	房	心	尾	箕	斗	女	虚	危	室	壁	奎	婁	胃	昴	
5月	畢	觜	参	井	鬼	柳	星	張	翼	軫	角	亢	氐	房	心	尾	箕	斗	女	虚	危	室	壁	奎	婁	胃	昴	畢	觜	参	参
6月	井	鬼	柳	星	張	翼	軫	角	亢	氐	房	心	尾	箕	斗	女	虚	危	室	壁	奎	婁	胃	昴	畢	觜	参	井	鬼	柳	
7月	星	張	翼	軫	角	亢	氐	房	心	尾	箕	斗	女	虚	危	室	壁	奎	婁	胃	昴	畢	觜	参	井	鬼	柳	張	翼	軫	角
8月	亢	氐	房	心	尾	箕	斗	女	虚	危	室	壁	奎	婁	胃	昴	畢	觜	参	井	鬼	柳	星	張	翼	軫	角	亢	氐	房	心
9月	尾	箕	斗	女	虚	危	室	壁	奎	婁	胃	昴	畢	觜	参	井	鬼	柳	星	張	翼	軫	角	亢	氐	房	心	尾	箕	斗	
10月	女	虚	危	室	壁	奎	婁	胃	昴	畢	觜	参	井	鬼	柳	星	張	翼	軫	角	亢	氐	房	心	心	尾	箕	斗	女	虚	危
11月	室	壁	奎	婁	胃	昴	畢	觜	参	井	鬼	柳	星	張	翼	軫	角	亢	氐	房	心	尾	箕	斗	女	虚	危	室	壁	奎	
12月	婁	胃	昴	畢	觜	参	井	鬼	柳	星	張	翼	軫	角	亢	氐	房	心	尾	箕	斗	女	虚	危	室	壁	奎	婁	胃	昴	畢

1947年

	1	2	3	4	5	6	7	8	9	10	11	12	13	14	15	16	17	18	19	20	21	22	23	24	25	26	27	28	29	30	31
1月	觜	参	井	鬼	柳	星	張	翼	軫	角	亢	氐	房	心	尾	箕	斗	女	虚	危	室	室	壁	奎	婁	胃	昴	畢	觜	参	井
2月	鬼	柳	星	張	翼	軫	角	亢	氐	房	心	尾	箕	斗	女	虚	危	室	壁	奎	奎	婁	胃	昴	畢	觜	参	井			
3月	鬼	柳	星	張	翼	軫	角	亢	氐	房	心	尾	箕	斗	女	虚	危	室	壁	奎	婁	胃	奎	婁	胃	昴	畢	觜	参	井	鬼
4月	柳	星	張	翼	軫	角	亢	氐	房	心	尾	箕	斗	女	虚	危	室	壁	奎	婁	胃	昴	畢	觜	参	井	鬼	柳	星	張	
5月	翼	軫	角	亢	氐	房	心	尾	箕	斗	女	虚	危	室	壁	奎	婁	胃	昴	畢	觜	参	井	鬼	柳	星	張	翼	軫	角	亢
6月	氐	房	心	尾	箕	斗	女	虚	危	室	壁	奎	婁	胃	昴	畢	觜	参	参	井	鬼	柳	星	張	翼	軫	角	亢	氐	房	
7月	心	尾	箕	斗	女	虚	危	室	壁	奎	婁	胃	昴	畢	觜	参	井	鬼	柳	星	張	翼	軫	角	亢	氐	房	心	尾	箕	斗
8月	女	虚	危	室	壁	奎	婁	胃	昴	畢	觜	参	井	鬼	柳	張	翼	軫	角	亢	氐	房	心	尾	箕	斗	女	虚	危	室	壁
9月	奎	婁	胃	昴	畢	觜	参	井	鬼	柳	星	張	翼	軫	角	亢	氐	房	心	尾	箕	斗	女	虚	危	室	壁	奎	婁	胃	
10月	昴	畢	觜	参	井	鬼	柳	星	張	翼	軫	角	亢	氐	房	心	尾	箕	斗	女	虚	危	室	壁	奎	婁	胃	昴	畢	觜	参
11月	井	鬼	柳	星	張	翼	軫	角	亢	氐	房	心	心	尾	箕	斗	女	虚	危	室	壁	奎	婁	胃	昴	畢	觜	参	井	鬼	
12月	柳	星	張	翼	軫	角	亢	氐	房	心	尾	斗	女	虚	危	室	壁	奎	婁	胃	昴	畢	觜	参	井	鬼	柳	星	張	翼	軫

1948年

	1	2	3	4	5	6	7	8	9	10	11	12	13	14	15	16	17	18	19	20	21	22	23	24	25	26	27	28	29	30	31
1月	角	亢	氐	房	心	尾	箕	斗	女	虚	虚	危	室	壁	奎	婁	胃	昴	畢	觜	参	井	鬼	柳	星	張	翼	軫	角	亢	氐
2月	房	心	尾	箕	斗	女	虚	危	室	室	壁	奎	婁	胃	昴	畢	觜	参	井	鬼	柳	星	張	翼	軫	角	亢	氐	房		
3月	心	尾	箕	斗	女	虚	危	室	壁	奎	奎	婁	胃	昴	畢	觜	参	井	鬼	柳	星	張	翼	軫	角	亢	氐	房	心	尾	箕
4月	斗	女	虚	危	室	壁	奎	婁	胃	昴	畢	觜	参	井	鬼	柳	星	張	翼	軫	角	亢	氐	房	心	尾	箕	斗	女	虚	
5月	危	室	壁	奎	婁	胃	昴	畢	畢	觜	参	井	鬼	柳	星	張	翼	軫	角	亢	氐	房	心	尾	箕	斗	女	虚	危	室	壁
6月	奎	婁	胃	昴	畢	觜	参	井	鬼	柳	星	張	翼	軫	角	亢	氐	房	心	尾	箕	斗	女	虚	危	室	壁	奎	婁	胃	
7月	昴	畢	觜	参	井	鬼	鬼	柳	星	張	翼	軫	角	亢	氐	房	心	尾	箕	斗	女	虚	危	室	壁	奎	婁	胃	昴	畢	觜
8月	参	井	鬼	柳	張	翼	軫	角	亢	氐	房	心	尾	箕	斗	女	虚	危	室	壁	奎	婁	胃	昴	畢	觜	参	井	鬼	柳	星
9月	張	翼	角	亢	氐	房	心	尾	箕	斗	女	虚	危	室	壁	奎	婁	胃	昴	畢	觜	参	井	鬼	柳	星	張	翼	軫	角	
10月	亢	氐	氐	房	心	尾	箕	斗	女	虚	危	室	壁	奎	婁	胃	昴	畢	觜	参	井	鬼	柳	星	張	翼	軫	角	亢	氐	房
11月	心	尾	箕	斗	女	虚	危	室	壁	奎	婁	胃	昴	畢	觜	参	井	鬼	柳	星	張	翼	軫	角	亢	氐	房	心	尾	箕	
12月	斗	女	虚	危	室	壁	奎	婁	胃	昴	畢	觜	参	井	鬼	柳	星	張	翼	軫	角	亢	氐	房	心	尾	箕	斗	女	虚	危

1949年

	1	2	3	4	5	6	7	8	9	10	11	12	13	14	15	16	17	18	19	20	21	22	23	24	25	26	27	28	29	30	31
1月	室	壁	奎	婁	胃	昴	畢	觜	参	井	鬼	柳	星	張	翼	軫	角	亢	氐	房	心	尾	箕	斗	女	虚	危	室	室	壁	奎
2月	婁	胃	昴	畢	觜	参	井	鬼	柳	星	張	翼	軫	角	亢	氐	房	心	尾	箕	斗	女	虚	危	室	壁	奎	奎			
3月	婁	胃	昴	畢	觜	参	井	鬼	柳	星	張	翼	軫	角	亢	氐	房	心	尾	箕	斗	女	虚	危	室	壁	奎	婁	胃	胃	昴
4月	畢	觜	参	井	鬼	柳	星	張	翼	軫	角	亢	氐	房	心	尾	箕	斗	女	虚	危	室	壁	奎	婁	胃	昴	畢	觜	参	
5月	井	鬼	柳	星	張	翼	軫	角	亢	氐	房	心	尾	箕	斗	女	虚	危	室	壁	奎	婁	胃	昴	畢	觜	参	参	井	鬼	柳
6月	星	張	翼	軫	角	亢	氐	房	心	尾	箕	斗	女	虚	危	室	壁	奎	婁	胃	昴	畢	觜	参	井	鬼	柳	星	張	翼	
7月	軫	角	亢	氐	房	心	尾	箕	斗	女	虚	危	室	壁	奎	婁	胃	昴	畢	觜	参	井	鬼	柳	星	張	翼	軫	角	亢	氐
8月	房	心	尾	箕	斗	女	虚	危	室	壁	奎	婁	胃	昴	畢	觜	参	井	鬼	柳	星	張	翼	張	翼	軫	角	亢	氐	房	心
9月	尾	箕	斗	女	虚	危	室	壁	奎	婁	胃	昴	畢	觜	参	井	鬼	柳	星	張	翼	角	亢	氐	房	心	尾	箕	斗	女	
10月	虚	危	室	壁	奎	婁	胃	昴	畢	觜	参	井	鬼	柳	星	張	翼	軫	角	亢	氐	氐	房	心	尾	箕	斗	女	虚	危	室
11月	壁	奎	婁	胃	昴	畢	觜	参	井	鬼	柳	星	張	翼	軫	角	亢	氐	房	心	尾	箕	斗	女	虚	危	室	壁	奎	婁	
12月	胃	昴	畢	觜	参	井	鬼	柳	星	張	翼	軫	角	亢	氐	房	心	尾	箕	斗	女	虚	危	室	壁	奎	婁	胃	昴	畢	觜

1950年

	1	2	3	4	5	6	7	8	9	10	11	12	13	14	15	16	17	18	19	20	21	22	23	24	25	26	27	28	29	30	31
1月	参	井	鬼	柳	星	張	翼	軫	角	亢	氐	房	心	尾	箕	斗	女	虚	危	室	壁	奎	婁	胃	昴	畢	觜	参	井	鬼	柳
2月	星	張	翼	軫	角	亢	氐	房	心	尾	箕	斗	女	虚	危	室	室	壁	奎	婁	胃	昴	畢	觜	参	井	鬼	柳			
3月	星	張	翼	軫	角	亢	氐	房	心	尾	箕	斗	女	虚	危	室	壁	奎	奎	婁	胃	昴	畢	觜	参	井	鬼	柳	星	張	翼
4月	軫	角	亢	氐	房	心	尾	箕	斗	女	虚	危	室	壁	奎	婁	胃	昴	畢	觜	参	井	鬼	柳	星	張	翼	軫	角	亢	
5月	氐	房	心	尾	箕	斗	女	虚	危	室	壁	奎	婁	胃	昴	畢	畢	觜	参	井	鬼	柳	星	張	翼	軫	角	亢	氐	房	心
6月	尾	箕	斗	女	虚	危	室	壁	奎	婁	胃	昴	畢	觜	参	参	井	鬼	柳	星	張	翼	軫	角	亢	氐	房	心	尾	箕	
7月	斗	女	虚	危	室	壁	奎	婁	胃	昴	畢	觜	参	井	鬼	柳	星	張	翼	軫	角	亢	氐	房	心	尾	箕	斗	女	虚	危
8月	室	壁	奎	婁	胃	昴	畢	觜	参	井	鬼	柳	星	張	翼	軫	角	亢	氐	房	心	尾	箕	斗	女	虚	危	室	壁	奎	婁
9月	胃	昴	畢	觜	参	井	鬼	柳	星	張	翼	角	亢	氐	房	心	尾	箕	斗	女	虚	危	室	壁	奎	婁	胃	昴	畢	觜	
10月	参	井	鬼	柳	星	張	翼	軫	角	亢	氐	房	心	尾	箕	斗	女	虚	危	室	壁	奎	婁	胃	昴	畢	觜	参	井	鬼	柳
11月	星	張	翼	軫	角	亢	氐	房	心	心	尾	箕	斗	女	虚	危	室	壁	奎	婁	胃	昴	畢	觜	参	井	鬼	柳	星	張	
12月	翼	軫	角	亢	氐	房	心	尾	斗	女	虚	危	室	壁	奎	婁	胃	昴	畢	觜	参	井	鬼	柳	星	張	翼	軫	角	亢	氐

1951年

	1	2	3	4	5	6	7	8	9	10	11	12	13	14	15	16	17	18	19	20	21	22	23	24	25	26	27	28	29	30	31
1月	房	心	尾	箕	斗	女	虚	虚	危	室	壁	奎	婁	胃	昴	畢	觜	参	井	鬼	柳	星	張	翼	軫	角	亢	氐	房	心	尾
2月	箕	斗	女	虚	危	室	壁	奎	婁	胃	昴	畢	觜	参	井	鬼	柳	星	張	翼	軫	角	亢	氐	房	心	尾	箕			
3月	斗	女	虚	危	室	壁	奎	奎	婁	胃	昴	畢	觜	参	井	鬼	柳	星	張	翼	軫	角	亢	氐	房	心	尾	箕	斗	女	虚
4月	危	室	壁	奎	婁	胃	昴	畢	觜	参	井	鬼	柳	星	張	翼	軫	角	亢	氐	房	心	尾	箕	斗	女	虚	危	室	壁	
5月	奎	婁	胃	昴	畢	畢	觜	参	井	鬼	柳	星	張	翼	軫	角	亢	氐	房	心	尾	箕	斗	女	虚	危	室	壁	奎	婁	胃
6月	昴	畢	觜	参	参	井	鬼	柳	星	張	翼	軫	角	亢	氐	房	心	尾	箕	斗	女	虚	危	室	壁	奎	婁	胃	昴	畢	
7月	觜	参	井	鬼	柳	星	張	翼	軫	角	亢	氐	房	心	尾	箕	斗	女	虚	危	室	壁	奎	婁	胃	昴	畢	觜	参	井	鬼
8月	柳	星	張	翼	軫	角	亢	氐	房	心	尾	箕	斗	女	虚	危	室	壁	奎	婁	胃	昴	畢	觜	参	井	鬼	柳	星	張	翼
9月	角	亢	氐	房	心	尾	箕	斗	女	虚	危	室	壁	奎	婁	胃	昴	畢	觜	参	井	鬼	柳	星	張	翼	軫	角	亢	氐	
10月	氐	房	心	尾	箕	斗	女	虚	危	室	壁	奎	婁	胃	昴	畢	觜	参	井	鬼	柳	星	張	翼	軫	角	亢	氐	房	心	尾
11月	箕	斗	女	虚	危	室	壁	奎	婁	胃	昴	畢	觜	参	井	鬼	柳	星	張	翼	軫	角	亢	氐	房	心	尾	箕	斗	女	
12月	虚	危	室	壁	奎	婁	胃	昴	畢	觜	参	井	鬼	柳	星	張	翼	軫	角	亢	氐	房	心	尾	箕	斗	女	虚	危	室	壁

1952年

	1	2	3	4	5	6	7	8	9	10	11	12	13	14	15	16	17	18	19	20	21	22	23	24	25	26	27	28	29	30	31
1月	奎	婁	胃	昴	畢	觜	参	井	鬼	柳	星	張	翼	軫	角	亢	氐	房	心	尾	箕	斗	女	虚	危	室	室	壁	奎	婁	胃
2月	昴	畢	觜	参	井	鬼	柳	星	張	翼	軫	角	亢	氐	房	心	尾	箕	斗	女	虚	危	室	壁	奎	婁	胃	昴	畢		
3月	觜	参	井	鬼	柳	星	張	翼	軫	角	亢	氐	房	心	尾	箕	斗	女	虚	危	室	壁	奎	婁	胃	胃	昴	畢	觜	参	井
4月	鬼	柳	星	張	翼	軫	角	亢	氐	房	心	尾	箕	斗	女	虚	危	室	壁	奎	婁	胃	昴	畢	觜	参	井	鬼	柳	星	
5月	張	翼	軫	角	亢	氐	房	心	尾	箕	斗	女	虚	危	室	壁	奎	婁	胃	昴	畢	觜	参	参	井	鬼	柳	星	張	翼	軫
6月	角	亢	氐	房	心	尾	箕	斗	女	虚	危	室	壁	奎	婁	胃	昴	畢	觜	参	井	参	井	鬼	柳	星	張	翼	軫	角	
7月	亢	氐	房	心	尾	箕	斗	女	虚	危	室	壁	奎	婁	胃	昴	畢	觜	参	井	鬼	鬼	柳	星	張	翼	軫	角	亢	氐	房
8月	心	尾	箕	斗	女	虚	危	室	壁	奎	婁	胃	昴	畢	觜	参	井	鬼	柳	星	張	翼	軫	角	亢	氐	房	心	尾	箕	斗
9月	女	虚	危	室	壁	奎	婁	胃	昴	畢	觜	参	井	鬼	柳	星	張	翼	角	亢	氐	房	心	尾	箕	斗	女	虚	危	室	
10月	壁	奎	婁	胃	昴	畢	觜	参	井	鬼	柳	星	張	翼	軫	角	亢	氐	氐	房	心	尾	箕	斗	女	虚	危	室	壁	奎	婁
11月	胃	昴	畢	觜	参	井	鬼	柳	星	張	翼	軫	角	亢	氐	房	心	尾	箕	斗	女	虚	危	室	壁	奎	婁	胃	昴	畢	
12月	觜	参	井	鬼	柳	星	張	翼	軫	角	亢	氐	房	心	尾	箕	斗	女	虚	危	室	壁	奎	婁	胃	昴	畢	觜	参	井	鬼

1953年

	1	2	3	4	5	6	7	8	9	10	11	12	13	14	15	16	17	18	19	20	21	22	23	24	25	26	27	28	29	30	31
1月	柳	星	張	翼	軫	角	亢	氐	房	心	尾	箕	斗	女	虚	危	室	壁	奎	婁	胃	昴	畢	觜	参	井	鬼	柳	星	張	翼
2月	軫	角	亢	氐	房	心	尾	箕	斗	女	虚	危	室	室	壁	奎	婁	胃	昴	畢	觜	参	井	鬼	柳	星	張	翼			
3月	軫	角	亢	氐	房	心	尾	箕	斗	女	虚	危	室	壁	奎	婁	胃	昴	畢	觜	参	井	鬼	柳	星	張	翼	軫	角	亢	氐
4月	房	心	尾	箕	斗	女	虚	危	室	壁	奎	婁	胃	胃	昴	畢	觜	参	井	鬼	柳	星	張	翼	軫	角	亢	氐	房	心	
5月	尾	箕	斗	女	虚	危	室	壁	奎	婁	胃	昴	畢	觜	参	井	鬼	柳	星	張	翼	軫	角	亢	氐	房	心	尾	箕	斗	女
6月	虚	危	室	壁	奎	婁	胃	昴	畢	觜	参	井	鬼	柳	星	張	翼	軫	角	亢	氐	房	心	尾	箕	斗	女	虚	危	室	
7月	壁	奎	婁	胃	昴	畢	觜	参	井	鬼	鬼	柳	星	張	翼	軫	角	亢	氐	房	心	尾	箕	斗	女	虚	危	室	壁	奎	婁
8月	胃	昴	畢	觜	参	井	鬼	柳	星	張	翼	軫	角	亢	氐	房	心	尾	箕	斗	女	虚	危	室	壁	奎	婁	胃	昴	畢	觜
9月	参	井	鬼	柳	星	張	翼	角	亢	氐	房	心	尾	箕	斗	女	虚	危	室	壁	奎	婁	胃	昴	畢	觜	参	井	鬼	柳	
10月	星	張	翼	軫	角	亢	氐	氐	房	心	尾	箕	斗	女	虚	危	室	壁	奎	婁	胃	昴	畢	觜	参	井	鬼	柳	星	張	翼
11月	軫	角	亢	氐	房	心	心	尾	箕	斗	女	虚	危	室	壁	奎	婁	胃	昴	畢	觜	参	井	鬼	柳	星	張	翼	軫	角	
12月	亢	氐	房	心	尾	斗	女	虚	危	室	壁	奎	婁	胃	昴	畢	觜	参	井	鬼	柳	星	張	翼	軫	角	亢	氐	房	心	尾

1954年

	1	2	3	4	5	6	7	8	9	10	11	12	13	14	15	16	17	18	19	20	21	22	23	24	25	26	27	28	29	30	31
1月	箕	斗	女	虚	虚	危	室	壁	奎	婁	胃	昴	畢	觜	参	井	鬼	柳	星	張	翼	軫	角	亢	氐	房	心	尾	箕	斗	女
2月	虚	危	室	室	壁	奎	婁	胃	昴	畢	觜	参	井	鬼	柳	星	張	翼	軫	角	亢	氐	房	心	尾	箕	斗	女			
3月	虚	危	室	壁	奎	婁	胃	昴	畢	觜	参	井	鬼	柳	星	張	翼	軫	角	亢	氐	房	心	尾	箕	斗	女	虚	危	室	壁
4月	奎	婁	胃	昴	畢	觜	参	井	鬼	柳	星	張	翼	軫	角	亢	氐	房	心	尾	箕	斗	女	虚	危	室	壁	奎	婁	胃	
5月	昴	畢	畢	觜	参	井	鬼	柳	星	張	翼	軫	角	亢	氐	房	心	尾	箕	斗	女	虚	危	室	壁	奎	婁	胃	昴	畢	觜
6月	参	井	鬼	柳	星	張	翼	軫	角	亢	氐	房	心	尾	箕	斗	女	虚	危	室	壁	奎	婁	胃	昴	畢	觜	参	井	鬼	
7月	柳	星	張	翼	軫	角	亢	氐	房	心	尾	箕	斗	女	虚	危	室	壁	奎	婁	胃	昴	畢	觜	参	井	鬼	柳	星	張	翼
8月	軫	角	亢	氐	房	心	尾	箕	斗	女	虚	危	室	壁	奎	婁	胃	昴	畢	觜	参	井	鬼	柳	星	張	翼	角	亢	氐	房
9月	心	尾	箕	斗	女	虚	危	室	壁	奎	婁	胃	昴	畢	觜	参	井	鬼	柳	星	張	翼	軫	角	亢	氐	氐	房	心	尾	
10月	箕	斗	女	虚	危	室	壁	奎	婁	胃	昴	畢	觜	参	井	鬼	柳	星	張	翼	軫	角	亢	氐	房	心	心	尾	箕	斗	女
11月	虚	危	室	壁	奎	婁	胃	昴	畢	觜	参	井	鬼	柳	星	張	翼	軫	角	亢	氐	房	心	尾	斗	女	虚	危	室	壁	
12月	奎	婁	胃	昴	畢	觜	参	井	鬼	柳	星	張	翼	軫	角	亢	氐	房	心	尾	箕	斗	女	虚	虚	危	室	壁	奎	婁	胃

1955年

	1	2	3	4	5	6	7	8	9	10	11	12	13	14	15	16	17	18	19	20	21	22	23	24	25	26	27	28	29	30	31
1月	昴	畢	觜	参	井	鬼	柳	星	張	翼	軫	角	亢	氐	房	心	尾	箕	斗	女	虚	危	室	室	壁	奎	婁	胃	昴	畢	觜
2月	参	井	鬼	柳	星	張	翼	軫	角	亢	氐	房	心	尾	箕	斗	女	虚	危	室	壁	奎	奎	婁	胃	昴	畢	觜			
3月	参	井	鬼	柳	星	張	翼	軫	角	亢	氐	房	心	尾	箕	斗	女	虚	危	室	壁	奎	婁	胃	昴	畢	觜	参	井	鬼	柳
4月	星	張	翼	軫	角	亢	氐	房	心	尾	箕	斗	女	虚	危	室	壁	奎	婁	胃	昴	胃	昴	畢	觜	参	井	鬼	柳	星	
5月	張	翼	軫	角	亢	氐	房	心	尾	箕	斗	女	虚	危	室	壁	奎	婁	胃	昴	畢	畢	觜	参	井	鬼	柳	星	張	翼	軫
6月	角	亢	氐	房	心	尾	箕	斗	女	虚	危	室	壁	奎	婁	胃	昴	畢	觜	参	井	鬼	柳	星	張	翼	軫	角	亢	氐	
7月	房	心	尾	箕	斗	女	虚	危	室	壁	奎	婁	胃	昴	畢	觜	参	井	鬼	柳	星	張	翼	軫	角	亢	氐	房	心	尾	箕
8月	斗	女	虚	危	室	壁	奎	婁	胃	昴	畢	觜	参	井	鬼	柳	星	張	翼	軫	角	亢	氐	房	心	尾	箕	斗	女	虚	危
9月	室	壁	奎	婁	胃	昴	畢	觜	参	井	鬼	柳	星	張	翼	角	亢	氐	房	心	尾	箕	斗	女	虚	危	室	壁	奎	婁	
10月	胃	昴	畢	觜	参	井	鬼	柳	星	張	翼	軫	角	亢	氐	氐	房	心	尾	箕	斗	女	虚	危	室	壁	奎	婁	胃	昴	畢
11月	觜	参	井	鬼	柳	星	張	翼	軫	角	亢	氐	房	心	尾	箕	斗	女	虚	危	室	壁	奎	婁	胃	昴	畢	觜	参	井	
12月	鬼	柳	星	張	翼	軫	角	亢	氐	房	心	尾	箕	斗	女	虚	危	室	壁	奎	婁	胃	昴	畢	觜	参	井	鬼	柳	星	張

1956年

	1	2	3	4	5	6	7	8	9	10	11	12	13	14	15	16	17	18	19	20	21	22	23	24	25	26	27	28	29	30	31
1月	翼	軫	角	亢	氐	房	心	尾	箕	斗	女	虚	虚	危	室	壁	奎	婁	胃	昴	畢	觜	参	井	鬼	柳	星	張	翼	軫	角
2月	亢	氐	房	心	尾	箕	斗	女	虚	危	室	室	壁	奎	婁	胃	昴	畢	觜	参	井	鬼	柳	星	張	翼	軫	角	亢		
3月	氐	房	心	尾	箕	斗	女	虚	危	室	壁	奎	婁	胃	昴	畢	觜	参	井	鬼	柳	星	張	翼	軫	角	亢	氐	房	心	尾
4月	箕	斗	女	虚	危	室	壁	奎	婁	胃	胃	昴	畢	觜	参	井	鬼	柳	星	張	翼	軫	角	亢	氐	房	心	尾	箕	斗	
5月	女	虚	危	室	壁	奎	婁	胃	昴	畢	觜	参	井	鬼	柳	星	張	翼	軫	角	亢	氐	房	心	尾	箕	斗	女	虚	危	室
6月	壁	奎	婁	胃	昴	畢	觜	参	参	井	鬼	柳	星	張	翼	軫	角	亢	氐	房	心	尾	箕	斗	女	虚	危	室	壁	奎	
7月	婁	胃	昴	畢	觜	参	井	鬼	柳	星	張	翼	軫	角	亢	氐	房	心	尾	箕	斗	女	虚	危	室	壁	奎	婁	胃	昴	畢
8月	觜	参	井	鬼	柳	張	翼	軫	角	亢	氐	房	心	尾	箕	斗	女	虚	危	室	壁	奎	婁	胃	昴	畢	觜	参	井	鬼	柳
9月	星	張	翼	軫	角	亢	氐	房	心	尾	箕	斗	女	虚	危	室	壁	奎	婁	胃	昴	畢	觜	参	井	鬼	柳	星	張	翼	
10月	軫	角	亢	氐	房	心	尾	箕	斗	女	虚	危	室	壁	奎	婁	胃	昴	畢	觜	参	井	鬼	柳	星	張	翼	軫	角	亢	氐
11月	房	心	心	尾	箕	斗	女	虚	危	室	壁	奎	婁	胃	昴	畢	觜	参	井	鬼	柳	星	張	翼	軫	角	亢	氐	房	心	
12月	尾	斗	女	虚	危	室	壁	奎	婁	胃	昴	畢	觜	参	井	鬼	柳	星	張	翼	軫	角	亢	氐	房	心	尾	箕	斗	女	虚

1957年

	1	2	3	4	5	6	7	8	9	10	11	12	13	14	15	16	17	18	19	20	21	22	23	24	25	26	27	28	29	30	31
1月	虚	危	室	壁	奎	婁	胃	昴	畢	觜	参	井	鬼	柳	星	張	翼	軫	角	亢	氐	房	心	尾	箕	斗	女	虚	危	室	室
2月	壁	奎	婁	胃	昴	畢	觜	参	井	鬼	柳	星	張	翼	軫	角	亢	氐	房	心	尾	箕	斗	女	虚	危	室	壁			
3月	奎	奎	婁	胃	昴	畢	觜	参	井	鬼	柳	星	張	翼	軫	角	亢	氐	房	心	尾	箕	斗	女	虚	危	室	壁	奎	婁	胃
4月	昴	畢	觜	参	井	鬼	柳	星	張	翼	軫	角	亢	氐	房	心	尾	箕	斗	女	虚	危	室	壁	奎	婁	胃	昴	畢	畢	
5月	觜	参	井	鬼	柳	星	張	翼	軫	角	亢	氐	房	心	尾	箕	斗	女	虚	危	室	壁	奎	婁	胃	昴	畢	觜	参	井	鬼
6月	柳	星	張	翼	軫	角	亢	氐	房	心	尾	箕	斗	女	虚	危	室	壁	奎	婁	胃	昴	畢	觜	参	井	鬼	鬼	柳	星	
7月	張	翼	軫	角	亢	氐	房	心	尾	箕	斗	女	虚	危	室	壁	奎	婁	胃	昴	畢	觜	参	井	鬼	柳	張	翼	軫	角	亢
8月	氐	房	心	尾	箕	斗	女	虚	危	室	壁	奎	婁	胃	昴	畢	觜	参	井	鬼	柳	星	張	翼	角	亢	氐	房	心	尾	箕
9月	斗	女	虚	危	室	壁	奎	婁	胃	昴	畢	觜	参	井	鬼	柳	星	張	翼	軫	角	亢	氐	角	亢	氐	房	心	尾	箕	
10月	斗	女	虚	危	室	壁	奎	婁	胃	昴	畢	觜	参	井	鬼	柳	星	張	翼	軫	角	亢	氐	房	心	尾	箕	斗	女	虚	危
11月	室	壁	奎	婁	胃	昴	畢	觜	参	井	鬼	柳	星	張	翼	軫	角	亢	氐	房	心	心	尾	箕	斗	女	虚	危	室	壁	
12月	奎	婁	胃	昴	畢	觜	参	井	鬼	柳	星	張	翼	軫	角	亢	氐	房	心	尾	斗	女	虚	危	室	壁	奎	婁	胃	昴	畢

1958年

	1	2	3	4	5	6	7	8	9	10	11	12	13	14	15	16	17	18	19	20	21	22	23	24	25	26	27	28	29	30	31
1月	觜	参	井	鬼	柳	星	張	翼	軫	角	亢	氐	房	心	尾	箕	斗	女	虚	虚	危	室	壁	奎	婁	胃	昴	畢	觜	参	井
2月	鬼	柳	星	張	翼	軫	角	亢	氐	房	心	尾	箕	斗	女	虚	危	室	室	壁	奎	婁	胃	昴	畢	觜	参	井			
3月	鬼	柳	星	張	翼	軫	角	亢	氐	房	心	尾	箕	斗	女	虚	危	室	壁	奎	婁	胃	昴	畢	觜	参	井	鬼	柳	星	張
4月	翼	軫	角	亢	氐	房	心	尾	箕	斗	女	虚	危	室	壁	奎	婁	胃	胃	昴	畢	觜	参	井	鬼	柳	星	張	翼	軫	
5月	角	亢	氐	房	心	尾	箕	斗	女	虚	危	室	壁	奎	婁	胃	昴	畢	畢	觜	参	井	鬼	柳	星	張	翼	軫	角	亢	氐
6月	房	心	尾	箕	斗	女	虚	危	室	壁	奎	婁	胃	昴	畢	觜	参	井	鬼	柳	星	張	翼	軫	角	亢	氐	房	心	尾	
7月	箕	斗	女	虚	危	室	壁	奎	婁	胃	昴	畢	觜	参	井	鬼	鬼	柳	星	張	翼	軫	角	亢	氐	房	心	尾	箕	斗	女
8月	虚	危	室	壁	奎	婁	胃	昴	畢	觜	参	井	鬼	柳	張	翼	軫	角	亢	氐	房	心	尾	箕	斗	女	虚	危	室	壁	奎
9月	婁	胃	昴	畢	觜	参	井	鬼	柳	星	張	翼	角	亢	氐	房	心	尾	箕	斗	女	虚	危	室	壁	奎	婁	胃	昴	畢	
10月	觜	参	井	鬼	柳	星	張	翼	軫	角	亢	氐	氐	房	心	尾	箕	斗	女	虚	危	室	壁	奎	婁	胃	昴	畢	觜	参	井
11月	鬼	柳	星	張	翼	軫	角	亢	氐	房	心	尾	箕	斗	女	虚	危	室	壁	奎	婁	胃	昴	畢	觜	参	井	鬼	柳	星	
12月	張	翼	軫	角	亢	氐	房	心	尾	箕	斗	女	虚	危	室	壁	奎	婁	胃	昴	畢	觜	参	井	鬼	柳	星	張	翼	軫	角

1959年

	1	2	3	4	5	6	7	8	9	10	11	12	13	14	15	16	17	18	19	20	21	22	23	24	25	26	27	28	29	30	31
1月	亢	氐	房	心	尾	箕	斗	女	虚	危	室	壁	奎	婁	胃	昴	畢	觜	参	井	鬼	柳	星	張	翼	軫	角	亢	氐	房	心
2月	尾	箕	斗	女	虚	危	室	室	壁	奎	婁	胃	昴	畢	觜	参	井	鬼	柳	星	張	翼	軫	角	亢	氐	房	心			
3月	尾	箕	斗	女	虚	危	室	壁	奎	婁	胃	昴	畢	觜	参	井	鬼	柳	星	張	翼	軫	角	亢	氐	房	心	尾	箕	斗	女
4月	虚	危	室	壁	奎	婁	胃	胃	昴	畢	觜	参	井	鬼	柳	星	張	翼	軫	角	亢	氐	房	心	尾	箕	斗	女	虚	危	
5月	室	壁	奎	婁	胃	昴	畢	畢	觜	参	井	鬼	柳	星	張	翼	軫	角	亢	氐	房	心	尾	箕	斗	女	虚	危	室	壁	奎
6月	婁	胃	昴	畢	觜	参	井	鬼	柳	星	張	翼	軫	角	亢	氐	房	心	尾	箕	斗	女	虚	危	室	壁	奎	婁	胃	昴	
7月	畢	觜	参	井	鬼	鬼	柳	星	張	翼	軫	角	亢	氐	房	心	尾	箕	斗	女	虚	危	室	壁	奎	婁	胃	昴	畢	觜	参
8月	井	鬼	柳	張	翼	軫	角	亢	氐	房	心	尾	箕	斗	女	虚	危	室	壁	奎	婁	胃	昴	畢	觜	参	井	鬼	柳	星	張
9月	翼	軫	角	亢	氐	房	心	尾	箕	斗	女	虚	危	室	壁	奎	婁	胃	昴	畢	觜	参	井	鬼	柳	星	張	翼	軫	角	
10月	亢	氐	房	心	尾	箕	斗	女	虚	危	室	壁	奎	婁	胃	昴	畢	觜	参	井	鬼	柳	星	張	翼	軫	角	亢	氐	房	心
11月	心	尾	箕	斗	女	虚	危	室	壁	奎	婁	胃	昴	畢	觜	参	井	鬼	柳	星	張	翼	軫	角	亢	氐	房	心	尾	斗	
12月	女	虚	危	室	壁	奎	婁	胃	昴	畢	觜	参	井	鬼	柳	星	張	翼	軫	角	亢	氐	房	心	尾	箕	斗	女	虚	虚	危

1960年

	1	2	3	4	5	6	7	8	9	10	11	12	13	14	15	16	17	18	19	20	21	22	23	24	25	26	27	28	29	30	31
1月	室	壁	奎	婁	胃	昴	畢	觜	参	井	鬼	柳	星	張	翼	軫	角	亢	氐	房	心	尾	箕	斗	女	虚	危	室	壁	奎	婁
2月	胃	昴	畢	觜	参	井	鬼	柳	星	張	翼	軫	角	亢	氐	房	心	尾	箕	斗	女	虚	危	室	壁	奎	奎	婁	胃		
3月	昴	畢	觜	参	井	鬼	柳	星	張	翼	軫	角	亢	氐	房	心	尾	箕	斗	女	虚	危	室	壁	奎	婁	胃	昴	畢	觜	参
4月	井	鬼	柳	星	張	翼	軫	角	亢	氐	房	心	尾	箕	斗	女	虚	危	室	壁	奎	婁	胃	昴	畢	畢	觜	参	井	鬼	
5月	柳	星	張	翼	軫	角	亢	氐	房	心	尾	箕	斗	女	虚	危	室	壁	奎	婁	胃	昴	畢	觜	参	井	鬼	柳	星	張	翼
6月	軫	角	亢	氐	房	心	尾	箕	斗	女	虚	危	室	壁	奎	婁	胃	昴	畢	觜	参	井	鬼	鬼	柳	星	張	翼	軫	角	
7月	亢	氐	房	心	尾	箕	斗	女	虚	危	室	壁	奎	婁	胃	昴	畢	觜	参	井	鬼	柳	星	鬼	柳	星	張	翼	軫	角	亢
8月	氐	房	心	尾	箕	斗	女	虚	危	室	壁	奎	婁	胃	昴	畢	觜	参	井	鬼	柳	張	翼	軫	角	亢	氐	房	心	尾	箕
9月	斗	女	虚	危	室	壁	奎	婁	胃	昴	畢	觜	参	井	鬼	柳	星	張	翼	軫	角	亢	氐	房	心	尾	箕	斗	女	虚	
10月	危	室	壁	奎	婁	胃	昴	畢	觜	参	井	鬼	柳	星	張	翼	軫	角	亢	氐	房	心	尾	箕	斗	女	虚	危	室	壁	奎
11月	婁	胃	昴	畢	觜	参	井	鬼	柳	星	張	翼	軫	角	亢	氐	房	心	心	尾	箕	斗	女	虚	危	室	壁	奎	婁	胃	
12月	昴	畢	觜	参	井	鬼	柳	星	張	翼	軫	角	亢	氐	房	心	尾	斗	女	虚	危	室	壁	奎	婁	胃	昴	畢	觜	参	井

1961年

	1	2	3	4	5	6	7	8	9	10	11	12	13	14	15	16	17	18	19	20	21	22	23	24	25	26	27	28	29	30	31
1月	鬼	柳	星	張	翼	軫	角	亢	氐	房	心	尾	箕	斗	女	虚	虚	危	室	壁	奎	婁	胃	昴	畢	觜	参	井	鬼	柳	星
2月	張	翼	軫	角	亢	氐	房	心	尾	箕	斗	女	虚	危	室	壁	奎	婁	胃	昴	畢	觜	参	井	鬼	柳	星	張			
3月	翼	軫	角	亢	氐	房	心	尾	箕	斗	女	虚	危	室	壁	奎	奎	婁	胃	昴	畢	觜	参	井	鬼	柳	星	張	翼	軫	角
4月	亢	氐	房	心	尾	箕	斗	女	虚	危	室	壁	奎	婁	胃	昴	畢	觜	参	井	鬼	柳	星	張	翼	軫	角	亢	氐	房	
5月	心	尾	箕	斗	女	虚	危	室	壁	奎	婁	胃	昴	畢	畢	觜	参	井	鬼	柳	星	張	翼	軫	角	亢	氐	房	心	尾	箕
6月	斗	女	虚	危	室	壁	奎	婁	胃	昴	畢	觜	参	井	鬼	柳	星	張	翼	軫	角	亢	氐	房	心	尾	箕	斗	女	虚	
7月	危	室	壁	奎	婁	胃	昴	畢	觜	参	井	鬼	鬼	柳	星	張	翼	軫	角	亢	氐	房	心	尾	箕	斗	女	虚	危	室	壁
8月	奎	婁	胃	昴	畢	觜	参	井	鬼	柳	張	翼	軫	角	亢	氐	房	心	尾	箕	斗	女	虚	危	室	壁	奎	婁	胃	昴	畢
9月	觜	参	井	鬼	柳	星	張	翼	軫	角	亢	氐	房	心	尾	箕	斗	女	虚	危	室	壁	奎	婁	胃	昴	畢	觜	参	井	
10月	鬼	柳	星	張	翼	軫	角	亢	氐	氐	房	心	尾	箕	斗	女	虚	危	室	壁	奎	婁	胃	昴	畢	觜	参	井	鬼	柳	星
11月	張	翼	軫	角	亢	氐	房	心	尾	箕	斗	女	虚	危	室	壁	奎	婁	胃	昴	畢	觜	参	井	鬼	柳	星	張	翼	軫	
12月	角	亢	氐	房	心	尾	箕	斗	女	虚	危	室	壁	奎	婁	胃	昴	畢	觜	参	井	鬼	柳	星	張	翼	軫	角	亢	氐	房

1962年

	1	2	3	4	5	6	7	8	9	10	11	12	13	14	15	16	17	18	19	20	21	22	23	24	25	26	27	28	29	30	31
1月	心	尾	箕	斗	女	虚	危	室	壁	奎	婁	胃	昴	畢	觜	参	井	鬼	柳	星	張	翼	軫	角	亢	氐	房	心	尾	箕	斗
2月	女	虚	危	室	室	壁	奎	婁	胃	昴	畢	觜	参	井	鬼	柳	星	張	翼	軫	角	亢	氐	房	心	尾	箕	斗			
3月	女	虚	危	室	壁	奎	婁	胃	昴	畢	觜	参	井	鬼	柳	星	張	翼	軫	角	亢	氐	房	心	尾	箕	斗	女	虚	危	室
4月	壁	奎	婁	胃	胃	昴	畢	觜	参	井	鬼	柳	星	張	翼	軫	角	亢	氐	房	心	尾	箕	斗	女	虚	危	室	壁	奎	
5月	婁	胃	昴	畢	觜	参	井	鬼	柳	星	張	翼	軫	角	亢	氐	房	心	尾	箕	斗	女	虚	危	室	壁	奎	婁	胃	昴	畢
6月	觜	参	井	鬼	柳	星	張	翼	軫	角	亢	氐	房	心	尾	箕	斗	女	虚	危	室	壁	奎	婁	胃	昴	畢	觜	参	井	
7月	鬼	鬼	柳	星	張	翼	軫	角	亢	氐	房	心	尾	箕	斗	女	虚	危	室	壁	奎	婁	胃	昴	畢	觜	参	井	鬼	柳	張
8月	翼	軫	角	亢	氐	房	心	尾	箕	斗	女	虚	危	室	壁	奎	婁	胃	昴	畢	觜	参	井	鬼	柳	星	張	翼	軫	角	亢
9月	氐	房	心	尾	箕	斗	女	虚	危	室	壁	奎	婁	胃	昴	畢	觜	参	井	鬼	柳	星	張	翼	軫	角	亢	氐	氐	房	
10月	心	尾	箕	斗	女	虚	危	室	壁	奎	婁	胃	昴	畢	觜	参	井	鬼	柳	星	張	翼	軫	角	亢	氐	房	心	尾	箕	斗
11月	女	虚	危	室	壁	奎	婁	胃	昴	畢	觜	参	井	鬼	柳	星	張	翼	軫	角	亢	氐	房	心	尾	箕	斗	女	虚	危	
12月	室	壁	奎	婁	胃	昴	畢	觜	参	井	鬼	柳	星	張	翼	軫	角	亢	氐	房	心	尾	箕	斗	女	虚	虚	危	室	壁	奎

1963年

	1	2	3	4	5	6	7	8	9	10	11	12	13	14	15	16	17	18	19	20	21	22	23	24	25	26	27	28	29	30	31
1月	婁	胃	昴	畢	觜	参	井	鬼	柳	星	張	翼	軫	角	亢	氐	房	心	尾	箕	斗	女	虚	危	室	壁	奎	婁	胃	昴	畢
2月	觜	参	井	鬼	柳	星	張	翼	軫	角	亢	氐	房	心	尾	箕	斗	女	虚	危	室	壁	奎	奎	婁	胃	昴	畢			
3月	觜	参	井	鬼	柳	星	張	翼	軫	角	亢	氐	房	心	尾	箕	斗	女	虚	危	室	壁	奎	婁	胃	昴	畢	觜	参	井	鬼
4月	柳	星	張	翼	軫	角	亢	氐	房	心	尾	箕	斗	女	虚	危	室	壁	奎	婁	胃	昴	畢	畢	觜	参	井	鬼	柳	星	
5月	張	翼	軫	角	亢	氐	房	心	尾	箕	斗	女	虚	危	室	壁	奎	婁	胃	昴	畢	觜	畢	觜	参	井	鬼	柳	星	張	翼
6月	軫	角	亢	氐	房	心	尾	箕	斗	女	虚	危	室	壁	奎	婁	胃	昴	畢	觜	参	井	鬼	柳	星	張	翼	軫	角	亢	
7月	氐	房	心	尾	箕	斗	女	虚	危	室	壁	奎	婁	胃	昴	畢	觜	参	井	鬼	鬼	柳	星	張	翼	軫	角	亢	氐	房	心
8月	尾	箕	斗	女	虚	危	室	壁	奎	婁	胃	昴	畢	觜	参	井	鬼	柳	張	翼	軫	角	亢	氐	房	心	尾	箕	斗	女	虚
9月	危	室	壁	奎	婁	胃	昴	畢	觜	参	井	鬼	柳	星	張	翼	軫	角	亢	氐	房	心	尾	箕	斗	女	虚	危	室	壁	
10月	奎	婁	胃	昴	畢	觜	参	井	鬼	柳	星	張	翼	軫	角	亢	氐	房	心	尾	箕	斗	女	虚	危	室	壁	奎	婁	胃	昴
11月	畢	觜	参	井	鬼	柳	星	張	翼	軫	角	亢	氐	房	心	心	尾	箕	斗	女	虚	危	室	壁	奎	婁	胃	昴	畢	觜	
12月	参	井	鬼	柳	星	張	翼	軫	角	亢	氐	房	心	尾	箕	斗	女	虚	危	室	壁	奎	婁	胃	昴	畢	觜	参	井	鬼	柳

1964年

	1	2	3	4	5	6	7	8	9	10	11	12	13	14	15	16	17	18	19	20	21	22	23	24	25	26	27	28	29	30	31
1月	星	張	翼	軫	角	亢	氐	房	心	尾	箕	斗	女	虚	虚	危	室	壁	奎	婁	胃	昴	畢	觜	参	井	鬼	柳	星	張	翼
2月	軫	角	亢	氐	房	心	尾	箕	斗	女	虚	危	室	壁	奎	婁	胃	昴	畢	觜	参	井	鬼	柳	星	張	翼	軫	角		
3月	亢	氐	房	心	尾	箕	斗	女	虚	危	室	壁	奎	奎	婁	胃	昴	畢	觜	参	井	鬼	柳	星	張	翼	軫	角	亢	氐	房
4月	心	尾	箕	斗	女	虚	危	室	壁	奎	婁	胃	昴	畢	觜	参	井	鬼	柳	星	張	翼	軫	角	亢	氐	房	心	尾	箕	
5月	斗	女	虚	危	室	壁	奎	婁	胃	昴	畢	畢	觜	参	井	鬼	柳	星	張	翼	軫	角	亢	氐	房	心	尾	箕	斗	女	虚
6月	危	室	壁	奎	婁	胃	昴	畢	觜	参	井	鬼	柳	星	張	翼	軫	角	亢	氐	房	心	尾	箕	斗	女	虚	危	室	壁	
7月	奎	婁	胃	昴	畢	觜	参	井	鬼	柳	星	張	翼	軫	角	亢	氐	房	心	尾	箕	斗	女	虚	危	室	壁	奎	婁	胃	昴
8月	畢	觜	参	井	鬼	柳	星	張	翼	軫	角	亢	氐	房	心	尾	箕	斗	女	虚	危	室	壁	奎	婁	胃	昴	畢	觜	参	井
9月	鬼	柳	星	張	翼	角	亢	氐	房	心	尾	箕	斗	女	虚	危	室	壁	奎	婁	胃	昴	畢	觜	参	井	鬼	柳	星	張	
10月	翼	軫	角	亢	氐	氐	房	心	尾	箕	斗	女	虚	危	室	壁	奎	婁	胃	昴	畢	觜	参	井	鬼	柳	星	張	翼	軫	角
11月	亢	氐	房	心	尾	箕	斗	女	虚	危	室	壁	奎	婁	胃	昴	畢	觜	参	井	鬼	柳	星	張	翼	軫	角	亢	氐	房	
12月	心	尾	箕	斗	女	虚	危	室	壁	奎	婁	胃	昴	畢	觜	参	井	鬼	柳	星	張	翼	軫	角	亢	氐	房	心	尾	箕	斗

1965年

	1	2	3	4	5	6	7	8	9	10	11	12	13	14	15	16	17	18	19	20	21	22	23	24	25	26	27	28	29	30	31
1月	女	虚	虚	危	室	壁	奎	婁	胃	昴	畢	觜	参	井	鬼	柳	星	張	翼	軫	角	亢	氐	房	心	尾	箕	斗	女	虚	危
2月	室	室	壁	奎	婁	胃	昴	畢	觜	参	井	鬼	柳	星	張	翼	軫	角	亢	氐	房	心	尾	箕	斗	女	虚	危			
3月	室	壁	奎	婁	胃	昴	畢	觜	参	井	鬼	柳	星	張	翼	軫	角	亢	氐	房	心	尾	箕	斗	女	虚	危	室	壁	奎	婁
4月	胃	胃	昴	畢	觜	参	井	鬼	柳	星	張	翼	軫	角	亢	氐	房	心	尾	箕	斗	女	虚	危	室	壁	奎	婁	胃	昴	
5月	畢	觜	参	井	鬼	柳	星	張	翼	軫	角	亢	氐	房	心	尾	箕	斗	女	虚	危	室	壁	奎	婁	胃	昴	畢	觜	参	参
6月	井	鬼	柳	星	張	翼	軫	角	亢	氐	房	心	尾	箕	斗	女	虚	危	室	壁	奎	婁	胃	昴	畢	觜	参	井	鬼	柳	
7月	星	張	翼	軫	角	亢	氐	房	心	尾	箕	斗	女	虚	危	室	壁	奎	婁	胃	昴	畢	觜	参	井	鬼	柳	張	翼	軫	角
8月	亢	氐	房	心	尾	箕	斗	女	虚	危	室	壁	奎	婁	胃	昴	畢	觜	参	井	鬼	柳	星	張	翼	軫	角	亢	氐	房	心
9月	尾	箕	斗	女	虚	危	室	壁	奎	婁	胃	昴	畢	觜	参	井	鬼	柳	星	張	翼	軫	角	亢	氐	房	心	尾	箕	斗	
10月	女	虚	危	室	壁	奎	婁	胃	昴	畢	觜	参	井	鬼	柳	星	張	翼	軫	角	亢	氐	房	心	尾	箕	斗	女	虚	危	室
11月	壁	奎	婁	胃	昴	畢	觜	参	井	鬼	柳	星	張	翼	軫	角	亢	氐	房	心	尾	箕	斗	女	虚	危	室	壁	奎	婁	
12月	胃	昴	畢	觜	参	井	鬼	柳	星	張	翼	軫	角	亢	氐	房	心	尾	箕	斗	女	虚	虚	危	室	壁	奎	婁	胃	昴	畢

1966年

	1	2	3	4	5	6	7	8	9	10	11	12	13	14	15	16	17	18	19	20	21	22	23	24	25	26	27	28	29	30	31
1月	觜	参	井	鬼	柳	星	張	翼	軫	角	亢	氐	房	心	尾	箕	斗	女	虚	危	室	室	壁	奎	婁	胃	昴	畢	觜	参	井
2月	鬼	柳	星	張	翼	軫	角	亢	氐	房	心	尾	箕	斗	女	虚	危	室	壁	奎	婁	胃	昴	畢	觜	参	井	鬼			
3月	柳	星	張	翼	軫	角	亢	氐	房	心	尾	箕	斗	女	虚	危	室	壁	奎	婁	胃	胃	昴	畢	觜	参	井	鬼	柳	星	張
4月	翼	軫	角	亢	氐	房	心	尾	箕	斗	女	虚	危	室	壁	奎	婁	胃	昴	畢	胃	昴	畢	觜	参	井	鬼	柳	星	張	
5月	翼	軫	角	亢	氐	房	心	尾	箕	斗	女	虚	危	室	壁	奎	婁	胃	昴	畢	觜	参	井	鬼	柳	星	張	翼	軫	角	亢
6月	氐	房	心	尾	箕	斗	女	虚	危	室	壁	奎	婁	胃	昴	畢	觜	参	参	井	鬼	柳	星	張	翼	軫	角	亢	氐	房	
7月	心	尾	箕	斗	女	虚	危	室	壁	奎	婁	胃	昴	畢	觜	参	井	鬼	柳	星	張	翼	軫	角	亢	氐	房	心	尾	箕	斗
8月	女	虚	危	室	壁	奎	婁	胃	昴	畢	觜	参	井	鬼	柳	張	翼	軫	角	亢	氐	房	心	尾	箕	斗	女	虚	危	室	壁
9月	奎	婁	胃	昴	畢	觜	参	井	鬼	柳	星	張	翼	軫	角	亢	氐	房	心	尾	箕	斗	女	虚	危	室	壁	奎	婁	胃	
10月	昴	畢	觜	参	井	鬼	柳	星	張	翼	軫	角	亢	氐	房	心	尾	箕	斗	女	虚	危	室	壁	奎	婁	胃	昴	畢	觜	参
11月	井	鬼	柳	星	張	翼	軫	角	亢	氐	房	心	尾	箕	斗	女	虚	危	室	壁	奎	婁	胃	昴	畢	觜	参	井	鬼	柳	
12月	星	張	翼	軫	角	亢	氐	房	心	尾	箕	斗	女	虚	危	室	壁	奎	婁	胃	昴	畢	觜	参	井	鬼	柳	星	張	翼	軫

1967年

	1	2	3	4	5	6	7	8	9	10	11	12	13	14	15	16	17	18	19	20	21	22	23	24	25	26	27	28	29	30	31
1月	角	亢	氐	房	心	尾	箕	斗	女	虚	虚	危	室	壁	奎	婁	胃	昴	畢	觜	参	井	鬼	柳	星	張	翼	軫	角	亢	氐
2月	房	心	尾	箕	斗	女	虚	危	室	壁	奎	婁	胃	昴	畢	觜	参	井	鬼	柳	星	張	翼	軫	角	亢	氐	房			
3月	心	尾	箕	斗	女	虚	危	室	壁	奎	奎	婁	胃	昴	畢	觜	参	井	鬼	柳	星	張	翼	軫	角	亢	氐	房	心	尾	箕
4月	斗	女	虚	危	室	壁	奎	婁	胃	胃	昴	畢	觜	参	井	鬼	柳	星	張	翼	軫	角	亢	氐	房	心	尾	箕	斗	女	
5月	虚	危	室	壁	奎	婁	胃	昴	畢	觜	参	井	鬼	柳	星	張	翼	軫	角	亢	氐	房	心	尾	箕	斗	女	虚	危	室	壁
6月	奎	婁	胃	昴	畢	觜	参	参	井	鬼	柳	星	張	翼	軫	角	亢	氐	房	心	尾	箕	斗	女	虚	危	室	壁	奎	婁	
7月	胃	昴	畢	觜	参	井	鬼	鬼	柳	星	張	翼	軫	角	亢	氐	房	心	尾	箕	斗	女	虚	危	室	壁	奎	婁	胃	昴	畢
8月	觜	参	井	鬼	柳	張	翼	軫	角	亢	氐	房	心	尾	箕	斗	女	虚	危	室	壁	奎	婁	胃	昴	畢	觜	参	井	鬼	柳
9月	星	張	翼	角	亢	氐	房	心	尾	箕	斗	女	虚	危	室	壁	奎	婁	胃	昴	畢	觜	参	井	鬼	柳	星	張	翼	軫	
10月	角	亢	氐	氐	房	心	尾	箕	斗	女	虚	危	室	壁	奎	婁	胃	昴	畢	觜	参	井	鬼	柳	星	張	翼	軫	角	亢	氐
11月	房	心	尾	箕	斗	女	虚	危	室	壁	奎	婁	胃	昴	畢	觜	参	井	鬼	柳	星	張	翼	軫	角	亢	氐	房	心	尾	
12月	箕	斗	女	虚	危	室	壁	奎	婁	胃	昴	畢	觜	参	井	鬼	柳	星	張	翼	軫	角	亢	氐	房	心	尾	箕	斗	女	虚

1968年

	1	2	3	4	5	6	7	8	9	10	11	12	13	14	15	16	17	18	19	20	21	22	23	24	25	26	27	28	29	30	31
1月	危	室	壁	奎	婁	胃	昴	畢	觜	参	井	鬼	柳	星	張	翼	軫	角	亢	氐	房	心	尾	箕	斗	女	虚	危	室	室	壁
2月	奎	婁	胃	昴	畢	觜	参	井	鬼	柳	星	張	翼	軫	角	亢	氐	房	心	尾	箕	斗	女	虚	危	室	壁	奎	婁		
3月	胃	昴	畢	觜	参	井	鬼	柳	星	張	翼	軫	角	亢	氐	房	心	尾	箕	斗	女	虚	危	室	壁	奎	婁	胃	胃	昴	畢
4月	觜	参	井	鬼	柳	星	張	翼	軫	角	亢	氐	房	心	尾	箕	斗	女	虚	危	室	壁	奎	婁	胃	昴	畢	畢	觜	参	
5月	井	鬼	柳	星	張	翼	軫	角	亢	氐	房	心	尾	箕	斗	女	虚	危	室	壁	奎	婁	胃	昴	畢	觜	参	井	鬼	柳	星
6月	張	翼	軫	角	亢	氐	房	心	尾	箕	斗	女	虚	危	室	壁	奎	婁	胃	昴	畢	觜	参	井	鬼	鬼	柳	星	張	翼	
7月	軫	角	亢	氐	房	心	尾	箕	斗	女	虚	危	室	壁	奎	婁	胃	昴	畢	觜	参	井	鬼	柳	張	翼	軫	角	亢	氐	房
8月	心	尾	箕	斗	女	虚	危	室	壁	奎	婁	胃	昴	畢	觜	参	井	鬼	柳	星	張	翼	軫	張	翼	軫	角	亢	氐	房	心
9月	尾	箕	斗	女	虚	危	室	壁	奎	婁	胃	昴	畢	觜	参	井	鬼	柳	星	張	翼	角	亢	氐	房	心	尾	箕	斗	女	
10月	虚	危	室	壁	奎	婁	胃	昴	畢	觜	参	井	鬼	柳	星	張	翼	軫	角	亢	氐	氐	房	心	尾	箕	斗	女	虚	危	室
11月	壁	奎	婁	胃	昴	畢	觜	参	井	鬼	柳	星	張	翼	軫	角	亢	氐	房	心	尾	箕	斗	女	虚	危	室	壁	奎	婁	
12月	胃	昴	畢	觜	参	井	鬼	柳	星	張	翼	軫	角	亢	氐	房	心	尾	箕	斗	女	虚	危	室	壁	奎	婁	胃	昴	畢	觜

1969年

	1	2	3	4	5	6	7	8	9	10	11	12	13	14	15	16	17	18	19	20	21	22	23	24	25	26	27	28	29	30	31
1月	参	井	鬼	柳	星	張	翼	軫	角	亢	氐	房	心	尾	箕	斗	女	虚	危	室	壁	奎	婁	胃	昴	畢	觜	参	井	鬼	柳
2月	星	張	翼	軫	角	亢	氐	房	心	尾	箕	斗	女	虚	危	室	室	壁	奎	婁	胃	昴	畢	觜	参	井	鬼	柳			
3月	星	張	翼	軫	角	亢	氐	房	心	尾	箕	斗	女	虚	危	室	壁	奎	婁	胃	昴	畢	觜	参	井	鬼	柳	星	張	翼	軫
4月	角	亢	氐	房	心	尾	箕	斗	女	虚	危	室	壁	奎	婁	胃	胃	昴	畢	觜	参	井	鬼	柳	星	張	翼	軫	角	亢	
5月	氐	房	心	尾	箕	斗	女	虚	危	室	壁	奎	婁	胃	昴	畢	觜	参	井	鬼	柳	星	張	翼	軫	角	亢	氐	房	心	尾
6月	箕	斗	女	虚	危	室	壁	奎	婁	胃	昴	畢	觜	参	参	井	鬼	柳	星	張	翼	軫	角	亢	氐	房	心	尾	箕	斗	
7月	女	虚	危	室	壁	奎	婁	胃	昴	畢	觜	参	井	鬼	柳	星	張	翼	軫	角	亢	氐	房	心	尾	箕	斗	女	虚	危	室
8月	壁	奎	婁	胃	昴	畢	觜	参	井	鬼	柳	星	張	翼	軫	角	亢	氐	房	心	尾	箕	斗	女	虚	危	室	壁	奎	婁	胃
9月	昴	畢	觜	参	井	鬼	柳	星	張	翼	軫	角	亢	氐	房	心	尾	箕	斗	女	虚	危	室	壁	奎	婁	胃	昴	畢	觜	
10月	参	井	鬼	柳	星	張	翼	軫	角	亢	氐	房	心	尾	箕	斗	女	虚	危	室	壁	奎	婁	胃	昴	畢	觜	参	井	鬼	柳
11月	星	張	翼	軫	角	亢	氐	房	心	心	尾	箕	斗	女	虚	危	室	壁	奎	婁	胃	昴	畢	觜	参	井	鬼	柳	星	張	
12月	翼	軫	角	亢	氐	房	心	尾	斗	女	虚	危	室	壁	奎	婁	胃	昴	畢	觜	参	井	鬼	柳	星	張	翼	軫	角	亢	氐

1970年

	1	2	3	4	5	6	7	8	9	10	11	12	13	14	15	16	17	18	19	20	21	22	23	24	25	26	27	28	29	30	31
1月	房	心	尾	箕	斗	女	虚	虚	危	室	壁	奎	婁	胃	昴	畢	觜	参	井	鬼	柳	星	張	翼	軫	角	亢	氐	房	心	尾
2月	箕	斗	女	虚	危	室	壁	奎	婁	胃	昴	畢	觜	参	井	鬼	柳	星	張	翼	軫	角	亢	氐	房	心	尾	箕			
3月	斗	女	虚	危	室	壁	奎	奎	婁	胃	昴	畢	觜	参	井	鬼	柳	星	張	翼	軫	角	亢	氐	房	心	尾	箕	斗	女	虚
4月	危	室	壁	奎	婁	胃	昴	畢	觜	参	井	鬼	柳	星	張	翼	軫	角	亢	氐	房	心	尾	箕	斗	女	虚	危	室	壁	
5月	奎	婁	胃	昴	畢	觜	参	井	鬼	柳	星	張	翼	軫	角	亢	氐	房	心	尾	箕	斗	女	虚	危	室	壁	奎	婁	胃	昴
6月	畢	觜	参	参	井	鬼	柳	星	張	翼	軫	角	亢	氐	房	心	尾	箕	斗	女	虚	危	室	壁	奎	婁	胃	昴	畢	觜	
7月	参	井	鬼	鬼	柳	星	張	翼	軫	角	亢	氐	房	心	尾	箕	斗	女	虚	危	室	壁	奎	婁	胃	昴	畢	觜	参	井	鬼
8月	柳	張	翼	軫	角	亢	氐	房	心	尾	箕	斗	女	虚	危	室	壁	奎	婁	胃	昴	畢	觜	参	井	鬼	柳	星	張	翼	軫
9月	角	亢	氐	房	心	尾	箕	斗	女	虚	危	室	壁	奎	婁	胃	昴	畢	觜	参	井	鬼	柳	星	張	翼	軫	角	亢	氐	
10月	房	心	尾	箕	斗	女	虚	危	室	壁	奎	婁	胃	昴	畢	觜	参	井	鬼	柳	星	張	翼	軫	角	亢	氐	房	心	心	尾
11月	箕	斗	女	虚	危	室	壁	奎	婁	胃	昴	畢	觜	参	井	鬼	柳	星	張	翼	軫	角	亢	氐	房	心	尾	箕	斗	女	
12月	虚	危	室	壁	奎	婁	胃	昴	畢	觜	参	井	鬼	柳	星	張	翼	軫	角	亢	氐	房	心	尾	箕	斗	女	虚	危	室	壁

1971年

	1	2	3	4	5	6	7	8	9	10	11	12	13	14	15	16	17	18	19	20	21	22	23	24	25	26	27	28	29	30	31
1月	奎	婁	胃	昴	畢	觜	参	井	鬼	柳	星	張	翼	軫	角	亢	氐	房	心	尾	箕	斗	女	虚	危	室	室	壁	奎	婁	胃
2月	昴	畢	觜	参	井	鬼	柳	星	張	翼	軫	角	亢	氐	房	心	尾	箕	斗	女	虚	危	室	壁	奎	婁	胃	昴			
3月	畢	觜	参	井	鬼	柳	星	張	翼	軫	角	亢	氐	房	心	尾	箕	斗	女	虚	危	室	壁	奎	婁	胃	胃	昴	畢	觜	参
4月	井	鬼	柳	星	張	翼	軫	角	亢	氐	房	心	尾	箕	斗	女	虚	危	室	壁	奎	婁	胃	昴	畢	觜	参	井	鬼	柳	
5月	星	張	翼	軫	角	亢	氐	房	心	尾	箕	斗	女	虚	危	室	壁	奎	婁	胃	昴	畢	觜	参	井	鬼	柳	星	張	翼	軫
6月	角	亢	氐	房	心	尾	箕	斗	女	虚	危	室	壁	奎	婁	胃	昴	畢	觜	参	井	鬼	参	井	鬼	柳	星	張	翼	軫	
7月	角	亢	氐	房	心	尾	箕	斗	女	虚	危	室	壁	奎	婁	胃	昴	畢	觜	参	井	鬼	柳	星	張	翼	軫	角	亢	氐	房
8月	心	尾	箕	斗	女	虚	危	室	壁	奎	婁	胃	昴	畢	觜	参	井	鬼	柳	星	張	翼	軫	角	亢	氐	房	心	尾	箕	斗
9月	女	虚	危	室	壁	奎	婁	胃	昴	畢	觜	参	井	鬼	柳	星	張	翼	角	亢	氐	房	心	尾	箕	斗	女	虚	危	室	
10月	壁	奎	婁	胃	昴	畢	觜	参	井	鬼	柳	星	張	翼	軫	角	亢	氐	氐	房	心	尾	箕	斗	女	虚	危	室	壁	奎	婁
11月	胃	昴	畢	觜	参	井	鬼	柳	星	張	翼	軫	角	亢	氐	房	心	心	尾	箕	斗	女	虚	危	室	壁	奎	婁	胃	昴	
12月	畢	觜	参	井	鬼	柳	星	張	翼	軫	角	亢	氐	房	心	尾	箕	斗	女	虚	危	室	壁	奎	婁	胃	昴	畢	觜	参	井

1972年

	1	2	3	4	5	6	7	8	9	10	11	12	13	14	15	16	17	18	19	20	21	22	23	24	25	26	27	28	29	30	31
1月	鬼	柳	星	張	翼	軫	角	亢	氐	房	心	尾	箕	斗	女	虚	危	室	壁	奎	婁	胃	昴	畢	觜	参	井	鬼	柳	星	張
2月	翼	軫	角	亢	氐	房	心	尾	箕	斗	女	虚	危	室	室	壁	奎	婁	胃	昴	畢	觜	参	井	鬼	柳	星	張	翼		
3月	軫	角	亢	氐	房	心	尾	箕	斗	女	虚	危	室	壁	奎	婁	胃	昴	畢	觜	参	井	鬼	柳	星	張	翼	軫	角	亢	氐
4月	房	心	尾	箕	斗	女	虚	危	室	壁	奎	婁	胃	胃	昴	畢	觜	参	井	鬼	柳	星	張	翼	軫	角	亢	氐	房	心	
5月	尾	箕	斗	女	虚	危	室	壁	奎	婁	胃	昴	畢	觜	参	井	鬼	柳	星	張	翼	軫	角	亢	氐	房	心	尾	箕	斗	女
6月	虚	危	室	壁	奎	婁	胃	昴	畢	觜	参	井	鬼	柳	星	張	翼	軫	角	亢	氐	房	心	尾	箕	斗	女	虚	危	室	
7月	壁	奎	婁	胃	昴	畢	觜	参	井	鬼	鬼	柳	星	張	翼	軫	角	亢	氐	房	心	尾	箕	斗	女	虚	危	室	壁	奎	婁
8月	胃	昴	畢	觜	参	井	鬼	柳	張	翼	軫	角	亢	氐	房	心	尾	箕	斗	女	虚	危	室	壁	奎	婁	胃	昴	畢	觜	参
9月	井	鬼	柳	星	張	翼	軫	角	亢	氐	房	心	尾	箕	斗	女	虚	危	室	壁	奎	婁	胃	昴	畢	觜	参	井	鬼	柳	
10月	星	張	翼	軫	角	亢	氐	房	心	尾	箕	斗	女	虚	危	室	壁	奎	婁	胃	昴	畢	觜	参	井	鬼	柳	星	張	翼	軫
11月	角	亢	氐	房	心	心	尾	箕	斗	女	虚	危	室	壁	奎	婁	胃	昴	畢	觜	参	井	鬼	柳	星	張	翼	軫	角	亢	
12月	氐	房	心	尾	箕	斗	女	虚	危	室	壁	奎	婁	胃	昴	畢	觜	参	井	鬼	柳	星	張	翼	軫	角	亢	氐	房	心	尾

1973年

	1	2	3	4	5	6	7	8	9	10	11	12	13	14	15	16	17	18	19	20	21	22	23	24	25	26	27	28	29	30	31
1月	箕	斗	女	虚	虚	危	室	壁	奎	婁	胃	昴	畢	觜	参	井	鬼	柳	星	張	翼	軫	角	亢	氐	房	心	尾	箕	斗	女
2月	虚	危	室	壁	奎	婁	胃	昴	畢	觜	参	井	鬼	柳	星	張	翼	軫	角	亢	氐	房	心	尾	箕	斗	女	虚			
3月	危	室	壁	奎	奎	婁	胃	昴	畢	觜	参	井	鬼	柳	星	張	翼	軫	角	亢	氐	房	心	尾	箕	斗	女	虚	危	室	壁
4月	奎	婁	胃	昴	畢	觜	参	井	鬼	柳	星	張	翼	軫	角	亢	氐	房	心	尾	箕	斗	女	虚	危	室	壁	奎	婁	胃	
5月	昴	畢	畢	觜	参	井	鬼	柳	星	張	翼	軫	角	亢	氐	房	心	尾	箕	斗	女	虚	危	室	壁	奎	婁	胃	昴	畢	觜
6月	参	井	鬼	柳	星	張	翼	軫	角	亢	氐	房	心	尾	箕	斗	女	虚	危	室	壁	奎	婁	胃	昴	畢	觜	参	井	鬼	
7月	柳	星	張	翼	軫	角	亢	氐	房	心	尾	箕	斗	女	虚	危	室	壁	奎	婁	胃	昴	畢	觜	参	井	鬼	柳	星	張	翼
8月	軫	角	亢	氐	房	心	尾	箕	斗	女	虚	危	室	壁	奎	婁	胃	昴	畢	觜	参	井	鬼	柳	星	張	翼	角	亢	氐	房
9月	心	尾	箕	斗	女	虚	危	室	壁	奎	婁	胃	昴	畢	觜	参	井	鬼	柳	星	張	翼	軫	角	亢	氐	房	心	尾	箕	
10月	斗	女	虚	危	室	壁	奎	婁	胃	昴	畢	觜	参	井	鬼	柳	星	張	翼	軫	角	亢	氐	房	心	心	尾	箕	斗	女	虚
11月	危	室	壁	奎	婁	胃	昴	畢	觜	参	井	鬼	柳	星	張	翼	軫	角	亢	氐	房	心	尾	箕	斗	女	虚	危	室	壁	
12月	奎	婁	胃	昴	畢	觜	参	井	鬼	柳	星	張	翼	軫	角	亢	氐	房	心	尾	箕	斗	女	虚	虚	危	室	壁	奎	婁	胃

1974年

	1	2	3	4	5	6	7	8	9	10	11	12	13	14	15	16	17	18	19	20	21	22	23	24	25	26	27	28	29	30	31
1月	昴	畢	觜	参	井	鬼	柳	星	張	翼	軫	角	亢	氐	房	心	尾	箕	斗	女	虚	危	室	壁	奎	婁	胃	昴	畢	觜	参
2月	井	鬼	柳	星	張	翼	軫	角	亢	氐	房	心	尾	箕	斗	女	虚	危	室	壁	奎	奎	婁	胃	昴	畢	觜	参			
3月	井	鬼	柳	星	張	翼	軫	角	亢	氐	房	心	尾	箕	斗	女	虚	危	室	壁	奎	婁	胃	胃	昴	畢	觜	参	井	鬼	柳
4月	星	張	翼	軫	角	亢	氐	房	心	尾	箕	斗	女	虚	危	室	壁	奎	婁	胃	昴	畢	觜	参	井	鬼	柳	星	張	翼	
5月	軫	角	亢	氐	房	心	尾	箕	斗	女	虚	危	室	壁	奎	婁	胃	昴	畢	觜	参	畢	觜	参	井	鬼	柳	星	張	翼	軫
6月	角	亢	氐	房	心	尾	箕	斗	女	虚	危	室	壁	奎	婁	胃	昴	畢	觜	参	井	鬼	柳	星	張	翼	軫	角	亢	氐	
7月	房	心	尾	箕	斗	女	虚	危	室	壁	奎	婁	胃	昴	畢	觜	参	井	鬼	柳	星	張	翼	軫	角	亢	氐	房	心	尾	箕
8月	斗	女	虚	危	室	壁	奎	婁	胃	昴	畢	觜	参	井	鬼	柳	星	張	翼	軫	角	亢	氐	房	心	尾	箕	斗	女	虚	危
9月	室	壁	奎	婁	胃	昴	畢	觜	参	井	鬼	柳	星	張	翼	角	亢	氐	房	心	尾	箕	斗	女	虚	危	室	壁	奎	婁	
10月	胃	昴	畢	觜	参	井	鬼	柳	星	張	翼	軫	角	亢	氐	房	心	尾	箕	斗	女	虚	危	室	壁	奎	婁	胃	昴	畢	觜
11月	参	井	鬼	柳	星	張	翼	軫	角	亢	氐	房	心	心	尾	箕	斗	女	虚	危	室	壁	奎	婁	胃	昴	畢	觜	参	井	
12月	鬼	柳	星	張	翼	軫	角	亢	氐	房	心	尾	箕	斗	女	虚	危	室	壁	奎	婁	胃	昴	畢	觜	参	井	鬼	柳	星	張

1975年

	1	2	3	4	5	6	7	8	9	10	11	12	13	14	15	16	17	18	19	20	21	22	23	24	25	26	27	28	29	30	31
1月	翼	軫	角	亢	氐	房	心	尾	箕	斗	女	虚	危	室	壁	奎	婁	胃	昴	畢	觜	参	井	鬼	柳	星	張	翼	軫	角	亢
2月	氐	房	心	尾	箕	斗	女	虚	危	室	室	壁	奎	婁	胃	昴	畢	觜	参	井	鬼	柳	星	張	翼	軫	角	亢			
3月	氐	房	心	尾	箕	斗	女	虚	危	室	壁	奎	奎	婁	胃	昴	畢	觜	参	井	鬼	柳	星	張	翼	軫	角	亢	氐	房	心
4月	尾	箕	斗	女	虚	危	室	壁	奎	婁	胃	胃	昴	畢	觜	参	井	鬼	柳	星	張	翼	軫	角	亢	氐	房	心	尾	箕	
5月	斗	女	虚	危	室	壁	奎	婁	胃	昴	畢	觜	参	井	鬼	柳	星	張	翼	軫	角	亢	氐	房	心	尾	箕	斗	女	虚	危
6月	室	壁	奎	婁	胃	昴	畢	觜	参	参	井	鬼	柳	星	張	翼	軫	角	亢	氐	房	心	尾	箕	斗	女	虚	危	室	壁	
7月	奎	婁	胃	昴	畢	觜	参	井	鬼	柳	星	張	翼	軫	角	亢	氐	房	心	尾	箕	斗	女	虚	危	室	壁	奎	婁	胃	昴
8月	畢	觜	参	井	鬼	柳	張	翼	軫	角	亢	氐	房	心	尾	箕	斗	女	虚	危	室	壁	奎	婁	胃	昴	畢	觜	参	井	鬼
9月	柳	星	張	翼	軫	角	亢	氐	房	心	尾	箕	斗	女	虚	危	室	壁	奎	婁	胃	昴	畢	觜	参	井	鬼	柳	星	張	
10月	翼	軫	角	亢	氐	房	心	尾	箕	斗	女	虚	危	室	壁	奎	婁	胃	昴	畢	觜	参	井	鬼	柳	星	張	翼	軫	角	亢
11月	氐	房	心	尾	箕	斗	女	虚	危	室	壁	奎	婁	胃	昴	畢	觜	参	井	鬼	柳	星	張	翼	軫	角	亢	氐	房	心	
12月	尾	箕	斗	女	虚	危	室	壁	奎	婁	胃	昴	畢	觜	参	井	鬼	柳	星	張	翼	軫	角	亢	氐	房	心	尾	箕	斗	女

1976年

	1	2	3	4	5	6	7	8	9	10	11	12	13	14	15	16	17	18	19	20	21	22	23	24	25	26	27	28	29	30	31
1月	虚	危	室	壁	奎	婁	胃	昴	畢	觜	参	井	鬼	柳	星	張	翼	軫	角	亢	氐	房	心	尾	箕	斗	女	虚	危	室	室
2月	壁	奎	婁	胃	昴	畢	觜	参	井	鬼	柳	星	張	翼	軫	角	亢	氐	房	心	尾	箕	斗	女	虚	危	室	壁	奎		
3月	奎	婁	胃	昴	畢	觜	参	井	鬼	柳	星	張	翼	軫	角	亢	氐	房	心	尾	箕	斗	女	虚	危	室	壁	奎	婁	胃	胃
4月	昴	畢	觜	参	井	鬼	柳	星	張	翼	軫	角	亢	氐	房	心	尾	箕	斗	女	虚	危	室	壁	奎	婁	胃	昴	畢	觜	
5月	参	井	鬼	柳	星	張	翼	軫	角	亢	氐	房	心	尾	箕	斗	女	虚	危	室	壁	奎	婁	胃	昴	畢	觜	参	参	井	鬼
6月	柳	星	張	翼	軫	角	亢	氐	房	心	尾	箕	斗	女	虚	危	室	壁	奎	婁	胃	昴	畢	觜	参	井	鬼	柳	星	張	
7月	翼	軫	角	亢	氐	房	心	尾	箕	斗	女	虚	危	室	壁	奎	婁	胃	昴	畢	觜	参	井	鬼	柳	星	張	翼	軫	角	亢
8月	氐	房	心	尾	箕	斗	女	虚	危	室	壁	奎	婁	胃	昴	畢	觜	参	井	鬼	柳	星	張	翼	角	亢	氐	房	心	尾	箕
9月	斗	女	虚	危	室	壁	奎	婁	胃	昴	畢	觜	参	井	鬼	柳	星	張	翼	軫	角	亢	氐	角	亢	氐	房	心	尾	箕	
10月	斗	女	虚	危	室	壁	奎	婁	胃	昴	畢	觜	参	井	鬼	柳	星	張	翼	軫	角	亢	氐	房	心	尾	箕	斗	女	虚	危
11月	室	壁	奎	婁	胃	昴	畢	觜	参	井	鬼	柳	星	張	翼	軫	角	亢	氐	房	心	心	尾	箕	斗	女	虚	危	室	壁	
12月	奎	婁	胃	昴	畢	觜	参	井	鬼	柳	星	張	翼	軫	角	亢	氐	房	心	尾	斗	女	虚	危	室	壁	奎	婁	胃	昴	畢

1977年

	1	2	3	4	5	6	7	8	9	10	11	12	13	14	15	16	17	18	19	20	21	22	23	24	25	26	27	28	29	30	31
1月	觜	参	井	鬼	柳	星	張	翼	軫	角	亢	氐	房	心	尾	箕	斗	女	虚	危	室	壁	奎	婁	胃	昴	畢	觜	参	井	鬼
2月	柳	星	張	翼	軫	角	亢	氐	房	心	尾	箕	斗	女	虚	危	室	室	壁	奎	婁	胃	昴	畢	觜	参	井	鬼			
3月	柳	星	張	翼	軫	角	亢	氐	房	心	尾	箕	斗	女	虚	危	室	壁	奎	奎	婁	胃	昴	畢	觜	参	井	鬼	柳	星	張
4月	翼	軫	角	亢	氐	房	心	尾	箕	斗	女	虚	危	室	壁	奎	婁	胃	昴	畢	觜	参	井	鬼	柳	星	張	翼	軫	角	
5月	亢	氐	房	心	尾	箕	斗	女	虚	危	室	壁	奎	婁	胃	昴	畢	畢	觜	参	井	鬼	柳	星	張	翼	軫	角	亢	氐	房
6月	心	尾	箕	斗	女	虚	危	室	壁	奎	婁	胃	昴	畢	觜	参	参	井	鬼	柳	星	張	翼	軫	角	亢	氐	房	心	尾	
7月	箕	斗	女	虚	危	室	壁	奎	婁	胃	昴	畢	觜	参	井	鬼	柳	星	張	翼	軫	角	亢	氐	房	心	尾	箕	斗	女	虚
8月	危	室	壁	奎	婁	胃	昴	畢	觜	参	井	鬼	柳	星	張	翼	軫	角	亢	氐	房	心	尾	箕	斗	女	虚	危	室	壁	奎
9月	婁	胃	昴	畢	觜	参	井	鬼	柳	星	張	翼	角	亢	氐	房	心	尾	箕	斗	女	虚	危	室	壁	奎	婁	胃	昴	畢	
10月	觜	参	井	鬼	柳	星	張	翼	軫	角	亢	氐	氐	房	心	尾	箕	斗	女	虚	危	室	壁	奎	婁	胃	昴	畢	觜	参	井
11月	鬼	柳	星	張	翼	軫	角	亢	氐	房	心	尾	箕	斗	女	虚	危	室	壁	奎	婁	胃	昴	畢	觜	参	井	鬼	柳	星	
12月	張	翼	軫	角	亢	氐	房	心	尾	箕	斗	女	虚	危	室	壁	奎	婁	胃	昴	畢	觜	参	井	鬼	柳	星	張	翼	軫	角

1978年

	1	2	3	4	5	6	7	8	9	10	11	12	13	14	15	16	17	18	19	20	21	22	23	24	25	26	27	28	29	30	31
1月	亢	氐	房	心	尾	箕	斗	女	虚	危	室	壁	奎	婁	胃	昴	畢	觜	参	井	鬼	柳	星	張	翼	軫	角	亢	氐	房	心
2月	尾	箕	斗	女	虚	危	室	壁	奎	婁	胃	昴	畢	觜	参	井	鬼	柳	星	張	翼	軫	角	亢	氐	房	心	尾			
3月	箕	斗	女	虚	危	室	壁	奎	奎	婁	胃	昴	畢	觜	参	井	鬼	柳	星	張	翼	軫	角	亢	氐	房	心	尾	箕	斗	女
4月	虚	危	室	壁	奎	婁	胃	胃	昴	畢	觜	参	井	鬼	柳	星	張	翼	軫	角	亢	氐	房	心	尾	箕	斗	女	虚	危	
5月	室	壁	奎	婁	胃	昴	畢	觜	参	井	鬼	柳	星	張	翼	軫	角	亢	氐	房	心	尾	箕	斗	女	虚	危	室	壁	奎	婁
6月	胃	昴	畢	觜	参	参	井	鬼	柳	星	張	翼	軫	角	亢	氐	房	心	尾	箕	斗	女	虚	危	室	壁	奎	婁	胃	昴	
7月	畢	觜	参	井	鬼	柳	星	張	翼	軫	角	亢	氐	房	心	尾	箕	斗	女	虚	危	室	壁	奎	婁	胃	昴	畢	觜	参	井
8月	鬼	柳	星	張	翼	軫	角	亢	氐	房	心	尾	箕	斗	女	虚	危	室	壁	奎	婁	胃	昴	畢	觜	参	井	鬼	柳	星	張
9月	翼	軫	角	亢	氐	房	心	尾	箕	斗	女	虚	危	室	壁	奎	婁	胃	昴	畢	觜	参	井	鬼	柳	星	張	翼	軫	角	
10月	亢	氐	房	心	尾	箕	斗	女	虚	危	室	壁	奎	婁	胃	昴	畢	觜	参	井	鬼	柳	星	張	翼	軫	角	亢	氐	房	心
11月	心	尾	箕	斗	女	虚	危	室	壁	奎	婁	胃	昴	畢	觜	参	井	鬼	柳	星	張	翼	軫	角	亢	氐	房	心	尾	斗	
12月	女	虚	危	室	壁	奎	婁	胃	昴	畢	觜	参	井	鬼	柳	星	張	翼	軫	角	亢	氐	房	心	尾	箕	斗	女	虚	虚	危

1979年

	1	2	3	4	5	6	7	8	9	10	11	12	13	14	15	16	17	18	19	20	21	22	23	24	25	26	27	28	29	30	31
1月	室	壁	奎	婁	胃	昴	畢	觜	参	井	鬼	柳	星	張	翼	軫	角	亢	氐	房	心	尾	箕	斗	女	虚	危	室	壁	奎	婁
2月	胃	昴	畢	觜	参	井	鬼	柳	星	張	翼	軫	角	亢	氐	房	心	尾	箕	斗	女	虚	危	室	壁	奎	奎	婁			
3月	胃	昴	畢	觜	参	井	鬼	柳	星	張	翼	軫	角	亢	氐	房	心	尾	箕	斗	女	虚	危	室	壁	奎	婁	胃	昴	畢	觜
4月	参	井	鬼	柳	星	張	翼	軫	角	亢	氐	房	心	尾	箕	斗	女	虚	危	室	壁	奎	婁	胃	昴	畢	觜	参	井	鬼	
5月	柳	星	張	翼	軫	角	亢	氐	房	心	尾	箕	斗	女	虚	危	室	壁	奎	婁	胃	昴	畢	觜	参	参	井	鬼	柳	星	張
6月	翼	軫	角	亢	氐	房	心	尾	箕	斗	女	虚	危	室	壁	奎	婁	胃	昴	畢	觜	参	井	鬼	柳	星	張	翼	軫	角	
7月	亢	氐	房	心	尾	箕	斗	女	虚	危	室	壁	奎	婁	胃	昴	畢	觜	参	井	鬼	柳	星	鬼	柳	星	張	翼	軫	角	亢
8月	氐	房	心	尾	箕	斗	女	虚	危	室	壁	奎	婁	胃	昴	畢	觜	参	井	鬼	柳	星	張	翼	軫	角	亢	氐	房	心	尾
9月	箕	斗	女	虚	危	室	壁	奎	婁	胃	昴	畢	觜	参	井	鬼	柳	星	張	翼	角	亢	氐	房	心	尾	箕	斗	女	虚	
10月	危	室	壁	奎	婁	胃	昴	畢	觜	参	井	鬼	柳	星	張	翼	軫	角	亢	氐	氐	房	心	尾	箕	斗	女	虚	危	室	壁
11月	奎	婁	胃	昴	畢	觜	参	井	鬼	柳	星	張	翼	軫	角	亢	氐	房	心	心	尾	箕	斗	女	虚	危	室	壁	奎	婁	
12月	胃	昴	畢	觜	参	井	鬼	柳	星	張	翼	軫	角	亢	氐	房	心	尾	斗	女	虚	危	室	壁	奎	婁	胃	昴	畢	觜	参

1980年

	1	2	3	4	5	6	7	8	9	10	11	12	13	14	15	16	17	18	19	20	21	22	23	24	25	26	27	28	29	30	31
1月	井	鬼	柳	星	張	翼	軫	角	亢	氐	房	心	尾	箕	斗	女	虚	虚	危	室	壁	奎	婁	胃	昴	畢	觜	参	井	鬼	柳
2月	星	張	翼	軫	角	亢	氐	房	心	尾	箕	斗	女	虚	危	室	壁	奎	婁	胃	昴	畢	觜	参	井	鬼	柳	星	張		
3月	翼	軫	角	亢	氐	房	心	尾	箕	斗	女	虚	危	室	壁	奎	奎	婁	胃	昴	畢	觜	参	井	鬼	柳	星	張	翼	軫	角
4月	亢	氐	房	心	尾	箕	斗	女	虚	危	室	壁	奎	婁	胃	昴	畢	觜	参	井	鬼	柳	星	張	翼	軫	角	亢	氐	房	
5月	心	尾	箕	斗	女	虚	危	室	壁	奎	婁	胃	昴	畢	觜	参	井	鬼	柳	星	張	翼	軫	角	亢	氐	房	心	尾	箕	斗
6月	女	虚	危	室	壁	奎	婁	胃	昴	畢	觜	参	参	井	鬼	柳	星	張	翼	軫	角	亢	氐	房	心	尾	箕	斗	女	虚	
7月	危	室	壁	奎	婁	胃	昴	畢	觜	参	井	鬼	柳	星	張	翼	軫	角	亢	氐	房	心	尾	箕	斗	女	虚	危	室	壁	奎
8月	婁	胃	昴	畢	觜	参	井	鬼	柳	星	張	翼	軫	角	亢	氐	房	心	尾	箕	斗	女	虚	危	室	壁	奎	婁	胃	昴	畢
9月	觜	参	井	鬼	柳	星	張	翼	角	亢	氐	房	心	尾	箕	斗	女	虚	危	室	壁	奎	婁	胃	昴	畢	觜	参	井	鬼	
10月	柳	星	張	翼	軫	角	亢	氐	氐	房	心	尾	箕	斗	女	虚	危	室	壁	奎	婁	胃	昴	畢	觜	参	井	鬼	柳	星	張
11月	翼	軫	角	亢	氐	房	心	心	尾	箕	斗	女	虚	危	室	壁	奎	婁	胃	昴	畢	觜	参	井	鬼	柳	星	張	翼	軫	
12月	角	亢	氐	房	心	尾	斗	女	虚	危	室	壁	奎	婁	胃	昴	畢	觜	参	井	鬼	柳	星	張	翼	軫	角	亢	氐	房	心

1981年

	1	2	3	4	5	6	7	8	9	10	11	12	13	14	15	16	17	18	19	20	21	22	23	24	25	26	27	28	29	30	31
1月	尾	箕	斗	女	虚	虚	危	室	壁	奎	婁	胃	昴	畢	觜	参	井	鬼	柳	星	張	翼	軫	角	亢	氐	房	心	尾	箕	斗
2月	女	虚	危	室	室	壁	奎	婁	胃	昴	畢	觜	参	井	鬼	柳	星	張	翼	軫	角	亢	氐	房	心	尾	箕	斗			
3月	女	虚	危	室	壁	奎	婁	胃	昴	畢	觜	参	井	鬼	柳	星	張	翼	軫	角	亢	氐	房	心	尾	箕	斗	女	虚	危	室
4月	壁	奎	婁	胃	胃	昴	畢	觜	参	井	鬼	柳	星	張	翼	軫	角	亢	氐	房	心	尾	箕	斗	女	虚	危	室	壁	奎	
5月	婁	胃	昴	畢	觜	参	井	鬼	柳	星	張	翼	軫	角	亢	氐	房	心	尾	箕	斗	女	虚	危	室	壁	奎	婁	胃	昴	畢
6月	觜	参	井	鬼	柳	星	張	翼	軫	角	亢	氐	房	心	尾	箕	斗	女	虚	危	室	壁	奎	婁	胃	昴	畢	觜	参	井	
7月	鬼	鬼	柳	星	張	翼	軫	角	亢	氐	房	心	尾	箕	斗	女	虚	危	室	壁	奎	婁	胃	昴	畢	觜	参	井	鬼	柳	張
8月	翼	軫	角	亢	氐	房	心	尾	箕	斗	女	虚	危	室	壁	奎	婁	胃	昴	畢	觜	参	井	鬼	柳	星	張	翼	角	亢	氐
9月	房	心	尾	箕	斗	女	虚	危	室	壁	奎	婁	胃	昴	畢	觜	参	井	鬼	柳	星	張	翼	軫	角	亢	氐	氐	房	心	
10月	尾	箕	斗	女	虚	危	室	壁	奎	婁	胃	昴	畢	觜	参	井	鬼	柳	星	張	翼	軫	角	亢	氐	房	心	心	尾	箕	斗
11月	女	虚	危	室	壁	奎	婁	胃	昴	畢	觜	参	井	鬼	柳	星	張	翼	軫	角	亢	氐	房	心	尾	斗	女	虚	危	室	
12月	壁	奎	婁	胃	昴	畢	觜	参	井	鬼	柳	星	張	翼	軫	角	亢	氐	房	心	尾	箕	斗	女	虚	虚	危	室	壁	奎	婁

1982年

	1	2	3	4	5	6	7	8	9	10	11	12	13	14	15	16	17	18	19	20	21	22	23	24	25	26	27	28	29	30	31
1月	胃	昴	畢	觜	参	井	鬼	柳	星	張	翼	軫	角	亢	氐	房	心	尾	箕	斗	女	虚	危	室	室	壁	奎	婁	胃	昴	畢
2月	觜	参	井	鬼	柳	星	張	翼	軫	角	亢	氐	房	心	尾	箕	斗	女	虚	危	室	壁	奎	奎	婁	胃	昴	畢			
3月	觜	参	井	鬼	柳	星	張	翼	軫	角	亢	氐	房	心	尾	箕	斗	女	虚	危	室	壁	奎	婁	胃	昴	畢	觜	参	井	鬼
4月	柳	星	張	翼	軫	角	亢	氐	房	心	尾	箕	斗	女	虚	危	室	壁	奎	婁	胃	昴	畢	畢	觜	参	井	鬼	柳	星	
5月	張	翼	軫	角	亢	氐	房	心	尾	箕	斗	女	虚	危	室	壁	奎	婁	胃	昴	畢	觜	畢	觜	参	井	鬼	柳	星	張	翼
6月	軫	角	亢	氐	房	心	尾	箕	斗	女	虚	危	室	壁	奎	婁	胃	昴	畢	觜	参	井	鬼	柳	星	張	翼	軫	角	亢	
7月	氐	房	心	尾	箕	斗	女	虚	危	室	壁	奎	婁	胃	昴	畢	觜	参	井	鬼	鬼	柳	星	張	翼	軫	角	亢	氐	房	心
8月	尾	箕	斗	女	虚	危	室	壁	奎	婁	胃	昴	畢	觜	参	井	鬼	柳	張	翼	軫	角	亢	氐	房	心	尾	箕	斗	女	虚
9月	危	室	壁	奎	婁	胃	昴	畢	觜	参	井	鬼	柳	星	張	翼	角	亢	氐	房	心	尾	箕	斗	女	虚	危	室	壁	奎	
10月	婁	胃	昴	畢	觜	参	井	鬼	柳	星	張	翼	軫	角	亢	氐	氐	房	心	尾	箕	斗	女	虚	危	室	壁	奎	婁	胃	昴
11月	畢	觜	参	井	鬼	柳	星	張	翼	軫	角	亢	氐	房	心	心	尾	箕	斗	女	虚	危	室	壁	奎	婁	胃	昴	畢	觜	
12月	参	井	鬼	柳	星	張	翼	軫	角	亢	氐	房	心	尾	斗	女	虚	危	室	壁	奎	婁	胃	昴	畢	觜	参	井	鬼	柳	星

1983年

	1	2	3	4	5	6	7	8	9	10	11	12	13	14	15	16	17	18	19	20	21	22	23	24	25	26	27	28	29	30	31
1月	張	翼	軫	角	亢	氐	房	心	尾	箕	斗	女	虚	虚	危	室	壁	奎	婁	胃	昴	畢	觜	参	井	鬼	柳	星	張	翼	軫
2月	角	亢	氐	房	心	尾	箕	斗	女	虚	危	室	室	壁	奎	婁	胃	昴	畢	觜	参	井	鬼	柳	星	張	翼	軫			
3月	角	亢	氐	房	心	尾	箕	斗	女	虚	危	室	壁	奎	奎	婁	胃	昴	畢	觜	参	井	鬼	柳	星	張	翼	軫	角	亢	氐
4月	房	心	尾	箕	斗	女	虚	危	室	壁	奎	婁	胃	昴	畢	觜	参	井	鬼	柳	星	張	翼	軫	角	亢	氐	房	心	尾	
5月	箕	斗	女	虚	危	室	壁	奎	婁	胃	昴	畢	畢	觜	参	井	鬼	柳	星	張	翼	軫	角	亢	氐	房	心	尾	箕	斗	女
6月	虚	危	室	壁	奎	婁	胃	昴	畢	觜	参	井	鬼	柳	星	張	翼	軫	角	亢	氐	房	心	尾	箕	斗	女	虚	危	室	
7月	壁	奎	婁	胃	昴	畢	觜	参	井	鬼	柳	星	張	翼	軫	角	亢	氐	房	心	尾	箕	斗	女	虚	危	室	壁	奎	婁	胃
8月	昴	畢	觜	参	井	鬼	柳	星	張	翼	軫	角	亢	氐	房	心	尾	箕	斗	女	虚	危	室	壁	奎	婁	胃	昴	畢	觜	参
9月	井	鬼	柳	星	張	翼	角	亢	氐	房	心	尾	箕	斗	女	虚	危	室	壁	奎	婁	胃	昴	畢	觜	参	井	鬼	柳	星	
10月	張	翼	軫	角	亢	氐	房	心	尾	箕	斗	女	虚	危	室	壁	奎	婁	胃	昴	畢	觜	参	井	鬼	柳	星	張	翼	軫	角
11月	亢	氐	房	心	心	尾	箕	斗	女	虚	危	室	壁	奎	婁	胃	昴	畢	觜	参	井	鬼	柳	星	張	翼	軫	角	亢	氐	
12月	房	心	尾	斗	女	虚	危	室	壁	奎	婁	胃	昴	畢	觜	参	井	鬼	柳	星	張	翼	軫	角	亢	氐	房	心	尾	箕	斗

1984年

	1	2	3	4	5	6	7	8	9	10	11	12	13	14	15	16	17	18	19	20	21	22	23	24	25	26	27	28	29	30	31
1月	女	虚	虚	危	室	壁	奎	婁	胃	昴	畢	觜	参	井	鬼	柳	星	張	翼	軫	角	亢	氐	房	心	尾	箕	斗	女	虚	危
2月	室	室	壁	奎	婁	胃	昴	畢	觜	参	井	鬼	柳	星	張	翼	軫	角	亢	氐	房	心	尾	箕	斗	女	虚	危	室		
3月	壁	奎	奎	婁	胃	昴	畢	觜	参	井	鬼	柳	星	張	翼	軫	角	亢	氐	房	心	尾	箕	斗	女	虚	危	室	壁	奎	婁
4月	胃	昴	畢	觜	参	井	鬼	柳	星	張	翼	軫	角	亢	氐	房	心	尾	箕	斗	女	虚	危	室	壁	奎	婁	胃	昴	畢	
5月	畢	觜	参	井	鬼	柳	星	張	翼	軫	角	亢	氐	房	心	尾	箕	斗	女	虚	危	室	壁	奎	婁	胃	昴	畢	觜	参	参
6月	井	鬼	柳	星	張	翼	軫	角	亢	氐	房	心	尾	箕	斗	女	虚	危	室	壁	奎	婁	胃	昴	畢	觜	参	井	鬼	柳	
7月	星	張	翼	軫	角	亢	氐	房	心	尾	箕	斗	女	虚	危	室	壁	奎	婁	胃	昴	畢	觜	参	井	鬼	柳	張	翼	軫	角
8月	亢	氐	房	心	尾	箕	斗	女	虚	危	室	壁	奎	婁	胃	昴	畢	觜	参	井	鬼	柳	星	張	翼	軫	角	亢	氐	房	心
9月	尾	箕	斗	女	虚	危	室	壁	奎	婁	胃	昴	畢	觜	参	井	鬼	柳	星	張	翼	軫	角	亢	氐	房	心	尾	箕	斗	
10月	女	虚	危	室	壁	奎	婁	胃	昴	畢	觜	参	井	鬼	柳	星	張	翼	軫	角	亢	氐	房	心	尾	箕	斗	女	虚	危	室
11月	壁	奎	婁	胃	昴	畢	觜	参	井	鬼	柳	星	張	翼	軫	角	亢	氐	房	心	尾	箕	心	尾	箕	斗	女	虚	危	室	
12月	壁	奎	婁	胃	昴	畢	觜	参	井	鬼	柳	星	張	翼	軫	角	亢	氐	房	心	尾	斗	女	虚	危	室	壁	奎	婁	胃	昴

1985年

	1	2	3	4	5	6	7	8	9	10	11	12	13	14	15	16	17	18	19	20	21	22	23	24	25	26	27	28	29	30	31
1月	畢	觜	参	井	鬼	柳	星	張	翼	軫	角	亢	氐	房	心	尾	箕	斗	女	虚	虚	危	室	壁	奎	婁	胃	昴	畢	觜	参
2月	井	鬼	柳	星	張	翼	軫	角	亢	氐	房	心	尾	箕	斗	女	虚	危	室	室	壁	奎	婁	胃	昴	畢	觜	参			
3月	井	鬼	柳	星	張	翼	軫	角	亢	氐	房	心	尾	箕	斗	女	虚	危	室	壁	奎	婁	胃	昴	畢	觜	参	井	鬼	柳	星
4月	張	翼	軫	角	亢	氐	房	心	尾	箕	斗	女	虚	危	室	壁	奎	婁	胃	胃	昴	畢	觜	参	井	鬼	柳	星	張	翼	
5月	軫	角	亢	氐	房	心	尾	箕	斗	女	虚	危	室	壁	奎	婁	胃	昴	畢	畢	觜	参	井	鬼	柳	星	張	翼	軫	角	亢
6月	氐	房	心	尾	箕	斗	女	虚	危	室	壁	奎	婁	胃	昴	畢	觜	参	井	鬼	柳	星	張	翼	軫	角	亢	氐	房	心	
7月	尾	箕	斗	女	虚	危	室	壁	奎	婁	胃	昴	畢	觜	参	井	鬼	鬼	柳	星	張	翼	軫	角	亢	氐	房	心	尾	箕	斗
8月	女	虚	危	室	壁	奎	婁	胃	昴	畢	觜	参	井	鬼	柳	張	翼	軫	角	亢	氐	房	心	尾	箕	斗	女	虚	危	室	壁
9月	奎	婁	胃	昴	畢	觜	参	井	鬼	柳	星	張	翼	軫	角	亢	氐	房	心	尾	箕	斗	女	虚	危	室	壁	奎	婁	胃	
10月	昴	畢	觜	参	井	鬼	柳	星	張	翼	軫	角	亢	氐	房	心	尾	箕	斗	女	虚	危	室	壁	奎	婁	胃	昴	畢	觜	参
11月	井	鬼	柳	星	張	翼	軫	角	亢	氐	房	心	尾	箕	斗	女	虚	危	室	壁	奎	婁	胃	昴	畢	觜	参	井	鬼	柳	
12月	星	張	翼	軫	角	亢	氐	房	心	尾	箕	斗	女	虚	危	室	壁	奎	婁	胃	昴	畢	觜	参	井	鬼	柳	星	張	翼	軫

1986年

	1	2	3	4	5	6	7	8	9	10	11	12	13	14	15	16	17	18	19	20	21	22	23	24	25	26	27	28	29	30	31
1月	角	亢	氐	房	心	尾	箕	斗	女	虚	危	室	壁	奎	婁	胃	昴	畢	觜	参	井	鬼	柳	星	張	翼	軫	角	亢	氐	房
2月	心	尾	箕	斗	女	虚	危	室	室	壁	奎	婁	胃	昴	畢	觜	参	井	鬼	柳	星	張	翼	軫	角	亢	氐	房			
3月	心	尾	箕	斗	女	虚	危	室	壁	奎	婁	胃	昴	畢	觜	参	井	鬼	柳	星	張	翼	軫	角	亢	氐	房	心	尾	箕	斗
4月	女	虚	危	室	壁	奎	婁	胃	胃	昴	畢	觜	参	井	鬼	柳	星	張	翼	軫	角	亢	氐	房	心	尾	箕	斗	女	虚	
5月	危	室	壁	奎	婁	胃	昴	畢	畢	觜	参	井	鬼	柳	星	張	翼	軫	角	亢	氐	房	心	尾	箕	斗	女	虚	危	室	壁
6月	奎	婁	胃	昴	畢	觜	参	井	鬼	柳	星	張	翼	軫	角	亢	氐	房	心	尾	箕	斗	女	虚	危	室	壁	奎	婁	胃	
7月	昴	畢	觜	参	井	鬼	鬼	柳	星	張	翼	軫	角	亢	氐	房	心	尾	箕	斗	女	虚	危	室	壁	奎	婁	胃	昴	畢	觜
8月	参	井	鬼	柳	星	張	翼	軫	角	亢	氐	房	心	尾	箕	斗	女	虚	危	室	壁	奎	婁	胃	昴	畢	觜	参	井	鬼	柳
9月	星	張	翼	角	亢	氐	房	心	尾	箕	斗	女	虚	危	室	壁	奎	婁	胃	昴	畢	觜	参	井	鬼	柳	星	張	翼	軫	
10月	角	亢	氐	氐	房	心	尾	箕	斗	女	虚	危	室	壁	奎	婁	胃	昴	畢	觜	参	井	鬼	柳	星	張	翼	軫	角	亢	氐
11月	房	心	尾	箕	斗	女	虚	危	室	壁	奎	婁	胃	昴	畢	觜	参	井	鬼	柳	星	張	翼	軫	角	亢	氐	房	心	尾	
12月	箕	斗	女	虚	危	室	壁	奎	婁	胃	昴	畢	觜	参	井	鬼	柳	星	張	翼	軫	角	亢	氐	房	心	尾	箕	斗	女	虚

1987年

	1	2	3	4	5	6	7	8	9	10	11	12	13	14	15	16	17	18	19	20	21	22	23	24	25	26	27	28	29	30	31
1月	危	室	壁	奎	婁	胃	昴	畢	觜	参	井	鬼	柳	星	張	翼	軫	角	亢	氐	房	心	尾	箕	斗	女	虚	危	室	壁	奎
2月	婁	胃	昴	畢	觜	参	井	鬼	柳	星	張	翼	軫	角	亢	氐	房	心	尾	箕	斗	女	虚	危	室	壁	奎	奎			
3月	婁	胃	昴	畢	觜	参	井	鬼	柳	星	張	翼	軫	角	亢	氐	房	心	尾	箕	斗	女	虚	危	室	壁	奎	婁	胃	昴	畢
4月	觜	参	井	鬼	柳	星	張	翼	軫	角	亢	氐	房	心	尾	箕	斗	女	虚	危	室	壁	奎	婁	胃	昴	畢	畢	觜	参	
5月	井	鬼	柳	星	張	翼	軫	角	亢	氐	房	心	尾	箕	斗	女	虚	危	室	壁	奎	婁	胃	昴	畢	觜	参	参	井	鬼	柳
6月	星	張	翼	軫	角	亢	氐	房	心	尾	箕	斗	女	虚	危	室	壁	奎	婁	胃	昴	畢	觜	参	井	鬼	柳	星	張	翼	
7月	軫	角	亢	氐	房	心	尾	箕	斗	女	虚	危	室	壁	奎	婁	胃	昴	畢	觜	参	井	鬼	柳	星	鬼	柳	星	張	翼	軫
8月	角	亢	氐	房	心	尾	箕	斗	女	虚	危	室	壁	奎	婁	胃	昴	畢	觜	参	井	鬼	柳	張	翼	軫	角	亢	氐	房	心
9月	尾	箕	斗	女	虚	危	室	壁	奎	婁	胃	昴	畢	觜	参	井	鬼	柳	星	張	翼	軫	角	亢	氐	房	心	尾	箕	斗	
10月	女	虚	危	室	壁	奎	婁	胃	昴	畢	觜	参	井	鬼	柳	星	張	翼	軫	角	亢	氐	氐	房	心	尾	箕	斗	女	虚	危
11月	室	壁	奎	婁	胃	昴	畢	觜	参	井	鬼	柳	星	張	翼	軫	角	亢	氐	房	心	尾	箕	斗	女	虚	危	室	壁	奎	
12月	婁	胃	昴	畢	觜	参	井	鬼	柳	星	張	翼	軫	角	亢	氐	房	心	尾	箕	斗	女	虚	危	室	壁	奎	婁	胃	昴	畢

1988年

	1	2	3	4	5	6	7	8	9	10	11	12	13	14	15	16	17	18	19	20	21	22	23	24	25	26	27	28	29	30	31
1月	觜	参	井	鬼	柳	星	張	翼	軫	角	亢	氐	房	心	尾	箕	斗	女	虚	危	室	壁	奎	婁	胃	昴	畢	觜	参	井	鬼
2月	柳	星	張	翼	軫	角	亢	氐	房	心	尾	箕	斗	女	虚	危	室	室	壁	奎	婁	胃	昴	畢	觜	参	井	鬼	柳		
3月	星	張	翼	軫	角	亢	氐	房	心	尾	箕	斗	女	虚	危	室	壁	奎	婁	胃	昴	畢	觜	参	井	鬼	柳	星	張	翼	軫
4月	角	亢	氐	房	心	尾	箕	斗	女	虚	危	室	壁	奎	婁	胃	昴	畢	觜	参	井	鬼	柳	星	張	翼	軫	角	亢	氐	
5月	房	心	尾	箕	斗	女	虚	危	室	壁	奎	婁	胃	昴	畢	畢	觜	参	井	鬼	柳	星	張	翼	軫	角	亢	氐	房	心	尾
6月	箕	斗	女	虚	危	室	壁	奎	婁	胃	昴	畢	觜	参	井	鬼	柳	星	張	翼	軫	角	亢	氐	房	心	尾	箕	斗	女	
7月	虚	危	室	壁	奎	婁	胃	昴	畢	觜	参	井	鬼	鬼	柳	星	張	翼	軫	角	亢	氐	房	心	尾	箕	斗	女	虚	危	室
8月	壁	奎	婁	胃	昴	畢	觜	参	井	鬼	柳	張	翼	軫	角	亢	氐	房	心	尾	箕	斗	女	虚	危	室	壁	奎	婁	胃	昴
9月	畢	觜	参	井	鬼	柳	星	張	翼	軫	角	亢	氐	房	心	尾	箕	斗	女	虚	危	室	壁	奎	婁	胃	昴	畢	觜	参	
10月	井	鬼	柳	星	張	翼	軫	角	亢	氐	氐	房	心	尾	箕	斗	女	虚	危	室	壁	奎	婁	胃	昴	畢	觜	参	井	鬼	柳
11月	星	張	翼	軫	角	亢	氐	房	心	尾	箕	斗	女	虚	危	室	壁	奎	婁	胃	昴	畢	觜	参	井	鬼	柳	星	張	翼	
12月	軫	角	亢	氐	房	心	尾	箕	斗	女	虚	危	室	壁	奎	婁	胃	昴	畢	觜	参	井	鬼	柳	星	張	翼	軫	角	亢	氐

1989年

	1	2	3	4	5	6	7	8	9	10	11	12	13	14	15	16	17	18	19	20	21	22	23	24	25	26	27	28	29	30	31
1月	房	心	尾	箕	斗	女	虚	虚	危	室	壁	奎	婁	胃	昴	畢	觜	参	井	鬼	柳	星	張	翼	軫	角	亢	氐	房	心	尾
2月	箕	斗	女	虚	危	室	壁	奎	婁	胃	昴	畢	觜	参	井	鬼	柳	星	張	翼	軫	角	亢	氐	房	心	尾	箕			
3月	斗	女	虚	危	室	壁	奎	奎	婁	胃	昴	畢	觜	参	井	鬼	柳	星	張	翼	軫	角	亢	氐	房	心	尾	箕	斗	女	虚
4月	危	室	壁	奎	婁	胃	昴	畢	觜	参	井	鬼	柳	星	張	翼	軫	角	亢	氐	房	心	尾	箕	斗	女	虚	危	室	壁	
5月	奎	婁	胃	昴	畢	觜	参	井	鬼	柳	星	張	翼	軫	角	亢	氐	房	心	尾	箕	斗	女	虚	危	室	壁	奎	婁	胃	昴
6月	畢	觜	参	参	井	鬼	柳	星	張	翼	軫	角	亢	氐	房	心	尾	箕	斗	女	虚	危	室	壁	奎	婁	胃	昴	畢	觜	
7月	参	井	鬼	柳	星	張	翼	軫	角	亢	氐	房	心	尾	箕	斗	女	虚	危	室	壁	奎	婁	胃	昴	畢	觜	参	井	鬼	柳
8月	星	張	翼	軫	角	亢	氐	房	心	尾	箕	斗	女	虚	危	室	壁	奎	婁	胃	昴	畢	觜	参	井	鬼	柳	星	張	翼	角
9月	亢	氐	房	心	尾	箕	斗	女	虚	危	室	壁	奎	婁	胃	昴	畢	觜	参	井	鬼	柳	星	張	翼	軫	角	亢	氐	氐	
10月	房	心	尾	箕	斗	女	虚	危	室	壁	奎	婁	胃	昴	畢	觜	参	井	鬼	柳	星	張	翼	軫	角	亢	氐	房	心	心	尾
11月	箕	斗	女	虚	危	室	壁	奎	婁	胃	昴	畢	觜	参	井	鬼	柳	星	張	翼	軫	角	亢	氐	房	心	尾	斗	女	虚	
12月	危	室	壁	奎	婁	胃	昴	畢	觜	参	井	鬼	柳	星	張	翼	軫	角	亢	氐	房	心	尾	箕	斗	女	虚	虚	危	室	壁

1990年

	1	2	3	4	5	6	7	8	9	10	11	12	13	14	15	16	17	18	19	20	21	22	23	24	25	26	27	28	29	30	31
1月	奎	婁	胃	昴	畢	觜	参	井	鬼	柳	星	張	翼	軫	角	亢	氐	房	心	尾	箕	斗	女	虚	危	室	室	壁	奎	婁	胃
2月	昴	畢	觜	参	井	鬼	柳	星	張	翼	軫	角	亢	氐	房	心	尾	箕	斗	女	虚	危	室	壁	奎	婁	胃	昴			
3月	畢	觜	参	井	鬼	柳	星	張	翼	軫	角	亢	氐	房	心	尾	箕	斗	女	虚	危	室	壁	奎	婁	胃	胃	昴	畢	觜	参
4月	井	鬼	柳	星	張	翼	軫	角	亢	氐	房	心	尾	箕	斗	女	虚	危	室	壁	奎	婁	胃	昴	畢	觜	参	井	鬼	柳	
5月	星	張	翼	軫	角	亢	氐	房	心	尾	箕	斗	女	虚	危	室	壁	奎	婁	胃	昴	畢	觜	参	井	鬼	柳	星	張	翼	軫
6月	角	亢	氐	房	心	尾	箕	斗	女	虚	危	室	壁	奎	婁	胃	昴	畢	觜	参	井	鬼	参	井	鬼	柳	星	張	翼	軫	
7月	角	亢	氐	房	心	尾	箕	斗	女	虚	危	室	壁	奎	婁	胃	昴	畢	觜	参	井	鬼	柳	星	張	翼	軫	角	亢	氐	房
8月	心	尾	箕	斗	女	虚	危	室	壁	奎	婁	胃	昴	畢	觜	参	井	鬼	柳	張	翼	軫	角	亢	氐	房	心	尾	箕	斗	女
9月	虚	危	室	壁	奎	婁	胃	昴	畢	觜	参	井	鬼	柳	星	張	翼	軫	角	亢	氐	房	心	尾	箕	斗	女	虚	危	室	
10月	壁	奎	婁	胃	昴	畢	觜	参	井	鬼	柳	星	張	翼	軫	角	亢	氐	氐	房	心	尾	箕	斗	女	虚	危	室	壁	奎	婁
11月	胃	昴	畢	觜	参	井	鬼	柳	星	張	翼	軫	角	亢	氐	房	心	尾	箕	斗	女	虚	危	室	壁	奎	婁	胃	昴	畢	
12月	觜	参	井	鬼	柳	星	張	翼	軫	角	亢	氐	房	心	尾	箕	斗	女	虚	危	室	壁	奎	婁	胃	昴	畢	觜	参	井	鬼

1991年

	1	2	3	4	5	6	7	8	9	10	11	12	13	14	15	16	17	18	19	20	21	22	23	24	25	26	27	28	29	30	31
1月	柳	星	張	翼	軫	角	亢	氐	房	心	尾	箕	斗	女	虚	虚	危	室	壁	奎	婁	胃	昴	畢	觜	参	井	鬼	柳	星	張
2月	翼	軫	角	亢	氐	房	心	尾	箕	斗	女	虚	危	室	室	壁	奎	婁	胃	昴	畢	觜	参	井	鬼	柳	星	張			
3月	翼	軫	角	亢	氐	房	心	尾	箕	斗	女	虚	危	室	壁	奎	婁	胃	昴	畢	觜	参	井	鬼	柳	星	張	翼	軫	角	亢
4月	氐	房	心	尾	箕	斗	女	虚	危	室	壁	奎	婁	胃	胃	昴	畢	觜	参	井	鬼	柳	星	張	翼	軫	角	亢	氐	房	
5月	心	尾	箕	斗	女	虚	危	室	壁	奎	婁	胃	昴	畢	觜	参	井	鬼	柳	星	張	翼	軫	角	亢	氐	房	心	尾	箕	斗
6月	女	虚	危	室	壁	奎	婁	胃	昴	畢	觜	参	井	鬼	柳	星	張	翼	軫	角	亢	氐	房	心	尾	箕	斗	女	虚	危	
7月	室	壁	奎	婁	胃	昴	畢	觜	参	井	鬼	鬼	柳	星	張	翼	軫	角	亢	氐	房	心	尾	箕	斗	女	虚	危	室	壁	奎
8月	婁	胃	昴	畢	觜	参	井	鬼	柳	張	翼	軫	角	亢	氐	房	心	尾	箕	斗	女	虚	危	室	壁	奎	婁	胃	昴	畢	觜
9月	参	井	鬼	柳	星	張	翼	角	亢	氐	房	心	尾	箕	斗	女	虚	危	室	壁	奎	婁	胃	昴	畢	觜	参	井	鬼	柳	
10月	星	張	翼	軫	角	亢	氐	氐	房	心	尾	箕	斗	女	虚	危	室	壁	奎	婁	胃	昴	畢	觜	参	井	鬼	柳	星	張	翼
11月	軫	角	亢	氐	房	心	尾	箕	斗	女	虚	危	室	壁	奎	婁	胃	昴	畢	觜	参	井	鬼	柳	星	張	翼	軫	角	亢	
12月	氐	房	心	尾	箕	斗	女	虚	危	室	壁	奎	婁	胃	昴	畢	觜	参	井	鬼	柳	星	張	翼	軫	角	亢	氐	房	心	尾

1992年

	1	2	3	4	5	6	7	8	9	10	11	12	13	14	15	16	17	18	19	20	21	22	23	24	25	26	27	28	29	30	31
1月	箕	斗	女	虚	虚	危	室	壁	奎	婁	胃	昴	畢	觜	参	井	鬼	柳	星	張	翼	軫	角	亢	氐	房	心	尾	箕	斗	女
2月	虚	危	室	室	壁	奎	婁	胃	昴	畢	觜	参	井	鬼	柳	星	張	翼	軫	角	亢	氐	房	心	尾	箕	斗	女	虚		
3月	危	室	壁	奎	婁	胃	昴	畢	觜	参	井	鬼	柳	星	張	翼	軫	角	亢	氐	房	心	尾	箕	斗	女	虚	危	室	壁	奎
4月	婁	胃	胃	昴	畢	觜	参	井	鬼	柳	星	張	翼	軫	角	亢	氐	房	心	尾	箕	斗	女	虚	危	室	壁	奎	婁	胃	
5月	昴	畢	畢	觜	参	井	鬼	柳	星	張	翼	軫	角	亢	氐	房	心	尾	箕	斗	女	虚	危	室	壁	奎	婁	胃	昴	畢	觜
6月	参	井	鬼	柳	星	張	翼	軫	角	亢	氐	房	心	尾	箕	斗	女	虚	危	室	壁	奎	婁	胃	昴	畢	觜	参	井	鬼	
7月	柳	星	張	翼	軫	角	亢	氐	房	心	尾	箕	斗	女	虚	危	室	壁	奎	婁	胃	昴	畢	觜	参	井	鬼	柳	星	張	翼
8月	軫	角	亢	氐	房	心	尾	箕	斗	女	虚	危	室	壁	奎	婁	胃	昴	畢	觜	参	井	鬼	柳	星	張	翼	角	亢	氐	房
9月	心	尾	箕	斗	女	虚	危	室	壁	奎	婁	胃	昴	畢	觜	参	井	鬼	柳	星	張	翼	軫	角	亢	氐	房	心	尾	箕	
10月	斗	女	虚	危	室	壁	奎	婁	胃	昴	畢	觜	参	井	鬼	柳	星	張	翼	軫	角	亢	氐	房	心	心	尾	箕	斗	女	虚
11月	危	室	壁	奎	婁	胃	昴	畢	觜	参	井	鬼	柳	星	張	翼	軫	角	亢	氐	房	心	尾	斗	女	虚	危	室	壁	奎	
12月	婁	胃	昴	畢	觜	参	井	鬼	柳	星	張	翼	軫	角	亢	氐	房	心	尾	箕	斗	女	虚	虚	危	室	壁	奎	婁	胃	昴

1993年

	1	2	3	4	5	6	7	8	9	10	11	12	13	14	15	16	17	18	19	20	21	22	23	24	25	26	27	28	29	30	31
1月	畢	觜	参	井	鬼	柳	星	張	翼	軫	角	亢	氐	房	心	尾	箕	斗	女	虚	危	室	室	壁	奎	婁	胃	昴	畢	觜	参
2月	井	鬼	柳	星	張	翼	軫	角	亢	氐	房	心	尾	箕	斗	女	虚	危	室	壁	奎	婁	胃	昴	畢	觜	参	井			
3月	鬼	柳	星	張	翼	軫	角	亢	氐	房	心	尾	箕	斗	女	虚	危	室	壁	奎	婁	胃	胃	昴	畢	觜	参	井	鬼	柳	星
4月	張	翼	軫	角	亢	氐	房	心	尾	箕	斗	女	虚	危	室	壁	奎	婁	胃	昴	畢	胃	昴	畢	觜	参	井	鬼	柳	星	
5月	張	翼	軫	角	亢	氐	房	心	尾	箕	斗	女	虚	危	室	壁	奎	婁	胃	昴	畢	觜	参	井	鬼	柳	星	張	翼	軫	角
6月	亢	氐	房	心	尾	箕	斗	女	虚	危	室	壁	奎	婁	胃	昴	畢	觜	参	参	井	鬼	柳	星	張	翼	軫	角	亢	氐	
7月	房	心	尾	箕	斗	女	虚	危	室	壁	奎	婁	胃	昴	畢	觜	参	井	鬼	柳	星	張	翼	軫	角	亢	氐	房	心	尾	箕
8月	斗	女	虚	危	室	壁	奎	婁	胃	昴	畢	觜	参	井	鬼	柳	星	張	翼	軫	角	亢	氐	房	心	尾	箕	斗	女	虚	危
9月	室	壁	奎	婁	胃	昴	畢	觜	参	井	鬼	柳	星	張	翼	角	亢	氐	房	心	尾	箕	斗	女	虚	危	室	壁	奎	婁	
10月	胃	昴	畢	觜	参	井	鬼	柳	星	張	翼	軫	角	亢	氐	房	心	尾	箕	斗	女	虚	危	室	壁	奎	婁	胃	昴	畢	觜
11月	参	井	鬼	柳	星	張	翼	軫	角	亢	氐	房	心	心	尾	箕	斗	女	虚	危	室	壁	奎	婁	胃	昴	畢	觜	参	井	
12月	鬼	柳	星	張	翼	軫	角	亢	氐	房	心	尾	斗	女	虚	危	室	壁	奎	婁	胃	昴	畢	觜	参	井	鬼	柳	星	張	翼

1994年

	1	2	3	4	5	6	7	8	9	10	11	12	13	14	15	16	17	18	19	20	21	22	23	24	25	26	27	28	29	30	31
1月	軫	角	亢	氐	房	心	尾	箕	斗	女	虚	虚	危	室	壁	奎	婁	胃	昴	畢	觜	参	井	鬼	柳	星	張	翼	軫	角	亢
2月	氐	房	心	尾	箕	斗	女	虚	危	室	壁	奎	婁	胃	昴	畢	觜	参	井	鬼	柳	星	張	翼	軫	角	亢	氐			
3月	房	心	尾	箕	斗	女	虚	危	室	壁	奎	奎	婁	胃	昴	畢	觜	参	井	鬼	柳	星	張	翼	軫	角	亢	氐	房	心	尾
4月	箕	斗	女	虚	危	室	壁	奎	婁	胃	胃	昴	畢	觜	参	井	鬼	柳	星	張	翼	軫	角	亢	氐	房	心	尾	箕	斗	
5月	女	虚	危	室	壁	奎	婁	胃	昴	畢	畢	觜	参	井	鬼	柳	星	張	翼	軫	角	亢	氐	房	心	尾	箕	斗	女	虚	危
6月	室	壁	奎	婁	胃	昴	畢	觜	参	井	鬼	柳	星	張	翼	軫	角	亢	氐	房	心	尾	箕	斗	女	虚	危	室	壁	奎	
7月	婁	胃	昴	畢	觜	参	井	鬼	鬼	柳	星	張	翼	軫	角	亢	氐	房	心	尾	箕	斗	女	虚	危	室	壁	奎	婁	胃	昴
8月	畢	觜	参	井	鬼	柳	張	翼	軫	角	亢	氐	房	心	尾	箕	斗	女	虚	危	室	壁	奎	婁	胃	昴	畢	觜	参	井	鬼
9月	柳	星	張	翼	軫	角	亢	氐	房	心	尾	箕	斗	女	虚	危	室	壁	奎	婁	胃	昴	畢	觜	参	井	鬼	柳	星	張	
10月	翼	軫	角	亢	氐	房	心	尾	箕	斗	女	虚	危	室	壁	奎	婁	胃	昴	畢	觜	参	井	鬼	柳	星	張	翼	軫	角	亢
11月	氐	房	心	尾	箕	斗	女	虚	危	室	壁	奎	婁	胃	昴	畢	觜	参	井	鬼	柳	星	張	翼	軫	角	亢	氐	房	心	
12月	尾	箕	斗	女	虚	危	室	壁	奎	婁	胃	昴	畢	觜	参	井	鬼	柳	星	張	翼	軫	角	亢	氐	房	心	尾	箕	斗	女

1995年

	1	2	3	4	5	6	7	8	9	10	11	12	13	14	15	16	17	18	19	20	21	22	23	24	25	26	27	28	29	30	31
1月	虚	危	室	壁	奎	婁	胃	昴	畢	觜	参	井	鬼	柳	星	張	翼	軫	角	亢	氐	房	心	尾	箕	斗	女	虚	危	室	室
2月	壁	奎	婁	胃	昴	畢	觜	参	井	鬼	柳	星	張	翼	軫	角	亢	氐	房	心	尾	箕	斗	女	虚	危	室	壁			
3月	奎	婁	胃	昴	畢	觜	参	井	鬼	柳	星	張	翼	軫	角	亢	氐	房	心	尾	箕	斗	女	虚	危	室	壁	奎	婁	胃	胃
4月	昴	畢	觜	参	井	鬼	柳	星	張	翼	軫	角	亢	氐	房	心	尾	箕	斗	女	虚	危	室	壁	奎	婁	胃	昴	畢	畢	
5月	觜	参	井	鬼	柳	星	張	翼	軫	角	亢	氐	房	心	尾	箕	斗	女	虚	危	室	壁	奎	婁	胃	昴	畢	觜	参	井	鬼
6月	柳	星	張	翼	軫	角	亢	氐	房	心	尾	箕	斗	女	虚	危	室	壁	奎	婁	胃	昴	畢	觜	参	井	鬼	鬼	柳	星	
7月	張	翼	軫	角	亢	氐	房	心	尾	箕	斗	女	虚	危	室	壁	奎	婁	胃	昴	畢	觜	参	井	鬼	柳	星	張	翼	軫	角
8月	亢	氐	房	心	尾	箕	斗	女	虚	危	室	壁	奎	婁	胃	昴	畢	觜	参	井	鬼	柳	星	張	翼	角	亢	氐	房	心	尾
9月	箕	斗	女	虚	危	室	壁	奎	婁	胃	昴	畢	觜	参	井	鬼	柳	星	張	翼	軫	角	亢	氐	角	亢	氐	房	心	尾	
10月	箕	斗	女	虚	危	室	壁	奎	婁	胃	昴	畢	觜	参	井	鬼	柳	星	張	翼	軫	角	亢	氐	房	心	尾	箕	斗	女	虚
11月	危	室	壁	奎	婁	胃	昴	畢	觜	参	井	鬼	柳	星	張	翼	軫	角	亢	氐	房	心	心	尾	箕	斗	女	虚	危	室	
12月	壁	奎	婁	胃	昴	畢	觜	参	井	鬼	柳	星	張	翼	軫	角	亢	氐	房	心	尾	斗	女	虚	危	室	壁	奎	婁	胃	昴

1996年

	1	2	3	4	5	6	7	8	9	10	11	12	13	14	15	16	17	18	19	20	21	22	23	24	25	26	27	28	29	30	31
1月	畢	觜	参	井	鬼	柳	星	張	翼	軫	角	亢	氐	房	心	尾	箕	斗	女	虚	危	室	壁	奎	婁	胃	昴	畢	觜	参	井
2月	鬼	柳	星	張	翼	軫	角	亢	氐	房	心	尾	箕	斗	女	虚	危	室	室	壁	奎	婁	胃	昴	畢	觜	参	井	鬼		
3月	柳	星	張	翼	軫	角	亢	氐	房	心	尾	箕	斗	女	虚	危	室	壁	奎	婁	胃	昴	畢	觜	参	井	鬼	柳	星	張	翼
4月	軫	角	亢	氐	房	心	尾	箕	斗	女	虚	危	室	壁	奎	婁	胃	胃	昴	畢	觜	参	井	鬼	柳	星	張	翼	軫	角	
5月	亢	氐	房	心	尾	箕	斗	女	虚	危	室	壁	奎	婁	胃	昴	畢	觜	参	井	鬼	柳	星	張	翼	軫	角	亢	氐	房	心
6月	尾	箕	斗	女	虚	危	室	壁	奎	婁	胃	昴	畢	觜	参	参	井	鬼	柳	星	張	翼	軫	角	亢	氐	房	心	尾	箕	
7月	斗	女	虚	危	室	壁	奎	婁	胃	昴	畢	觜	参	井	鬼	鬼	柳	星	張	翼	軫	角	亢	氐	房	心	尾	箕	斗	女	虚
8月	危	室	壁	奎	婁	胃	昴	畢	觜	参	井	鬼	柳	張	翼	軫	角	亢	氐	房	心	尾	箕	斗	女	虚	危	室	壁	奎	婁
9月	胃	昴	畢	觜	参	井	鬼	柳	星	張	翼	軫	角	亢	氐	房	心	尾	箕	斗	女	虚	危	室	壁	奎	婁	胃	昴	畢	
10月	觜	参	井	鬼	柳	星	張	翼	軫	角	亢	氐	房	心	尾	箕	斗	女	虚	危	室	壁	奎	婁	胃	昴	畢	觜	参	井	鬼
11月	柳	星	張	翼	軫	角	亢	氐	房	心	心	尾	箕	斗	女	虚	危	室	壁	奎	婁	胃	昴	畢	觜	参	井	鬼	柳	星	
12月	張	翼	軫	角	亢	氐	房	心	尾	箕	斗	女	虚	危	室	壁	奎	婁	胃	昴	畢	觜	参	井	鬼	柳	星	張	翼	軫	角

1997年

	1	2	3	4	5	6	7	8	9	10	11	12	13	14	15	16	17	18	19	20	21	22	23	24	25	26	27	28	29	30	31
1月	亢	氐	房	心	尾	箕	斗	女	虚	危	室	壁	奎	婁	胃	昴	畢	觜	参	井	鬼	柳	星	張	翼	軫	角	亢	氐	房	心
2月	尾	箕	斗	女	虚	危	室	室	壁	奎	婁	胃	昴	畢	觜	参	井	鬼	柳	星	張	翼	軫	角	亢	氐	房	心			
3月	尾	箕	斗	女	虚	危	室	壁	奎	婁	胃	昴	畢	觜	参	井	鬼	柳	星	張	翼	軫	角	亢	氐	房	心	尾	箕	斗	女
4月	虚	危	室	壁	奎	婁	胃	昴	畢	觜	参	井	鬼	柳	星	張	翼	軫	角	亢	氐	房	心	尾	箕	斗	女	虚	危	室	
5月	壁	奎	婁	胃	昴	畢	畢	觜	参	井	鬼	柳	星	張	翼	軫	角	亢	氐	房	心	尾	箕	斗	女	虚	危	室	壁	奎	婁
6月	胃	昴	畢	觜	参	井	鬼	柳	星	張	翼	軫	角	亢	氐	房	心	尾	箕	斗	女	虚	危	室	壁	奎	婁	胃	昴	畢	
7月	觜	参	井	鬼	鬼	柳	星	張	翼	軫	角	亢	氐	房	心	尾	箕	斗	女	虚	危	室	壁	奎	婁	胃	昴	畢	觜	参	井
8月	鬼	柳	張	翼	軫	角	亢	氐	房	心	尾	箕	斗	女	虚	危	室	壁	奎	婁	胃	昴	畢	觜	参	井	鬼	柳	星	張	翼
9月	軫	角	亢	氐	房	心	尾	箕	斗	女	虚	危	室	壁	奎	婁	胃	昴	畢	觜	参	井	鬼	柳	星	張	翼	軫	角	亢	
10月	氐	氐	房	心	尾	箕	斗	女	虚	危	室	壁	奎	婁	胃	昴	畢	觜	参	井	鬼	柳	星	張	翼	軫	角	亢	氐	房	心
11月	尾	箕	斗	女	虚	危	室	壁	奎	婁	胃	昴	畢	觜	参	井	鬼	柳	星	張	翼	軫	角	亢	氐	房	心	尾	箕	斗	
12月	女	虚	危	室	壁	奎	婁	胃	昴	畢	觜	参	井	鬼	柳	星	張	翼	軫	角	亢	氐	房	心	尾	箕	斗	女	虚	虚	危

1998年

	1	2	3	4	5	6	7	8	9	10	11	12	13	14	15	16	17	18	19	20	21	22	23	24	25	26	27	28	29	30	31
1月	室	壁	奎	婁	胃	昴	畢	觜	参	井	鬼	柳	星	張	翼	軫	角	亢	氐	房	心	尾	箕	斗	女	虚	危	室	壁	奎	婁
2月	胃	昴	畢	觜	参	井	鬼	柳	星	張	翼	軫	角	亢	氐	房	心	尾	箕	斗	女	虚	危	室	壁	奎	奎	婁			
3月	胃	昴	畢	觜	参	井	鬼	柳	星	張	翼	軫	角	亢	氐	房	心	尾	箕	斗	女	虚	危	室	壁	奎	婁	胃	昴	畢	觜
4月	参	井	鬼	柳	星	張	翼	軫	角	亢	氐	房	心	尾	箕	斗	女	虚	危	室	壁	奎	婁	胃	昴	畢	觜	参	井	鬼	
5月	柳	星	張	翼	軫	角	亢	氐	房	心	尾	箕	斗	女	虚	危	室	壁	奎	婁	胃	昴	畢	觜	参	参	井	鬼	柳	星	張
6月	翼	軫	角	亢	氐	房	心	尾	箕	斗	女	虚	危	室	壁	奎	婁	胃	昴	畢	觜	参	井	参	井	鬼	柳	星	張	翼	
7月	軫	角	亢	氐	房	心	尾	箕	斗	女	虚	危	室	壁	奎	婁	胃	昴	畢	觜	参	井	鬼	柳	星	張	翼	軫	角	亢	氐
8月	房	心	尾	箕	斗	女	虚	危	室	壁	奎	婁	胃	昴	畢	觜	参	井	鬼	柳	星	張	翼	軫	角	亢	氐	房	心	尾	箕
9月	斗	女	虚	危	室	壁	奎	婁	胃	昴	畢	觜	参	井	鬼	柳	星	張	翼	軫	角	亢	氐	房	心	尾	箕	斗	女	虚	
10月	危	室	壁	奎	婁	胃	昴	畢	觜	参	井	鬼	柳	星	張	翼	軫	角	亢	氐	房	心	尾	箕	斗	女	虚	危	室	壁	奎
11月	婁	胃	昴	畢	觜	参	井	鬼	柳	星	張	翼	軫	角	亢	氐	房	心	心	尾	箕	斗	女	虚	危	室	壁	奎	婁	胃	
12月	昴	畢	觜	参	井	鬼	柳	星	張	翼	軫	角	亢	氐	房	心	尾	箕	斗	女	虚	危	室	壁	奎	婁	胃	昴	畢	觜	参

1999年

	1	2	3	4	5	6	7	8	9	10	11	12	13	14	15	16	17	18	19	20	21	22	23	24	25	26	27	28	29	30	31
1月	井	鬼	柳	星	張	翼	軫	角	亢	氐	房	心	尾	箕	斗	女	虚	虚	危	室	壁	奎	婁	胃	昴	畢	觜	参	井	鬼	柳
2月	星	張	翼	軫	角	亢	氐	房	心	尾	箕	斗	女	虚	危	室	壁	奎	婁	胃	昴	畢	觜	参	井	鬼	柳	星			
3月	張	翼	軫	角	亢	氐	房	心	尾	箕	斗	女	虚	危	室	壁	奎	奎	婁	胃	昴	畢	觜	参	井	鬼	柳	星	張	翼	軫
4月	角	亢	氐	房	心	尾	箕	斗	女	虚	危	室	壁	奎	婁	胃	昴	畢	觜	参	井	鬼	柳	星	張	翼	軫	角	亢	氐	
5月	房	心	尾	箕	斗	女	虚	危	室	壁	奎	婁	胃	昴	畢	觜	参	井	鬼	柳	星	張	翼	軫	角	亢	氐	房	心	尾	箕
6月	斗	女	虚	危	室	壁	奎	婁	胃	昴	畢	觜	参	参	井	鬼	柳	星	張	翼	軫	角	亢	氐	房	心	尾	箕	斗	女	
7月	虚	危	室	壁	奎	婁	胃	昴	畢	觜	参	井	鬼	柳	星	張	翼	軫	角	亢	氐	房	心	尾	箕	斗	女	虚	危	室	壁
8月	奎	婁	胃	昴	畢	觜	参	井	鬼	柳	張	翼	軫	角	亢	氐	房	心	尾	箕	斗	女	虚	危	室	壁	奎	婁	胃	昴	畢
9月	觜	参	井	鬼	柳	星	張	翼	軫	角	亢	氐	房	心	尾	箕	斗	女	虚	危	室	壁	奎	婁	胃	昴	畢	觜	参	井	
10月	鬼	柳	星	張	翼	軫	角	亢	氐	房	心	尾	箕	斗	女	虚	危	室	壁	奎	婁	胃	昴	畢	觜	参	井	鬼	柳	星	張
11月	翼	軫	角	亢	氐	房	心	心	尾	箕	斗	女	虚	危	室	壁	奎	婁	胃	昴	畢	觜	参	井	鬼	柳	星	張	翼	軫	
12月	角	亢	氐	房	心	尾	箕	斗	女	虚	危	室	壁	奎	婁	胃	昴	畢	觜	参	井	鬼	柳	星	張	翼	軫	角	亢	氐	房

2000年

	1	2	3	4	5	6	7	8	9	10	11	12	13	14	15	16	17	18	19	20	21	22	23	24	25	26	27	28	29	30	31
1月	心	尾	箕	斗	女	虚	虚	危	室	壁	奎	婁	胃	昴	畢	觜	参	井	鬼	柳	星	張	翼	軫	角	亢	氐	房	心	尾	箕
2月	斗	女	虚	危	室	壁	奎	婁	胃	昴	畢	觜	参	井	鬼	柳	星	張	翼	軫	角	亢	氐	房	心	尾	箕	斗	女		
3月	虚	危	室	壁	奎	奎	婁	胃	昴	畢	觜	参	井	鬼	柳	星	張	翼	軫	角	亢	氐	房	心	尾	箕	斗	女	虚	危	室
4月	壁	奎	婁	胃	胃	昴	畢	觜	参	井	鬼	柳	星	張	翼	軫	角	亢	氐	房	心	尾	箕	斗	女	虚	危	室	壁	奎	
5月	婁	胃	昴	畢	觜	参	井	鬼	柳	星	張	翼	軫	角	亢	氐	房	心	尾	箕	斗	女	虚	危	室	壁	奎	婁	胃	昴	畢
6月	觜	参	井	鬼	柳	星	張	翼	軫	角	亢	氐	房	心	尾	箕	斗	女	虚	危	室	壁	奎	婁	胃	昴	畢	觜	参	井	
7月	鬼	鬼	柳	星	張	翼	軫	角	亢	氐	房	心	尾	箕	斗	女	虚	危	室	壁	奎	婁	胃	昴	畢	觜	参	井	鬼	柳	張
8月	翼	軫	角	亢	氐	房	心	尾	箕	斗	女	虚	危	室	壁	奎	婁	胃	昴	畢	觜	参	井	鬼	柳	星	張	翼	角	亢	氐
9月	房	心	尾	箕	斗	女	虚	危	室	壁	奎	婁	胃	昴	畢	觜	参	井	鬼	柳	星	張	翼	軫	角	亢	氐	氐	房	心	
10月	尾	箕	斗	女	虚	危	室	壁	奎	婁	胃	昴	畢	觜	参	井	鬼	柳	星	張	翼	軫	角	亢	氐	房	心	尾	箕	斗	女
11月	虚	危	室	壁	奎	婁	胃	昴	畢	觜	参	井	鬼	柳	星	張	翼	軫	角	亢	氐	房	心	尾	箕	斗	女	虚	危	室	
12月	壁	奎	婁	胃	昴	畢	觜	参	井	鬼	柳	星	張	翼	軫	角	亢	氐	房	心	尾	箕	斗	女	虚	虚	危	室	壁	奎	婁

2001年

	1	2	3	4	5	6	7	8	9	10	11	12	13	14	15	16	17	18	19	20	21	22	23	24	25	26	27	28	29	30	31
1月	胃	昴	畢	觜	参	井	鬼	柳	星	張	翼	軫	角	亢	氐	房	心	尾	箕	斗	女	虚	危	室	壁	奎	婁	胃	昴	畢	觜
2月	参	井	鬼	柳	星	張	翼	軫	角	亢	氐	房	心	尾	箕	斗	女	虚	危	室	壁	奎	奎	婁	胃	昴	畢	觜			
3月	参	井	鬼	柳	星	張	翼	軫	角	亢	氐	房	心	尾	箕	斗	女	虚	危	室	壁	奎	婁	胃	胃	昴	畢	觜	参	井	鬼
4月	柳	星	張	翼	軫	角	亢	氐	房	心	尾	箕	斗	女	虚	危	室	壁	奎	婁	胃	昴	畢	畢	觜	参	井	鬼	柳	星	
5月	張	翼	軫	角	亢	氐	房	心	尾	箕	斗	女	虚	危	室	壁	奎	婁	胃	昴	畢	觜	畢	觜	参	井	鬼	柳	星	張	翼
6月	軫	角	亢	氐	房	心	尾	箕	斗	女	虚	危	室	壁	奎	婁	胃	昴	畢	觜	参	井	鬼	柳	星	張	翼	軫	角	亢	
7月	氐	房	心	尾	箕	斗	女	虚	危	室	壁	奎	婁	胃	昴	畢	觜	参	井	鬼	鬼	柳	星	張	翼	軫	角	亢	氐	房	心
8月	尾	箕	斗	女	虚	危	室	壁	奎	婁	胃	昴	畢	觜	参	井	鬼	柳	張	翼	軫	角	亢	氐	房	心	尾	箕	斗	女	虚
9月	危	室	壁	奎	婁	胃	昴	畢	觜	参	井	鬼	柳	星	張	翼	角	亢	氐	房	心	尾	箕	斗	女	虚	危	室	壁	奎	
10月	婁	胃	昴	畢	觜	参	井	鬼	柳	星	張	翼	軫	角	亢	氐	氐	房	心	尾	箕	斗	女	虚	危	室	壁	奎	婁	胃	昴
11月	畢	觜	参	井	鬼	柳	星	張	翼	軫	角	亢	氐	房	心	尾	箕	斗	女	虚	危	室	壁	奎	婁	胃	昴	畢	觜	参	
12月	井	鬼	柳	星	張	翼	軫	角	亢	氐	房	心	尾	箕	斗	女	虚	危	室	壁	奎	婁	胃	昴	畢	觜	参	井	鬼	柳	星

2002年

	1	2	3	4	5	6	7	8	9	10	11	12	13	14	15	16	17	18	19	20	21	22	23	24	25	26	27	28	29	30	31
1月	張	翼	軫	角	亢	氐	房	心	尾	箕	斗	女	虚	危	室	壁	奎	婁	胃	昴	畢	觜	参	井	鬼	柳	星	張	翼	軫	角
2月	亢	氐	房	心	尾	箕	斗	女	虚	危	室	室	壁	奎	婁	胃	昴	畢	觜	参	井	鬼	柳	星	張	翼	軫	角			
3月	亢	氐	房	心	尾	箕	斗	女	虚	危	室	壁	奎	奎	婁	胃	昴	畢	觜	参	井	鬼	柳	星	張	翼	軫	角	亢	氐	房
4月	心	尾	箕	斗	女	虚	危	室	壁	奎	婁	胃	胃	昴	畢	觜	参	井	鬼	柳	星	張	翼	軫	角	亢	氐	房	心	尾	
5月	箕	斗	女	虚	危	室	壁	奎	婁	胃	昴	畢	觜	参	井	鬼	柳	星	張	翼	軫	角	亢	氐	房	心	尾	箕	斗	女	虚
6月	危	室	壁	奎	婁	胃	昴	畢	觜	参	参	井	鬼	柳	星	張	翼	軫	角	亢	氐	房	心	尾	箕	斗	女	虚	危	室	
7月	壁	奎	婁	胃	昴	畢	觜	参	井	鬼	柳	星	張	翼	軫	角	亢	氐	房	心	尾	箕	斗	女	虚	危	室	壁	奎	婁	胃
8月	昴	畢	觜	参	井	鬼	柳	星	張	翼	軫	角	亢	氐	房	心	尾	箕	斗	女	虚	危	室	壁	奎	婁	胃	昴	畢	觜	参
9月	井	鬼	柳	星	張	翼	角	亢	氐	房	心	尾	箕	斗	女	虚	危	室	壁	奎	婁	胃	昴	畢	觜	参	井	鬼	柳	星	
10月	張	翼	軫	角	亢	氐	房	心	尾	箕	斗	女	虚	危	室	壁	奎	婁	胃	昴	畢	觜	参	井	鬼	柳	星	張	翼	軫	角
11月	亢	氐	房	心	心	尾	箕	斗	女	虚	危	室	壁	奎	婁	胃	昴	畢	觜	参	井	鬼	柳	星	張	翼	軫	角	亢	氐	
12月	房	心	尾	斗	女	虚	危	室	壁	奎	婁	胃	昴	畢	觜	参	井	鬼	柳	星	張	翼	軫	角	亢	氐	房	心	尾	箕	斗

2003年

	1	2	3	4	5	6	7	8	9	10	11	12	13	14	15	16	17	18	19	20	21	22	23	24	25	26	27	28	29	30	31
1月	女	虚	虚	危	室	壁	奎	婁	胃	昴	畢	觜	参	井	鬼	柳	星	張	翼	軫	角	亢	氐	房	心	尾	箕	斗	女	虚	危
2月	室	壁	奎	婁	胃	昴	畢	觜	参	井	鬼	柳	星	張	翼	軫	角	亢	氐	房	心	尾	箕	斗	女	虚	危	室			
3月	壁	奎	奎	婁	胃	昴	畢	觜	参	井	鬼	柳	星	張	翼	軫	角	亢	氐	房	心	尾	箕	斗	女	虚	危	室	壁	奎	婁
4月	胃	胃	昴	畢	觜	参	井	鬼	柳	星	張	翼	軫	角	亢	氐	房	心	尾	箕	斗	女	虚	危	室	壁	奎	婁	胃	昴	
5月	畢	觜	参	井	鬼	柳	星	張	翼	軫	角	亢	氐	房	心	尾	箕	斗	女	虚	危	室	壁	奎	婁	胃	昴	畢	觜	参	参
6月	井	鬼	柳	星	張	翼	軫	角	亢	氐	房	心	尾	箕	斗	女	虚	危	室	壁	奎	婁	胃	昴	畢	觜	参	井	鬼	鬼	
7月	柳	星	張	翼	軫	角	亢	氐	房	心	尾	箕	斗	女	虚	危	室	壁	奎	婁	胃	昴	畢	觜	参	井	鬼	柳	張	翼	軫
8月	角	亢	氐	房	心	尾	箕	斗	女	虚	危	室	壁	奎	婁	胃	昴	畢	觜	参	井	鬼	柳	星	張	翼	軫	角	亢	氐	房
9月	心	尾	箕	斗	女	虚	危	室	壁	奎	婁	胃	昴	畢	觜	参	井	鬼	柳	星	張	翼	軫	角	亢	氐	房	心	尾	箕	
10月	斗	女	虚	危	室	壁	奎	婁	胃	昴	畢	觜	参	井	鬼	柳	星	張	翼	軫	角	亢	氐	房	心	尾	箕	斗	女	虚	危
11月	室	壁	奎	婁	胃	昴	畢	觜	参	井	鬼	柳	星	張	翼	軫	角	亢	氐	房	心	尾	箕	斗	女	虚	危	室	壁	奎	
12月	婁	胃	昴	畢	觜	参	井	鬼	柳	星	張	翼	軫	角	亢	氐	房	心	尾	箕	斗	女	虚	危	室	壁	奎	婁	胃	昴	畢

2004年

	1	2	3	4	5	6	7	8	9	10	11	12	13	14	15	16	17	18	19	20	21	22	23	24	25	26	27	28	29	30	31
1月	觜	参	井	鬼	柳	星	張	翼	軫	角	亢	氐	房	心	尾	箕	斗	女	虚	危	室	室	壁	奎	婁	胃	昴	畢	觜	参	井
2月	鬼	柳	星	張	翼	軫	角	亢	氐	房	心	尾	箕	斗	女	虚	危	室	壁	奎	婁	胃	昴	畢	觜	参	井	鬼	柳		
3月	星	張	翼	軫	角	亢	氐	房	心	尾	箕	斗	女	虚	危	室	壁	奎	婁	胃	奎	婁	胃	昴	畢	觜	参	井	鬼	柳	星
4月	張	翼	軫	角	亢	氐	房	心	尾	箕	斗	女	虚	危	室	壁	奎	婁	胃	昴	畢	觜	参	井	鬼	柳	星	張	翼	軫	
5月	角	亢	氐	房	心	尾	箕	斗	女	虚	危	室	壁	奎	婁	胃	昴	畢	畢	觜	参	井	鬼	柳	星	張	翼	軫	角	亢	氐
6月	房	心	尾	箕	斗	女	虚	危	室	壁	奎	婁	胃	昴	畢	觜	参	参	井	鬼	柳	星	張	翼	軫	角	亢	氐	房	心	
7月	尾	箕	斗	女	虚	危	室	壁	奎	婁	胃	昴	畢	觜	参	井	鬼	柳	星	張	翼	軫	角	亢	氐	房	心	尾	箕	斗	女
8月	虚	危	室	壁	奎	婁	胃	昴	畢	觜	参	井	鬼	柳	星	張	翼	軫	角	亢	氐	房	心	尾	箕	斗	女	虚	危	室	壁
9月	奎	婁	胃	昴	畢	觜	参	井	鬼	柳	星	張	翼	角	亢	氐	房	心	尾	箕	斗	女	虚	危	室	壁	奎	婁	胃	昴	
10月	畢	觜	参	井	鬼	柳	星	張	翼	軫	角	亢	氐	氐	房	心	尾	箕	斗	女	虚	危	室	壁	奎	婁	胃	昴	畢	觜	参
11月	井	鬼	柳	星	張	翼	軫	角	亢	氐	房	心	尾	箕	斗	女	虚	危	室	壁	奎	婁	胃	昴	畢	觜	参	井	鬼	柳	
12月	星	張	翼	軫	角	亢	氐	房	心	尾	箕	斗	女	虚	危	室	壁	奎	婁	胃	昴	畢	觜	参	井	鬼	柳	星	張	翼	軫

2005年

	1	2	3	4	5	6	7	8	9	10	11	12	13	14	15	16	17	18	19	20	21	22	23	24	25	26	27	28	29	30	31
1月	角	亢	氐	房	心	尾	箕	斗	女	虚	危	室	壁	奎	婁	胃	昴	畢	觜	参	井	鬼	柳	星	張	翼	軫	角	亢	氐	房
2月	心	尾	箕	斗	女	虚	危	室	室	壁	奎	婁	胃	昴	畢	觜	参	井	鬼	柳	星	張	翼	軫	角	亢	氐	房			
3月	心	尾	箕	斗	女	虚	危	室	壁	奎	婁	胃	昴	畢	觜	参	井	鬼	柳	星	張	翼	軫	角	亢	氐	房	心	尾	箕	斗
4月	女	虚	危	室	壁	奎	婁	胃	胃	昴	畢	觜	参	井	鬼	柳	星	張	翼	軫	角	亢	氐	房	心	尾	箕	斗	女	虚	
5月	危	室	壁	奎	婁	胃	昴	畢	觜	参	井	鬼	柳	星	張	翼	軫	角	亢	氐	房	心	尾	箕	斗	女	虚	危	室	壁	奎
6月	婁	胃	昴	畢	觜	参	参	井	鬼	柳	星	張	翼	軫	角	亢	氐	房	心	尾	箕	斗	女	虚	危	室	壁	奎	婁	胃	
7月	昴	畢	觜	参	井	鬼	柳	星	張	翼	軫	角	亢	氐	房	心	尾	箕	斗	女	虚	危	室	壁	奎	婁	胃	昴	畢	觜	参
8月	井	鬼	柳	星	張	翼	軫	角	亢	氐	房	心	尾	箕	斗	女	虚	危	室	壁	奎	婁	胃	昴	畢	觜	参	井	鬼	柳	星
9月	張	翼	軫	角	亢	氐	房	心	尾	箕	斗	女	虚	危	室	壁	奎	婁	胃	昴	畢	觜	参	井	鬼	柳	星	張	翼	軫	
10月	角	亢	氐	房	心	尾	箕	斗	女	虚	危	室	壁	奎	婁	胃	昴	畢	觜	参	井	鬼	柳	星	張	翼	軫	角	亢	氐	房
11月	心	心	尾	箕	斗	女	虚	危	室	壁	奎	婁	胃	昴	畢	觜	参	井	鬼	柳	星	張	翼	軫	角	亢	氐	房	心	尾	
12月	箕	斗	女	虚	危	室	壁	奎	婁	胃	昴	畢	觜	参	井	鬼	柳	星	張	翼	軫	角	亢	氐	房	心	尾	箕	斗	女	虚

2006年

	1	2	3	4	5	6	7	8	9	10	11	12	13	14	15	16	17	18	19	20	21	22	23	24	25	26	27	28	29	30	31
1月	危	室	壁	奎	婁	胃	昴	畢	觜	参	井	鬼	柳	星	張	翼	軫	角	亢	氐	房	心	尾	箕	斗	女	虚	危	室	壁	奎
2月	婁	胃	昴	畢	觜	参	井	鬼	柳	星	張	翼	軫	角	亢	氐	房	心	尾	箕	斗	女	虚	危	室	壁	奎	奎			
3月	婁	胃	昴	畢	觜	参	井	鬼	柳	星	張	翼	軫	角	亢	氐	房	心	尾	箕	斗	女	虚	危	室	壁	奎	婁	胃	昴	畢
4月	觜	参	井	鬼	柳	星	張	翼	軫	角	亢	氐	房	心	尾	箕	斗	女	虚	危	室	壁	奎	婁	胃	昴	畢	畢	觜	参	
5月	井	鬼	柳	星	張	翼	軫	角	亢	氐	房	心	尾	箕	斗	女	虚	危	室	壁	奎	婁	胃	昴	畢	觜	参	井	鬼	柳	星
6月	張	翼	軫	角	亢	氐	房	心	尾	箕	斗	女	虚	危	室	壁	奎	婁	胃	昴	畢	觜	参	井	鬼	鬼	柳	星	張	翼	
7月	軫	角	亢	氐	房	心	尾	箕	斗	女	虚	危	室	壁	奎	婁	胃	昴	畢	觜	参	井	鬼	柳	張	翼	軫	角	亢	氐	房
8月	心	尾	箕	斗	女	虚	危	室	壁	奎	婁	胃	昴	畢	觜	参	井	鬼	柳	星	張	翼	軫	張	翼	軫	角	亢	氐	房	心
9月	尾	箕	斗	女	虚	危	室	壁	奎	婁	胃	昴	畢	觜	参	井	鬼	柳	星	張	翼	角	亢	氐	房	心	尾	箕	斗	女	
10月	虚	危	室	壁	奎	婁	胃	昴	畢	觜	参	井	鬼	柳	星	張	翼	軫	角	亢	氐	氐	房	心	尾	箕	斗	女	虚	危	室
11月	壁	奎	婁	胃	昴	畢	觜	参	井	鬼	柳	星	張	翼	軫	角	亢	氐	房	心	心	尾	箕	斗	女	虚	危	室	壁	奎	
12月	婁	胃	昴	畢	觜	参	井	鬼	柳	星	張	翼	軫	角	亢	氐	房	心	尾	斗	女	虚	危	室	壁	奎	婁	胃	昴	畢	觜

2007年

	1	2	3	4	5	6	7	8	9	10	11	12	13	14	15	16	17	18	19	20	21	22	23	24	25	26	27	28	29	30	31
1月	参	井	鬼	柳	星	張	翼	軫	角	亢	氐	房	心	尾	箕	斗	女	虚	虚	危	室	壁	奎	婁	胃	昴	畢	觜	参	井	鬼
2月	柳	星	張	翼	軫	角	亢	氐	房	心	尾	箕	斗	女	虚	危	室	室	壁	奎	婁	胃	昴	畢	觜	参	井	鬼			
3月	柳	星	張	翼	軫	角	亢	氐	房	心	尾	箕	斗	女	虚	危	室	壁	奎	婁	胃	昴	畢	觜	参	井	鬼	柳	星	張	翼
4月	軫	角	亢	氐	房	心	尾	箕	斗	女	虚	危	室	壁	奎	婁	胃	昴	畢	觜	参	井	鬼	柳	星	張	翼	軫	角	亢	
5月	氐	房	心	尾	箕	斗	女	虚	危	室	壁	奎	婁	胃	昴	畢	畢	觜	参	井	鬼	柳	星	張	翼	軫	角	亢	氐	房	心
6月	尾	箕	斗	女	虚	危	室	壁	奎	婁	胃	昴	畢	觜	参	井	鬼	柳	星	張	翼	軫	角	亢	氐	房	心	尾	箕	斗	
7月	女	虚	危	室	壁	奎	婁	胃	昴	畢	觜	参	井	鬼	柳	星	張	翼	軫	角	亢	氐	房	心	尾	箕	斗	女	虚	危	室
8月	壁	奎	婁	胃	昴	畢	觜	参	井	鬼	柳	星	張	翼	軫	角	亢	氐	房	心	尾	箕	斗	女	虚	危	室	壁	奎	婁	胃
9月	昴	畢	觜	参	井	鬼	柳	星	張	翼	角	亢	氐	房	心	尾	箕	斗	女	虚	危	室	壁	奎	婁	胃	昴	畢	觜	参	
10月	井	鬼	柳	星	張	翼	軫	角	亢	氐	氐	房	心	尾	箕	斗	女	虚	危	室	壁	奎	婁	胃	昴	畢	觜	参	井	鬼	柳
11月	星	張	翼	軫	角	亢	氐	房	心	心	尾	箕	斗	女	虚	危	室	壁	奎	婁	胃	昴	畢	觜	参	井	鬼	柳	星	張	
12月	翼	軫	角	亢	氐	房	心	尾	箕	斗	女	虚	危	室	壁	奎	婁	胃	昴	畢	觜	参	井	鬼	柳	星	張	翼	軫	角	亢

2008年

	1	2	3	4	5	6	7	8	9	10	11	12	13	14	15	16	17	18	19	20	21	22	23	24	25	26	27	28	29	30	31
1月	氐	房	心	尾	箕	斗	女	虚	危	室	壁	奎	婁	胃	昴	畢	觜	参	井	鬼	柳	星	張	翼	軫	角	亢	氐	房	心	尾
2月	箕	斗	女	虚	危	室	室	壁	奎	婁	胃	昴	畢	觜	参	井	鬼	柳	星	張	翼	軫	角	亢	氐	房	心	尾	箕		
3月	斗	女	虚	危	室	壁	奎	奎	婁	胃	昴	畢	觜	参	井	鬼	柳	星	張	翼	軫	角	亢	氐	房	心	尾	箕	斗	女	虚
4月	危	室	壁	奎	婁	胃	昴	畢	觜	参	井	鬼	柳	星	張	翼	軫	角	亢	氐	房	心	尾	箕	斗	女	虚	危	室	壁	
5月	奎	婁	胃	昴	畢	觜	参	井	鬼	柳	星	張	翼	軫	角	亢	氐	房	心	尾	箕	斗	女	虚	危	室	壁	奎	婁	胃	昴
6月	畢	觜	参	参	井	鬼	柳	星	張	翼	軫	角	亢	氐	房	心	尾	箕	斗	女	虚	危	室	壁	奎	婁	胃	昴	畢	觜	
7月	参	井	鬼	柳	星	張	翼	軫	角	亢	氐	房	心	尾	箕	斗	女	虚	危	室	壁	奎	婁	胃	昴	畢	觜	参	井	鬼	柳
8月	張	翼	軫	角	亢	氐	房	心	尾	箕	斗	女	虚	危	室	壁	奎	婁	胃	昴	畢	觜	参	井	鬼	柳	星	張	翼	軫	角
9月	亢	氐	房	心	尾	箕	斗	女	虚	危	室	壁	奎	婁	胃	昴	畢	觜	参	井	鬼	柳	星	張	翼	軫	角	亢	氐	房	
10月	心	尾	箕	斗	女	虚	危	室	壁	奎	婁	胃	昴	畢	觜	参	井	鬼	柳	星	張	翼	軫	角	亢	氐	房	心	心	尾	箕
11月	斗	女	虚	危	室	壁	奎	婁	胃	昴	畢	觜	参	井	鬼	柳	星	張	翼	軫	角	亢	氐	房	心	尾	箕	斗	女	虚	
12月	危	室	壁	奎	婁	胃	昴	畢	觜	参	井	鬼	柳	星	張	翼	軫	角	亢	氐	房	心	尾	箕	斗	女	虚	危	室	壁	奎

2009年

	1	2	3	4	5	6	7	8	9	10	11	12	13	14	15	16	17	18	19	20	21	22	23	24	25	26	27	28	29	30	31
1月	婁	胃	昴	畢	觜	参	井	鬼	柳	星	張	翼	軫	角	亢	氐	房	心	尾	箕	斗	女	虚	危	室	室	壁	奎	婁	胃	昴
2月	畢	觜	参	井	鬼	柳	星	張	翼	軫	角	亢	氐	房	心	尾	箕	斗	女	虚	危	室	壁	奎	奎	婁	胃	昴			
3月	畢	觜	参	井	鬼	柳	星	張	翼	軫	角	亢	氐	房	心	尾	箕	斗	女	虚	危	室	壁	奎	婁	胃	胃	昴	畢	觜	参
4月	井	鬼	柳	星	張	翼	軫	角	亢	氐	房	心	尾	箕	斗	女	虚	危	室	壁	奎	婁	胃	昴	畢	觜	参	井	鬼	柳	
5月	星	張	翼	軫	角	亢	氐	房	心	尾	箕	斗	女	虚	危	室	壁	奎	婁	胃	昴	畢	觜	参	井	鬼	柳	星	張	翼	軫
6月	角	亢	氐	房	心	尾	箕	斗	女	虚	危	室	壁	奎	婁	胃	昴	畢	觜	参	井	鬼	参	井	鬼	柳	星	張	翼	軫	
7月	角	亢	氐	房	心	尾	箕	斗	女	虚	危	室	壁	奎	婁	胃	昴	畢	觜	参	井	鬼	柳	星	張	翼	軫	角	亢	氐	房
8月	心	尾	箕	斗	女	虚	危	室	壁	奎	婁	胃	昴	畢	觜	参	井	鬼	柳	張	翼	軫	角	亢	氐	房	心	尾	箕	斗	女
9月	虚	危	室	壁	奎	婁	胃	昴	畢	觜	参	井	鬼	柳	星	張	翼	軫	角	亢	氐	房	心	尾	箕	斗	女	虚	危	室	
10月	壁	奎	婁	胃	昴	畢	觜	参	井	鬼	柳	星	張	翼	軫	角	亢	氐	房	心	尾	箕	斗	女	虚	危	室	壁	奎	婁	胃
11月	昴	畢	觜	参	井	鬼	柳	星	張	翼	軫	角	亢	氐	房	心	心	尾	箕	斗	女	虚	危	室	壁	奎	婁	胃	昴	畢	
12月	觜	参	井	鬼	柳	星	張	翼	軫	角	亢	氐	房	心	尾	斗	女	虚	危	室	壁	奎	婁	胃	昴	畢	觜	参	井	鬼	柳

2010年

	1	2	3	4	5	6	7	8	9	10	11	12	13	14	15	16	17	18	19	20	21	22	23	24	25	26	27	28	29	30	31
1月	星	張	翼	軫	角	亢	氐	房	心	尾	箕	斗	女	虚	虚	危	室	壁	奎	婁	胃	昴	畢	觜	参	井	鬼	柳	星	張	翼
2月	軫	角	亢	氐	房	心	尾	箕	斗	女	虚	危	室	室	壁	奎	婁	胃	昴	畢	觜	参	井	鬼	柳	星	張	翼			
3月	軫	角	亢	氐	房	心	尾	箕	斗	女	虚	危	室	壁	奎	奎	婁	胃	昴	畢	觜	参	井	鬼	柳	星	張	翼	軫	角	亢
4月	氐	房	心	尾	箕	斗	女	虚	危	室	壁	奎	婁	胃	昴	畢	觜	参	井	鬼	柳	星	張	翼	軫	角	亢	氐	房	心	
5月	尾	箕	斗	女	虚	危	室	壁	奎	婁	胃	昴	畢	畢	觜	参	井	鬼	柳	星	張	翼	軫	角	亢	氐	房	心	尾	箕	斗
6月	女	虚	危	室	壁	奎	婁	胃	昴	畢	觜	参	井	鬼	柳	星	張	翼	軫	角	亢	氐	房	心	尾	箕	斗	女	虚	危	
7月	室	壁	奎	婁	胃	昴	畢	觜	参	井	鬼	鬼	柳	星	張	翼	軫	角	亢	氐	房	心	尾	箕	斗	女	虚	危	室	壁	奎
8月	婁	胃	昴	畢	觜	参	井	鬼	柳	張	翼	軫	角	亢	氐	房	心	尾	箕	斗	女	虚	危	室	壁	奎	婁	胃	昴	畢	觜
9月	参	井	鬼	柳	星	張	翼	角	亢	氐	房	心	尾	箕	斗	女	虚	危	室	壁	奎	婁	胃	昴	畢	觜	参	井	鬼	柳	
10月	星	張	翼	軫	角	亢	氐	氐	房	心	尾	箕	斗	女	虚	危	室	壁	奎	婁	胃	昴	畢	觜	参	井	鬼	柳	星	張	翼
11月	軫	角	亢	氐	房	心	尾	箕	斗	女	虚	危	室	壁	奎	婁	胃	昴	畢	觜	参	井	鬼	柳	星	張	翼	軫	角	亢	
12月	氐	房	心	尾	箕	斗	女	虚	危	室	壁	奎	婁	胃	昴	畢	觜	参	井	鬼	柳	星	張	翼	軫	角	亢	氐	房	心	尾

2011年

	1	2	3	4	5	6	7	8	9	10	11	12	13	14	15	16	17	18	19	20	21	22	23	24	25	26	27	28	29	30	31
1月	箕	斗	女	虚	危	室	壁	奎	婁	胃	昴	畢	觜	参	井	鬼	柳	星	張	翼	軫	角	亢	氐	房	心	尾	箕	斗	女	虚
2月	危	室	室	壁	奎	婁	胃	昴	畢	觜	参	井	鬼	柳	星	張	翼	軫	角	亢	氐	房	心	尾	箕	斗	女	虚			
3月	危	室	壁	奎	奎	婁	胃	昴	畢	觜	参	井	鬼	柳	星	張	翼	軫	角	亢	氐	房	心	尾	箕	斗	女	虚	危	室	壁
4月	奎	婁	胃	昴	畢	觜	参	井	鬼	柳	星	張	翼	軫	角	亢	氐	房	心	尾	箕	斗	女	虚	危	室	壁	奎	婁	胃	
5月	昴	畢	畢	觜	参	井	鬼	柳	星	張	翼	軫	角	亢	氐	房	心	尾	箕	斗	女	虚	危	室	壁	奎	婁	胃	昴	畢	觜
6月	参	参	井	鬼	柳	星	張	翼	軫	角	亢	氐	房	心	尾	箕	斗	女	虚	危	室	壁	奎	婁	胃	昴	畢	觜	参	井	
7月	鬼	柳	星	張	翼	軫	角	亢	氐	房	心	尾	箕	斗	女	虚	危	室	壁	奎	婁	胃	昴	畢	觜	参	井	鬼	柳	星	張
8月	翼	軫	角	亢	氐	房	心	尾	箕	斗	女	虚	危	室	壁	奎	婁	胃	昴	畢	觜	参	井	鬼	柳	星	張	翼	角	亢	氐
9月	房	心	尾	箕	斗	女	虚	危	室	壁	奎	婁	胃	昴	畢	觜	参	井	鬼	柳	星	張	翼	軫	角	亢	氐	房	心	尾	
10月	箕	斗	女	虚	危	室	壁	奎	婁	胃	昴	畢	觜	参	井	鬼	柳	星	張	翼	軫	角	亢	氐	房	心	心	尾	箕	斗	女
11月	虚	危	室	壁	奎	婁	胃	昴	畢	觜	参	井	鬼	柳	星	張	翼	軫	角	亢	氐	房	心	尾	斗	女	虚	危	室	壁	
12月	奎	婁	胃	昴	畢	觜	参	井	鬼	柳	星	張	翼	軫	角	亢	氐	房	心	尾	箕	斗	女	虚	虚	危	室	壁	奎	婁	胃

2012年

	1	2	3	4	5	6	7	8	9	10	11	12	13	14	15	16	17	18	19	20	21	22	23	24	25	26	27	28	29	30	31
1月	昴	畢	觜	参	井	鬼	柳	星	張	翼	軫	角	亢	氐	房	心	尾	箕	斗	女	虚	危	室	壁	奎	婁	胃	昴	畢	觜	参
2月	井	鬼	柳	星	張	翼	軫	角	亢	氐	房	心	尾	箕	斗	女	虚	危	室	壁	奎	奎	婁	胃	昴	畢	觜	参	井		
3月	鬼	柳	星	張	翼	軫	角	亢	氐	房	心	尾	箕	斗	女	虚	危	室	壁	奎	婁	胃	昴	畢	觜	参	井	鬼	柳	星	張
4月	翼	軫	角	亢	氐	房	心	尾	箕	斗	女	虚	危	室	壁	奎	婁	胃	昴	畢	胃	昴	畢	觜	参	井	鬼	柳	星	張	
5月	翼	軫	角	亢	氐	房	心	尾	箕	斗	女	虚	危	室	壁	奎	婁	胃	昴	畢	畢	觜	参	井	鬼	柳	星	張	翼	軫	角
6月	亢	氐	房	心	尾	箕	斗	女	虚	危	室	壁	奎	婁	胃	昴	畢	觜	参	参	井	鬼	柳	星	張	翼	軫	角	亢	氐	
7月	房	心	尾	箕	斗	女	虚	危	室	壁	奎	婁	胃	昴	畢	觜	参	井	鬼	柳	星	張	翼	軫	角	亢	氐	房	心	尾	箕
8月	斗	女	虚	危	室	壁	奎	婁	胃	昴	畢	觜	参	井	鬼	柳	星	張	翼	軫	角	亢	氐	房	心	尾	箕	斗	女	虚	危
9月	室	壁	奎	婁	胃	昴	畢	觜	参	井	鬼	柳	星	張	翼	角	亢	氐	房	心	尾	箕	斗	女	虚	危	室	壁	奎	婁	
10月	胃	昴	畢	觜	参	井	鬼	柳	星	張	翼	軫	角	亢	氐	房	心	尾	箕	斗	女	虚	危	室	壁	奎	婁	胃	昴	畢	觜
11月	参	井	鬼	柳	星	張	翼	軫	角	亢	氐	房	心	心	尾	箕	斗	女	虚	危	室	壁	奎	婁	胃	昴	畢	觜	参	井	
12月	鬼	柳	星	張	翼	軫	角	亢	氐	房	心	尾	斗	女	虚	危	室	壁	奎	婁	胃	昴	畢	觜	参	井	鬼	柳	星	張	翼

2013年

	1	2	3	4	5	6	7	8	9	10	11	12	13	14	15	16	17	18	19	20	21	22	23	24	25	26	27	28	29	30	31
1月	軫	角	亢	氐	房	心	尾	箕	斗	女	虚	虚	危	室	壁	奎	婁	胃	昴	畢	觜	参	井	鬼	柳	星	張	翼	軫	角	亢
2月	氐	房	心	尾	箕	斗	女	虚	危	室	壁	奎	婁	胃	昴	畢	觜	参	井	鬼	柳	星	張	翼	軫	角	亢	氐			
3月	房	心	尾	箕	斗	女	虚	危	室	壁	奎	奎	婁	胃	昴	畢	觜	参	井	鬼	柳	星	張	翼	軫	角	亢	氐	房	心	尾
4月	箕	斗	女	虚	危	室	壁	奎	婁	胃	昴	畢	觜	参	井	鬼	柳	星	張	翼	軫	角	亢	氐	房	心	尾	箕	斗	女	
5月	虚	危	室	壁	奎	婁	胃	昴	畢	畢	觜	参	井	鬼	柳	星	張	翼	軫	角	亢	氐	房	心	尾	箕	斗	女	虚	危	室
6月	壁	奎	婁	胃	昴	畢	觜	参	参	井	鬼	柳	星	張	翼	軫	角	亢	氐	房	心	尾	箕	斗	女	虚	危	室	壁	奎	
7月	婁	胃	昴	畢	觜	参	井	鬼	柳	星	張	翼	軫	角	亢	氐	房	心	尾	箕	斗	女	虚	危	室	壁	奎	婁	胃	昴	畢
8月	觜	参	井	鬼	柳	星	張	翼	軫	角	亢	氐	房	心	尾	箕	斗	女	虚	危	室	壁	奎	婁	胃	昴	畢	觜	参	井	鬼
9月	柳	星	張	翼	角	亢	氐	房	心	尾	箕	斗	女	虚	危	室	壁	奎	婁	胃	昴	畢	觜	参	井	鬼	柳	星	張	翼	
10月	軫	角	亢	氐	氐	房	心	尾	箕	斗	女	虚	危	室	壁	奎	婁	胃	昴	畢	觜	参	井	鬼	柳	星	張	翼	軫	角	亢
11月	氐	房	心	尾	箕	斗	女	虚	危	室	壁	奎	婁	胃	昴	畢	觜	参	井	鬼	柳	星	張	翼	軫	角	亢	氐	房	心	
12月	尾	箕	斗	女	虚	危	室	壁	奎	婁	胃	昴	畢	觜	参	井	鬼	柳	星	張	翼	軫	角	亢	氐	房	心	尾	箕	斗	女

2014年

	1	2	3	4	5	6	7	8	9	10	11	12	13	14	15	16	17	18	19	20	21	22	23	24	25	26	27	28	29	30	31
1月	虚	危	室	壁	奎	婁	胃	昴	畢	觜	参	井	鬼	柳	星	張	翼	軫	角	亢	氐	房	心	尾	箕	斗	女	虚	危	室	室
2月	壁	奎	婁	胃	昴	畢	觜	参	井	鬼	柳	星	張	翼	軫	角	亢	氐	房	心	尾	箕	斗	女	虚	危	室	壁			
3月	奎	婁	胃	昴	畢	觜	参	井	鬼	柳	星	張	翼	軫	角	亢	氐	房	心	尾	箕	斗	女	虚	危	室	壁	奎	婁	胃	胃
4月	昴	畢	觜	参	井	鬼	柳	星	張	翼	軫	角	亢	氐	房	心	尾	箕	斗	女	虚	危	室	壁	奎	婁	胃	昴	畢	觜	
5月	参	井	鬼	柳	星	張	翼	軫	角	亢	氐	房	心	尾	箕	斗	女	虚	危	室	壁	奎	婁	胃	昴	畢	觜	参	参	井	鬼
6月	柳	星	張	翼	軫	角	亢	氐	房	心	尾	箕	斗	女	虚	危	室	壁	奎	婁	胃	昴	畢	觜	参	井	鬼	柳	星	張	
7月	翼	軫	角	亢	氐	房	心	尾	箕	斗	女	虚	危	室	壁	奎	婁	胃	昴	畢	觜	参	井	鬼	柳	星	張	翼	軫	角	亢
8月	氐	房	心	尾	箕	斗	女	虚	危	室	壁	奎	婁	胃	昴	畢	觜	参	井	鬼	柳	星	張	翼	角	亢	氐	房	心	尾	箕
9月	斗	女	虚	危	室	壁	奎	婁	胃	昴	畢	觜	参	井	鬼	柳	星	張	翼	軫	角	亢	氐	氐	房	心	尾	箕	斗	女	
10月	虚	危	室	壁	奎	婁	胃	昴	畢	觜	参	井	鬼	柳	星	張	翼	軫	角	亢	氐	房	心	氐	房	心	尾	箕	斗	女	虚
11月	危	室	壁	奎	婁	胃	昴	畢	觜	参	井	鬼	柳	星	張	翼	軫	角	亢	氐	房	心	尾	箕	斗	女	虚	危	室	壁	
12月	奎	婁	胃	昴	畢	觜	参	井	鬼	柳	星	張	翼	軫	角	亢	氐	房	心	尾	箕	斗	女	虚	危	室	壁	奎	婁	胃	昴

2015年

	1	2	3	4	5	6	7	8	9	10	11	12	13	14	15	16	17	18	19	20	21	22	23	24	25	26	27	28	29	30	31
1月	畢	觜	参	井	鬼	柳	星	張	翼	軫	角	亢	氐	房	心	尾	箕	斗	女	虚	危	室	壁	奎	婁	胃	昴	畢	觜	参	井
2月	鬼	柳	星	張	翼	軫	角	亢	氐	房	心	尾	箕	斗	女	虚	危	室	室	壁	奎	婁	胃	昴	畢	觜	参	井			
3月	鬼	柳	星	張	翼	軫	角	亢	氐	房	心	尾	箕	斗	女	虚	危	室	壁	奎	婁	胃	昴	畢	觜	参	井	鬼	柳	星	張
4月	翼	軫	角	亢	氐	房	心	尾	箕	斗	女	虚	危	室	壁	奎	婁	胃	胃	昴	畢	觜	参	井	鬼	柳	星	張	翼	軫	
5月	角	亢	氐	房	心	尾	箕	斗	女	虚	危	室	壁	奎	婁	胃	昴	畢	觜	参	井	鬼	柳	星	張	翼	軫	角	亢	氐	房
6月	心	尾	箕	斗	女	虚	危	室	壁	奎	婁	胃	昴	畢	觜	参	井	鬼	柳	星	張	翼	軫	角	亢	氐	房	心	尾	箕	
7月	斗	女	虚	危	室	壁	奎	婁	胃	昴	畢	觜	参	井	鬼	鬼	柳	星	張	翼	軫	角	亢	氐	房	心	尾	箕	斗	女	虚
8月	危	室	壁	奎	婁	胃	昴	畢	觜	参	井	鬼	柳	張	翼	軫	角	亢	氐	房	心	尾	箕	斗	女	虚	危	室	壁	奎	婁
9月	胃	昴	畢	觜	参	井	鬼	柳	星	張	翼	軫	角	亢	氐	房	心	尾	箕	斗	女	虚	危	室	壁	奎	婁	胃	昴	畢	
10月	觜	参	井	鬼	柳	星	張	翼	軫	角	亢	氐	氐	房	心	尾	箕	斗	女	虚	危	室	壁	奎	婁	胃	昴	畢	觜	参	井
11月	鬼	柳	星	張	翼	軫	角	亢	氐	房	心	心	尾	箕	斗	女	虚	危	室	壁	奎	婁	胃	昴	畢	觜	参	井	鬼	柳	
12月	星	張	翼	軫	角	亢	氐	房	心	尾	斗	女	虚	危	室	壁	奎	婁	胃	昴	畢	觜	参	井	鬼	柳	星	張	翼	軫	角

2016年

	1	2	3	4	5	6	7	8	9	10	11	12	13	14	15	16	17	18	19	20	21	22	23	24	25	26	27	28	29	30	31
1月	亢	氐	房	心	尾	箕	斗	女	虚	虚	危	室	壁	奎	婁	胃	昴	畢	觜	参	井	鬼	柳	星	張	翼	軫	角	亢	氐	房
2月	心	尾	箕	斗	女	虚	危	室	壁	奎	婁	胃	昴	畢	觜	参	井	鬼	柳	星	張	翼	軫	角	亢	氐	房	心	尾		
3月	箕	斗	女	虚	危	室	壁	奎	奎	婁	胃	昴	畢	觜	参	井	鬼	柳	星	張	翼	軫	角	亢	氐	房	心	尾	箕	斗	女
4月	虚	危	室	壁	奎	婁	胃	昴	畢	觜	参	井	鬼	柳	星	張	翼	軫	角	亢	氐	房	心	尾	箕	斗	女	虚	危	室	
5月	壁	奎	婁	胃	昴	畢	畢	觜	参	井	鬼	柳	星	張	翼	軫	角	亢	氐	房	心	尾	箕	斗	女	虚	危	室	壁	奎	婁
6月	胃	昴	畢	觜	参	井	鬼	柳	星	張	翼	軫	角	亢	氐	房	心	尾	箕	斗	女	虚	危	室	壁	奎	婁	胃	昴	畢	
7月	觜	参	井	鬼	柳	星	張	翼	軫	角	亢	氐	房	心	尾	箕	斗	女	虚	危	室	壁	奎	婁	胃	昴	畢	觜	参	井	鬼
8月	柳	星	張	翼	軫	角	亢	氐	房	心	尾	箕	斗	女	虚	危	室	壁	奎	婁	胃	昴	畢	觜	参	井	鬼	柳	星	張	翼
9月	角	亢	氐	房	心	尾	箕	斗	女	虚	危	室	壁	奎	婁	胃	昴	畢	觜	参	井	鬼	柳	星	張	翼	軫	角	亢	氐	
10月	氐	房	心	尾	箕	斗	女	虚	危	室	壁	奎	婁	胃	昴	畢	觜	参	井	鬼	柳	星	張	翼	軫	角	亢	氐	房	心	心
11月	尾	箕	斗	女	虚	危	室	壁	奎	婁	胃	昴	畢	觜	参	井	鬼	柳	星	張	翼	軫	角	亢	氐	房	心	尾	斗	女	
12月	虚	危	室	壁	奎	婁	胃	昴	畢	觜	参	井	鬼	柳	星	張	翼	軫	角	亢	氐	房	心	尾	箕	斗	女	虚	虚	危	室

2017年

	1	2	3	4	5	6	7	8	9	10	11	12	13	14	15	16	17	18	19	20	21	22	23	24	25	26	27	28	29	30	31
1月	壁	奎	婁	胃	昴	畢	觜	参	井	鬼	柳	星	張	翼	軫	角	亢	氐	房	心	尾	箕	斗	女	虚	危	室	室	壁	奎	婁
2月	胃	昴	畢	觜	参	井	鬼	柳	星	張	翼	軫	角	亢	氐	房	心	尾	箕	斗	女	虚	危	室	壁	奎	婁	胃			
3月	昴	畢	觜	参	井	鬼	柳	星	張	翼	軫	角	亢	氐	房	心	尾	箕	斗	女	虚	危	室	壁	奎	婁	胃	胃	昴	畢	觜
4月	参	井	鬼	柳	星	張	翼	軫	角	亢	氐	房	心	尾	箕	斗	女	虚	危	室	壁	奎	婁	胃	昴	畢	觜	参	井	鬼	
5月	柳	星	張	翼	軫	角	亢	氐	房	心	尾	箕	斗	女	虚	危	室	壁	奎	婁	胃	昴	畢	觜	参	参	井	鬼	柳	星	張
6月	翼	軫	角	亢	氐	房	心	尾	箕	斗	女	虚	危	室	壁	奎	婁	胃	昴	畢	觜	参	井	参	井	鬼	柳	星	張	翼	
7月	軫	角	亢	氐	房	心	尾	箕	斗	女	虚	危	室	壁	奎	婁	胃	昴	畢	觜	参	井	鬼	柳	星	張	翼	軫	角	亢	氐
8月	房	心	尾	箕	斗	女	虚	危	室	壁	奎	婁	胃	昴	畢	觜	参	井	鬼	柳	星	張	翼	軫	角	亢	氐	房	心	尾	箕
9月	斗	女	虚	危	室	壁	奎	婁	胃	昴	畢	觜	参	井	鬼	柳	星	張	翼	角	亢	氐	房	心	尾	箕	斗	女	虚	危	
10月	室	壁	奎	婁	胃	昴	畢	觜	参	井	鬼	柳	星	張	翼	軫	角	亢	氐	氐	房	心	尾	箕	斗	女	虚	危	室	壁	奎
11月	婁	胃	昴	畢	觜	参	井	鬼	柳	星	張	翼	軫	角	亢	氐	房	心	尾	箕	斗	女	虚	危	室	壁	奎	婁	胃	昴	
12月	畢	觜	参	井	鬼	柳	星	張	翼	軫	角	亢	氐	房	心	尾	箕	斗	女	虚	危	室	壁	奎	婁	胃	昴	畢	觜	参	井

2018年

	1	2	3	4	5	6	7	8	9	10	11	12	13	14	15	16	17	18	19	20	21	22	23	24	25	26	27	28	29	30	31
1月	鬼	柳	星	張	翼	軫	角	亢	氐	房	心	尾	箕	斗	女	虚	虚	危	室	壁	奎	婁	胃	昴	畢	觜	参	井	鬼	柳	星
2月	張	翼	軫	角	亢	氐	房	心	尾	箕	斗	女	虚	危	室	室	壁	奎	婁	胃	昴	畢	觜	参	井	鬼	柳	星			
3月	張	翼	軫	角	亢	氐	房	心	尾	箕	斗	女	虚	危	室	壁	奎	婁	胃	昴	畢	觜	参	井	鬼	柳	星	張	翼	軫	角
4月	亢	氐	房	心	尾	箕	斗	女	虚	危	室	壁	奎	婁	胃	胃	昴	畢	觜	参	井	鬼	柳	星	張	翼	軫	角	亢	氐	
5月	房	心	尾	箕	斗	女	虚	危	室	壁	奎	婁	胃	昴	畢	觜	参	井	鬼	柳	星	張	翼	軫	角	亢	氐	房	心	尾	箕
6月	斗	女	虚	危	室	壁	奎	婁	胃	昴	畢	觜	参	参	井	鬼	柳	星	張	翼	軫	角	亢	氐	房	心	尾	箕	斗	女	
7月	虚	危	室	壁	奎	婁	胃	昴	畢	觜	参	井	鬼	柳	星	張	翼	軫	角	亢	氐	房	心	尾	箕	斗	女	虚	危	室	壁
8月	奎	婁	胃	昴	畢	觜	参	井	鬼	柳	張	翼	軫	角	亢	氐	房	心	尾	箕	斗	女	虚	危	室	壁	奎	婁	胃	昴	畢
9月	觜	参	井	鬼	柳	星	張	翼	軫	角	亢	氐	房	心	尾	箕	斗	女	虚	危	室	壁	奎	婁	胃	昴	畢	觜	参	井	
10月	鬼	柳	星	張	翼	軫	角	亢	氐	房	心	尾	箕	斗	女	虚	危	室	壁	奎	婁	胃	昴	畢	觜	参	井	鬼	柳	星	張
11月	翼	軫	角	亢	氐	房	心	心	尾	箕	斗	女	虚	危	室	壁	奎	婁	胃	昴	畢	觜	参	井	鬼	柳	星	張	翼	軫	
12月	角	亢	氐	房	心	尾	斗	女	虚	危	室	壁	奎	婁	胃	昴	畢	觜	参	井	鬼	柳	星	張	翼	軫	角	亢	氐	房	心

2019年

	1	2	3	4	5	6	7	8	9	10	11	12	13	14	15	16	17	18	19	20	21	22	23	24	25	26	27	28	29	30	31
1月	尾	箕	斗	女	虚	虚	危	室	壁	奎	婁	胃	昴	畢	觜	参	井	鬼	柳	星	張	翼	軫	角	亢	氐	房	心	尾	箕	斗
2月	女	虚	危	室	室	壁	奎	婁	胃	昴	畢	觜	参	井	鬼	柳	星	張	翼	軫	角	亢	氐	房	心	尾	箕	斗			
3月	女	虚	危	室	壁	奎	奎	婁	胃	昴	畢	觜	参	井	鬼	柳	星	張	翼	軫	角	亢	氐	房	心	尾	箕	斗	女	虚	危
4月	室	壁	奎	婁	胃	昴	畢	觜	参	井	鬼	柳	星	張	翼	軫	角	亢	氐	房	心	尾	箕	斗	女	虚	危	室	壁	奎	
5月	婁	胃	昴	畢	畢	觜	参	井	鬼	柳	星	張	翼	軫	角	亢	氐	房	心	尾	箕	斗	女	虚	危	室	壁	奎	婁	胃	昴
6月	畢	觜	参	井	鬼	柳	星	張	翼	軫	角	亢	氐	房	心	尾	箕	斗	女	虚	危	室	壁	奎	婁	胃	昴	畢	觜	参	
7月	井	鬼	鬼	柳	星	張	翼	軫	角	亢	氐	房	心	尾	箕	斗	女	虚	危	室	壁	奎	婁	胃	昴	畢	觜	参	井	鬼	柳
8月	張	翼	軫	角	亢	氐	房	心	尾	箕	斗	女	虚	危	室	壁	奎	婁	胃	昴	畢	觜	参	井	鬼	柳	星	張	翼	角	亢
9月	氐	房	心	尾	箕	斗	女	虚	危	室	壁	奎	婁	胃	昴	畢	觜	参	井	鬼	柳	星	張	翼	軫	角	亢	氐	氐	房	
10月	心	尾	箕	斗	女	虚	危	室	壁	奎	婁	胃	昴	畢	觜	参	井	鬼	柳	星	張	翼	軫	角	亢	氐	房	心	尾	箕	斗
11月	女	虚	危	室	壁	奎	婁	胃	昴	畢	觜	参	井	鬼	柳	星	張	翼	軫	角	亢	氐	房	心	尾	箕	斗	女	虚	危	
12月	室	壁	奎	婁	胃	昴	畢	觜	参	井	鬼	柳	星	張	翼	軫	角	亢	氐	房	心	尾	箕	斗	女	虚	危	室	壁	奎	婁

2020年

	1	2	3	4	5	6	7	8	9	10	11	12	13	14	15	16	17	18	19	20	21	22	23	24	25	26	27	28	29	30	31
1月	胃	昴	畢	觜	参	井	鬼	柳	星	張	翼	軫	角	亢	氐	房	心	尾	箕	斗	女	虚	危	室	室	壁	奎	婁	胃	昴	畢
2月	觜	参	井	鬼	柳	星	張	翼	軫	角	亢	氐	房	心	尾	箕	斗	女	虚	危	室	壁	奎	奎	婁	胃	昴	畢	觜		
3月	参	井	鬼	柳	星	張	翼	軫	角	亢	氐	房	心	尾	箕	斗	女	虚	危	室	壁	奎	婁	胃	昴	畢	觜	参	井	鬼	柳
4月	星	張	翼	軫	角	亢	氐	房	心	尾	箕	斗	女	虚	危	室	壁	奎	婁	胃	昴	畢	畢	觜	参	井	鬼	柳	星	張	
5月	翼	軫	角	亢	氐	房	心	尾	箕	斗	女	虚	危	室	壁	奎	婁	胃	昴	畢	觜	参	畢	觜	参	井	鬼	柳	星	張	翼
6月	軫	角	亢	氐	房	心	尾	箕	斗	女	虚	危	室	壁	奎	婁	胃	昴	畢	觜	参	井	鬼	柳	星	張	翼	軫	角	亢	
7月	氐	房	心	尾	箕	斗	女	虚	危	室	壁	奎	婁	胃	昴	畢	觜	参	井	鬼	鬼	柳	星	張	翼	軫	角	亢	氐	房	心
8月	尾	箕	斗	女	虚	危	室	壁	奎	婁	胃	昴	畢	觜	参	井	鬼	柳	張	翼	軫	角	亢	氐	房	心	尾	箕	斗	女	虚
9月	危	室	壁	奎	婁	胃	昴	畢	觜	参	井	鬼	柳	星	張	翼	角	亢	氐	房	心	尾	箕	斗	女	虚	危	室	壁	奎	
10月	婁	胃	昴	畢	觜	参	井	鬼	柳	星	張	翼	軫	角	亢	氐	氐	房	心	尾	箕	斗	女	虚	危	室	壁	奎	婁	胃	昴
11月	畢	觜	参	井	鬼	柳	星	張	翼	軫	角	亢	氐	房	心	尾	箕	斗	女	虚	危	室	壁	奎	婁	胃	昴	畢	觜	参	
12月	井	鬼	柳	星	張	翼	軫	角	亢	氐	房	心	尾	箕	斗	女	虚	危	室	壁	奎	婁	胃	昴	畢	觜	参	井	鬼	柳	星

2021年

	1	2	3	4	5	6	7	8	9	10	11	12	13	14	15	16	17	18	19	20	21	22	23	24	25	26	27	28	29	30	31
1月	張	翼	軫	角	亢	氐	房	心	尾	箕	斗	女	虚	危	室	壁	奎	婁	胃	昴	畢	觜	参	井	鬼	柳	星	張	翼	軫	角
2月	亢	氐	房	心	尾	箕	斗	女	虚	危	室	室	壁	奎	婁	胃	昴	畢	觜	参	井	鬼	柳	星	張	翼	軫	角			
3月	亢	氐	房	心	尾	箕	斗	女	虚	危	室	壁	奎	婁	胃	昴	畢	觜	参	井	鬼	柳	星	張	翼	軫	角	亢	氐	房	心
4月	尾	箕	斗	女	虚	危	室	壁	奎	婁	胃	胃	昴	畢	觜	参	井	鬼	柳	星	張	翼	軫	角	亢	氐	房	心	尾	箕	
5月	斗	女	虚	危	室	壁	奎	婁	胃	昴	畢	畢	觜	参	井	鬼	柳	星	張	翼	軫	角	亢	氐	房	心	尾	箕	斗	女	虚
6月	危	室	壁	奎	婁	胃	昴	畢	觜	参	井	鬼	柳	星	張	翼	軫	角	亢	氐	房	心	尾	箕	斗	女	虚	危	室	壁	
7月	奎	婁	胃	昴	畢	觜	参	井	鬼	鬼	柳	星	張	翼	軫	角	亢	氐	房	心	尾	箕	斗	女	虚	危	室	壁	奎	婁	胃
8月	昴	畢	觜	参	井	鬼	柳	張	翼	軫	角	亢	氐	房	心	尾	箕	斗	女	虚	危	室	壁	奎	婁	胃	昴	畢	觜	参	井
9月	鬼	柳	星	張	翼	軫	角	亢	氐	房	心	尾	箕	斗	女	虚	危	室	壁	奎	婁	胃	昴	畢	觜	参	井	鬼	柳	星	
10月	張	翼	軫	角	亢	氐	房	心	尾	箕	斗	女	虚	危	室	壁	奎	婁	胃	昴	畢	觜	参	井	鬼	柳	星	張	翼	軫	角
11月	亢	氐	房	心	心	尾	箕	斗	女	虚	危	室	壁	奎	婁	胃	昴	畢	觜	参	井	鬼	柳	星	張	翼	軫	角	亢	氐	
12月	房	心	尾	斗	女	虚	危	室	壁	奎	婁	胃	昴	畢	觜	参	井	鬼	柳	星	張	翼	軫	角	亢	氐	房	心	尾	箕	斗

2022年

	1	2	3	4	5	6	7	8	9	10	11	12	13	14	15	16	17	18	19	20	21	22	23	24	25	26	27	28	29	30	31
1月	女	虚	虚	危	室	壁	奎	婁	胃	昴	畢	觜	参	井	鬼	柳	星	張	翼	軫	角	亢	氐	房	心	尾	箕	斗	女	虚	危
2月	室	壁	奎	婁	胃	昴	畢	觜	参	井	鬼	柳	星	張	翼	軫	角	亢	氐	房	心	尾	箕	斗	女	虚	危	室			
3月	壁	奎	奎	婁	胃	昴	畢	觜	参	井	鬼	柳	星	張	翼	軫	角	亢	氐	房	心	尾	箕	斗	女	虚	危	室	壁	奎	婁
4月	胃	昴	畢	觜	参	井	鬼	柳	星	張	翼	軫	角	亢	氐	房	心	尾	箕	斗	女	虚	危	室	壁	奎	婁	胃	昴	畢	
5月	畢	觜	参	井	鬼	柳	星	張	翼	軫	角	亢	氐	房	心	尾	箕	斗	女	虚	危	室	壁	奎	婁	胃	昴	畢	觜	参	井
6月	鬼	柳	星	張	翼	軫	角	亢	氐	房	心	尾	箕	斗	女	虚	危	室	壁	奎	婁	胃	昴	畢	觜	参	井	鬼	鬼	柳	
7月	星	張	翼	軫	角	亢	氐	房	心	尾	箕	斗	女	虚	危	室	壁	奎	婁	胃	昴	畢	觜	参	井	鬼	柳	張	張	翼	軫
8月	角	亢	氐	房	心	尾	箕	斗	女	虚	危	室	壁	奎	婁	胃	昴	畢	觜	参	井	鬼	柳	星	張	翼	角	亢	氐	房	心
9月	尾	箕	斗	女	虚	危	室	壁	奎	婁	胃	昴	畢	觜	参	井	鬼	柳	星	張	翼	軫	角	亢	氐	氐	房	心	尾	箕	
10月	斗	女	虚	危	室	壁	奎	婁	胃	昴	畢	觜	参	井	鬼	柳	星	張	翼	軫	角	亢	氐	房	心	尾	箕	斗	女	虚	危
11月	室	壁	奎	婁	胃	昴	畢	觜	参	井	鬼	柳	星	張	翼	軫	角	亢	氐	房	心	尾	箕	斗	女	虚	危	室	壁	奎	
12月	婁	胃	昴	畢	觜	参	井	鬼	柳	星	張	翼	軫	角	亢	氐	房	心	尾	箕	斗	女	虚	危	室	壁	奎	婁	胃	昴	畢

2023年

	1	2	3	4	5	6	7	8	9	10	11	12	13	14	15	16	17	18	19	20	21	22	23	24	25	26	27	28	29	30	31
1月	觜	参	井	鬼	柳	星	張	翼	軫	角	亢	氐	房	心	尾	箕	斗	女	虚	危	室	室	壁	奎	婁	胃	昴	畢	觜	参	井
2月	鬼	柳	星	張	翼	軫	角	亢	氐	房	心	尾	箕	斗	女	虚	危	室	壁	奎	婁	胃	昴	畢	觜	参	井	鬼			
3月	柳	星	張	翼	軫	角	亢	氐	房	心	尾	箕	斗	女	虚	危	室	壁	奎	婁	胃	奎	婁	胃	昴	畢	觜	参	井	鬼	柳
4月	星	張	翼	軫	角	亢	氐	房	心	尾	箕	斗	女	虚	危	室	壁	奎	婁	胃	昴	畢	觜	参	井	鬼	柳	星	張	翼	
5月	軫	角	亢	氐	房	心	尾	箕	斗	女	虚	危	室	壁	奎	婁	胃	昴	畢	畢	觜	参	井	鬼	柳	星	張	翼	軫	角	亢
6月	氐	房	心	尾	箕	斗	女	虚	危	室	壁	奎	婁	胃	昴	畢	觜	参	井	鬼	柳	星	張	翼	軫	角	亢	氐	房	心	
7月	尾	箕	斗	女	虚	危	室	壁	奎	婁	胃	昴	畢	觜	参	井	鬼	鬼	柳	星	張	翼	軫	角	亢	氐	房	心	尾	箕	斗
8月	女	虚	危	室	壁	奎	婁	胃	昴	畢	觜	参	井	鬼	柳	張	翼	軫	角	亢	氐	房	心	尾	箕	斗	女	虚	危	室	壁
9月	奎	婁	胃	昴	畢	觜	参	井	鬼	柳	星	張	翼	軫	角	亢	氐	房	心	尾	箕	斗	女	虚	危	室	壁	奎	婁	胃	
10月	昴	畢	觜	参	井	鬼	柳	星	張	翼	軫	角	亢	氐	氐	房	心	尾	箕	斗	女	虚	危	室	壁	奎	婁	胃	昴	畢	觜
11月	参	井	鬼	柳	星	張	翼	軫	角	亢	氐	房	心	尾	箕	斗	女	虚	危	室	壁	奎	婁	胃	昴	畢	觜	参	井	鬼	
12月	柳	星	張	翼	軫	角	亢	氐	房	心	尾	箕	斗	女	虚	危	室	壁	奎	婁	胃	昴	畢	觜	参	井	鬼	柳	星	張	翼

2024年

	1	2	3	4	5	6	7	8	9	10	11	12	13	14	15	16	17	18	19	20	21	22	23	24	25	26	27	28	29	30	31
1月	軫	角	亢	氐	房	心	尾	箕	斗	女	虚	危	室	壁	奎	婁	胃	昴	畢	觜	参	井	鬼	柳	星	張	翼	軫	角	亢	氐
2月	房	心	尾	箕	斗	女	虚	危	室	室	壁	奎	婁	胃	昴	畢	觜	参	井	鬼	柳	星	張	翼	軫	角	亢	氐	房		
3月	心	尾	箕	斗	女	虚	危	室	壁	奎	婁	胃	昴	畢	觜	参	井	鬼	柳	星	張	翼	軫	角	亢	氐	房	心	尾	箕	斗
4月	女	虚	危	室	壁	奎	婁	胃	胃	昴	畢	觜	参	井	鬼	柳	星	張	翼	軫	角	亢	氐	房	心	尾	箕	斗	女	虚	
5月	危	室	壁	奎	婁	胃	昴	畢	觜	参	井	鬼	柳	星	張	翼	軫	角	亢	氐	房	心	尾	箕	斗	女	虚	危	室	壁	奎
6月	婁	胃	昴	畢	觜	参	井	鬼	柳	星	張	翼	軫	角	亢	氐	房	心	尾	箕	斗	女	虚	危	室	壁	奎	婁	胃	昴	
7月	畢	觜	参	井	鬼	鬼	柳	星	張	翼	軫	角	亢	氐	房	心	尾	箕	斗	女	虚	危	室	壁	奎	婁	胃	昴	畢	觜	参
8月	井	鬼	柳	張	翼	軫	角	亢	氐	房	心	尾	箕	斗	女	虚	危	室	壁	奎	婁	胃	昴	畢	觜	参	井	鬼	柳	星	張
9月	翼	軫	角	亢	氐	房	心	尾	箕	斗	女	虚	危	室	壁	奎	婁	胃	昴	畢	觜	参	井	鬼	柳	星	張	翼	軫	角	
10月	亢	氐	氐	房	心	尾	箕	斗	女	虚	危	室	壁	奎	婁	胃	昴	畢	觜	参	井	鬼	柳	星	張	翼	軫	角	亢	氐	房
11月	心	尾	箕	斗	女	虚	危	室	壁	奎	婁	胃	昴	畢	觜	参	井	鬼	柳	星	張	翼	軫	角	亢	氐	房	心	尾	箕	
12月	斗	女	虚	危	室	壁	奎	婁	胃	昴	畢	觜	参	井	鬼	柳	星	張	翼	軫	角	亢	氐	房	心	尾	箕	斗	女	虚	虚

2025年

	1	2	3	4	5	6	7	8	9	10	11	12	13	14	15	16	17	18	19	20	21	22	23	24	25	26	27	28	29	30	31
1月	危	室	壁	奎	婁	胃	昴	畢	觜	参	井	鬼	柳	星	張	翼	軫	角	亢	氐	房	心	尾	箕	斗	女	虚	危	室	壁	奎
2月	婁	胃	昴	畢	觜	参	井	鬼	柳	星	張	翼	軫	角	亢	氐	房	心	尾	箕	斗	女	虚	危	室	壁	奎	奎			
3月	婁	胃	昴	畢	觜	参	井	鬼	柳	星	張	翼	軫	角	亢	氐	房	心	尾	箕	斗	女	虚	危	室	壁	奎	婁	胃	昴	畢
4月	觜	参	井	鬼	柳	星	張	翼	軫	角	亢	氐	房	心	尾	箕	斗	女	虚	危	室	壁	奎	婁	胃	昴	畢	畢	觜	参	
5月	井	鬼	柳	星	張	翼	軫	角	亢	氐	房	心	尾	箕	斗	女	虚	危	室	壁	奎	婁	胃	昴	畢	觜	参	井	鬼	柳	星
6月	張	翼	軫	角	亢	氐	房	心	尾	箕	斗	女	虚	危	室	壁	奎	婁	胃	昴	畢	觜	参	井	鬼	柳	星	張	翼	軫	
7月	角	亢	氐	房	心	尾	箕	斗	女	虚	危	室	壁	奎	婁	胃	昴	畢	觜	参	井	鬼	柳	星	鬼	柳	星	張	翼	軫	角
8月	亢	氐	房	心	尾	箕	斗	女	虚	危	室	壁	奎	婁	胃	昴	畢	觜	参	井	鬼	柳	張	翼	軫	角	亢	氐	房	心	尾
9月	箕	斗	女	虚	危	室	壁	奎	婁	胃	昴	畢	觜	参	井	鬼	柳	星	張	翼	軫	角	亢	氐	房	心	尾	箕	斗	女	
10月	虚	危	室	壁	奎	婁	胃	昴	畢	觜	参	井	鬼	柳	星	張	翼	軫	角	亢	氐	房	心	尾	箕	斗	女	虚	危	室	壁
11月	奎	婁	胃	昴	畢	觜	参	井	鬼	柳	星	張	翼	軫	角	亢	氐	房	心	心	尾	箕	斗	女	虚	危	室	壁	奎	婁	
12月	胃	昴	畢	觜	参	井	鬼	柳	星	張	翼	軫	角	亢	氐	房	心	尾	箕	斗	女	虚	危	室	壁	奎	婁	胃	昴	畢	觜

2026年

	1	2	3	4	5	6	7	8	9	10	11	12	13	14	15	16	17	18	19	20	21	22	23	24	25	26	27	28	29	30	31
1月	参	井	鬼	柳	星	張	翼	軫	角	亢	氐	房	心	尾	箕	斗	女	虚	虚	危	室	壁	奎	婁	胃	昴	畢	觜	参	井	鬼
2月	柳	星	張	翼	軫	角	亢	氐	房	心	尾	箕	斗	女	虚	危	室	壁	奎	婁	胃	昴	畢	觜	参	井	鬼	柳			
3月	星	張	翼	軫	角	亢	氐	房	心	尾	箕	斗	女	虚	危	室	壁	奎	奎	婁	胃	昴	畢	觜	参	井	鬼	柳	星	張	翼
4月	軫	角	亢	氐	房	心	尾	箕	斗	女	虚	危	室	壁	奎	婁	胃	昴	畢	觜	参	井	鬼	柳	星	張	翼	軫	角	亢	
5月	氐	房	心	尾	箕	斗	女	虚	危	室	壁	奎	婁	胃	昴	畢	畢	觜	参	井	鬼	柳	星	張	翼	軫	角	亢	氐	房	心
6月	尾	箕	斗	女	虚	危	室	壁	奎	婁	胃	昴	畢	觜	参	井	鬼	柳	星	張	翼	軫	角	亢	氐	房	心	尾	箕	斗	
7月	女	虚	危	室	壁	奎	婁	胃	昴	畢	觜	参	井	鬼	柳	星	張	翼	軫	角	亢	氐	房	心	尾	箕	斗	女	虚	危	室
8月	壁	奎	婁	胃	昴	畢	觜	参	井	鬼	柳	星	張	翼	軫	角	亢	氐	房	心	尾	箕	斗	女	虚	危	室	壁	奎	婁	胃
9月	昴	畢	觜	参	井	鬼	柳	星	張	翼	角	亢	氐	房	心	尾	箕	斗	女	虚	危	室	壁	奎	婁	胃	昴	畢	觜	参	
10月	井	鬼	柳	星	張	翼	軫	角	亢	氐	氐	房	心	尾	箕	斗	女	虚	危	室	壁	奎	婁	胃	昴	畢	觜	参	井	鬼	柳
11月	星	張	翼	軫	角	亢	氐	房	心	尾	箕	斗	女	虚	危	室	壁	奎	婁	胃	昴	畢	觜	参	井	鬼	柳	星	張	翼	
12月	軫	角	亢	氐	房	心	尾	箕	斗	女	虚	危	室	壁	奎	婁	胃	昴	畢	觜	参	井	鬼	柳	星	張	翼	軫	角	亢	氐

2027年

	1	2	3	4	5	6	7	8	9	10	11	12	13	14	15	16	17	18	19	20	21	22	23	24	25	26	27	28	29	30	31
1月	房	心	尾	箕	斗	女	虚	虚	危	室	壁	奎	婁	胃	昴	畢	觜	参	井	鬼	柳	星	張	翼	軫	角	亢	氐	房	心	尾
2月	箕	斗	女	虚	危	室	室	壁	奎	婁	胃	昴	畢	觜	参	井	鬼	柳	星	張	翼	軫	角	亢	氐	房	心	尾			
3月	箕	斗	女	虚	危	室	壁	奎	婁	胃	昴	畢	觜	参	井	鬼	柳	星	張	翼	軫	角	亢	氐	房	心	尾	箕	斗	女	虚
4月	危	室	壁	奎	婁	胃	胃	昴	畢	觜	参	井	鬼	柳	星	張	翼	軫	角	亢	氐	房	心	尾	箕	斗	女	虚	危	室	
5月	壁	奎	婁	胃	昴	畢	觜	参	井	鬼	柳	星	張	翼	軫	角	亢	氐	房	心	尾	箕	斗	女	虚	危	室	壁	奎	婁	胃
6月	昴	畢	觜	参	参	井	鬼	柳	星	張	翼	軫	角	亢	氐	房	心	尾	箕	斗	女	虚	危	室	壁	奎	婁	胃	昴	畢	
7月	觜	参	井	鬼	柳	星	張	翼	軫	角	亢	氐	房	心	尾	箕	斗	女	虚	危	室	壁	奎	婁	胃	昴	畢	觜	参	井	鬼
8月	柳	張	翼	軫	角	亢	氐	房	心	尾	箕	斗	女	虚	危	室	壁	奎	婁	胃	昴	畢	觜	参	井	鬼	柳	星	張	翼	軫
9月	角	亢	氐	房	心	尾	箕	斗	女	虚	危	室	壁	奎	婁	胃	昴	畢	觜	参	井	鬼	柳	星	張	翼	軫	角	亢	氐	
10月	房	心	尾	箕	斗	女	虚	危	室	壁	奎	婁	胃	昴	畢	觜	参	井	鬼	柳	星	張	翼	軫	角	亢	氐	房	心	尾	箕
11月	斗	女	虚	危	室	壁	奎	婁	胃	昴	畢	觜	参	井	鬼	柳	星	張	翼	軫	角	亢	氐	房	心	尾	箕	斗	女	虚	
12月	危	室	壁	奎	婁	胃	昴	畢	觜	参	井	鬼	柳	星	張	翼	軫	角	亢	氐	房	心	尾	箕	斗	女	虚	虚	危	室	壁

2028年

	1	2	3	4	5	6	7	8	9	10	11	12	13	14	15	16	17	18	19	20	21	22	23	24	25	26	27	28	29	30	31
1月	奎	婁	胃	昴	畢	觜	参	井	鬼	柳	星	張	翼	軫	角	亢	氐	房	心	尾	箕	斗	女	虚	危	室	室	壁	奎	婁	胃
2月	昴	畢	觜	参	井	鬼	柳	星	張	翼	軫	角	亢	氐	房	心	尾	箕	斗	女	虚	危	室	壁	奎	婁	胃	昴	畢		
3月	觜	参	井	鬼	柳	星	張	翼	軫	角	亢	氐	房	心	尾	箕	斗	女	虚	危	室	壁	奎	婁	胃	胃	昴	畢	觜	参	井
4月	鬼	柳	星	張	翼	軫	角	亢	氐	房	心	尾	箕	斗	女	虚	危	室	壁	奎	婁	胃	昴	畢	畢	觜	参	井	鬼	柳	
5月	星	張	翼	軫	角	亢	氐	房	心	尾	箕	斗	女	虚	危	室	壁	奎	婁	胃	昴	畢	觜	参	井	鬼	柳	星	張	翼	軫
6月	角	亢	氐	房	心	尾	箕	斗	女	虚	危	室	壁	奎	婁	胃	昴	畢	觜	参	井	鬼	参	井	鬼	柳	星	張	翼	軫	
7月	角	亢	氐	房	心	尾	箕	斗	女	虚	危	室	壁	奎	婁	胃	昴	畢	觜	参	井	鬼	柳	星	張	翼	軫	角	亢	氐	房
8月	心	尾	箕	斗	女	虚	危	室	壁	奎	婁	胃	昴	畢	觜	参	井	鬼	柳	張	翼	軫	角	亢	氐	房	心	尾	箕	斗	女
9月	虚	危	室	壁	奎	婁	胃	昴	畢	觜	参	井	鬼	柳	星	張	翼	軫	角	亢	氐	房	心	尾	箕	斗	女	虚	危	室	
10月	壁	奎	婁	胃	昴	畢	觜	参	井	鬼	柳	星	張	翼	軫	角	亢	氐	房	心	尾	箕	斗	女	虚	危	室	壁	奎	婁	胃
11月	昴	畢	觜	参	井	鬼	柳	星	張	翼	軫	角	亢	氐	房	心	尾	箕	斗	女	虚	危	室	壁	奎	婁	胃	昴	畢	觜	
12月	参	井	鬼	柳	星	張	翼	軫	角	亢	氐	房	心	尾	箕	斗	女	虚	危	室	壁	奎	婁	胃	昴	畢	觜	参	井	鬼	柳

2029年

	1	2	3	4	5	6	7	8	9	10	11	12	13	14	15	16	17	18	19	20	21	22	23	24	25	26	27	28	29	30	31
1月	星	張	翼	軫	角	亢	氐	房	心	尾	箕	斗	女	虚	虚	危	室	壁	奎	婁	胃	昴	畢	觜	参	井	鬼	柳	星	張	翼
2月	軫	角	亢	氐	房	心	尾	箕	斗	女	虚	危	室	壁	奎	婁	胃	昴	畢	觜	参	井	鬼	柳	星	張	翼	軫			
3月	角	亢	氐	房	心	尾	箕	斗	女	虚	危	室	壁	奎	奎	婁	胃	昴	畢	觜	参	井	鬼	柳	星	張	翼	軫	角	亢	氐
4月	房	心	尾	箕	斗	女	虚	危	室	壁	奎	婁	胃	胃	昴	畢	觜	参	井	鬼	柳	星	張	翼	軫	角	亢	氐	房	心	
5月	尾	箕	斗	女	虚	危	室	壁	奎	婁	胃	昴	畢	觜	参	井	鬼	柳	星	張	翼	軫	角	亢	氐	房	心	尾	箕	斗	女
6月	虚	危	室	壁	奎	婁	胃	昴	畢	觜	参	参	井	鬼	柳	星	張	翼	軫	角	亢	氐	房	心	尾	箕	斗	女	虚	危	
7月	室	壁	奎	婁	胃	昴	畢	觜	参	井	鬼	鬼	柳	星	張	翼	軫	角	亢	氐	房	心	尾	箕	斗	女	虚	危	室	壁	奎
8月	婁	胃	昴	畢	觜	参	井	鬼	柳	張	翼	軫	角	亢	氐	房	心	尾	箕	斗	女	虚	危	室	壁	奎	婁	胃	昴	畢	觜
9月	参	井	鬼	柳	星	張	翼	角	亢	氐	房	心	尾	箕	斗	女	虚	危	室	壁	奎	婁	胃	昴	畢	觜	参	井	鬼	柳	
10月	星	張	翼	軫	角	亢	氐	氐	房	心	尾	箕	斗	女	虚	危	室	壁	奎	婁	胃	昴	畢	觜	参	井	鬼	柳	星	張	翼
11月	軫	角	亢	氐	房	心	尾	箕	斗	女	虚	危	室	壁	奎	婁	胃	昴	畢	觜	参	井	鬼	柳	星	張	翼	軫	角	亢	
12月	氐	房	心	尾	斗	女	虚	危	室	壁	奎	婁	胃	昴	畢	觜	参	井	鬼	柳	星	張	翼	軫	角	亢	氐	房	心	尾	箕

2030年

	1	2	3	4	5	6	7	8	9	10	11	12	13	14	15	16	17	18	19	20	21	22	23	24	25	26	27	28	29	30	31
1月	斗	女	虚	虚	危	室	壁	奎	婁	胃	昴	畢	觜	参	井	鬼	柳	星	張	翼	軫	角	亢	氐	房	心	尾	箕	斗	女	虚
2月	危	室	室	壁	奎	婁	胃	昴	畢	觜	参	井	鬼	柳	星	張	翼	軫	角	亢	氐	房	心	尾	箕	斗	女	虚			
3月	危	室	壁	奎	婁	胃	昴	畢	觜	参	井	鬼	柳	星	張	翼	軫	角	亢	氐	房	心	尾	箕	斗	女	虚	危	室	壁	奎
4月	婁	胃	胃	昴	畢	觜	参	井	鬼	柳	星	張	翼	軫	角	亢	氐	房	心	尾	箕	斗	女	虚	危	室	壁	奎	婁	胃	
5月	昴	畢	觜	参	井	鬼	柳	星	張	翼	軫	角	亢	氐	房	心	尾	箕	斗	女	虚	危	室	壁	奎	婁	胃	昴	畢	觜	参
6月	参	井	鬼	柳	星	張	翼	軫	角	亢	氐	房	心	尾	箕	斗	女	虚	危	室	壁	奎	婁	胃	昴	畢	觜	参	井	鬼	
7月	鬼	柳	星	張	翼	軫	角	亢	氐	房	心	尾	箕	斗	女	虚	危	室	壁	奎	婁	胃	昴	畢	觜	参	井	鬼	柳	張	翼
8月	軫	角	亢	氐	房	心	房	箕	斗	女	虚	危	室	壁	奎	婁	胃	昴	畢	觜	参	井	鬼	柳	星	張	翼	軫	角	亢	氐
9月	房	心	尾	箕	斗	女	虚	危	室	壁	奎	婁	胃	昴	畢	觜	参	井	鬼	柳	星	張	翼	軫	角	亢	氐	房	心	尾	
10月	箕	斗	女	虚	危	室	壁	奎	婁	胃	昴	畢	觜	参	井	鬼	柳	星	張	翼	軫	角	亢	氐	房	心	心	尾	箕	斗	女
11月	虚	危	室	壁	奎	婁	胃	昴	畢	觜	参	井	鬼	柳	星	張	翼	軫	角	亢	氐	房	心	尾	斗	女	虚	危	室	壁	
12月	奎	婁	胃	昴	畢	觜	参	井	鬼	柳	星	張	翼	軫	角	亢	氐	房	心	尾	箕	斗	女	虚	虚	危	室	壁	奎	婁	胃

2031年

	1	2	3	4	5	6	7	8	9	10	11	12	13	14	15	16	17	18	19	20	21	22	23	24	25	26	27	28	29	30	31
1月	昴	畢	觜	参	井	鬼	柳	星	張	翼	軫	角	亢	氐	房	心	尾	箕	斗	女	虚	危	室	壁	奎	婁	胃	昴	畢	觜	参
2月	井	鬼	柳	星	張	翼	軫	角	亢	氐	房	心	尾	箕	斗	女	虚	危	室	壁	奎	奎	婁	胃	昴	畢	觜	参			
3月	井	鬼	柳	星	張	翼	軫	角	亢	氐	房	心	尾	箕	斗	女	虚	危	室	壁	奎	婁	胃	昴	畢	觜	参	井	鬼	柳	星
4月	張	翼	軫	角	亢	氐	房	心	尾	箕	斗	女	虚	危	室	壁	奎	婁	胃	昴	畢	胃	昴	畢	觜	参	井	鬼	柳	星	
5月	張	翼	軫	角	亢	氐	房	心	尾	箕	斗	女	虚	危	室	壁	奎	婁	胃	昴	畢	觜	参	井	鬼	柳	星	張	翼	軫	角
6月	亢	氐	房	心	尾	箕	斗	女	虚	危	室	壁	奎	婁	胃	昴	畢	觜	参	参	井	鬼	柳	星	張	翼	軫	角	亢	氐	
7月	房	心	尾	箕	斗	女	虚	危	室	壁	奎	婁	胃	昴	畢	觜	参	井	鬼	柳	星	張	翼	軫	角	亢	氐	房	心	尾	箕
8月	斗	女	虚	危	室	壁	奎	婁	胃	昴	畢	觜	参	井	鬼	柳	星	張	翼	軫	角	亢	氐	房	心	尾	箕	斗	女	虚	危
9月	室	壁	奎	婁	胃	昴	畢	觜	参	井	鬼	柳	星	張	翼	軫	角	亢	氐	房	心	尾	箕	斗	女	虚	危	室	壁	奎	
10月	婁	胃	昴	畢	觜	参	井	鬼	柳	星	張	翼	軫	角	亢	氐	房	心	尾	箕	斗	女	虚	危	室	壁	奎	婁	胃	昴	畢
11月	觜	参	井	鬼	柳	星	張	翼	軫	角	亢	氐	房	心	心	尾	箕	斗	女	虚	危	室	壁	奎	婁	胃	昴	畢	觜	参	
12月	井	鬼	柳	星	張	翼	軫	角	亢	氐	房	心	尾	斗	女	虚	危	室	壁	奎	婁	胃	昴	畢	觜	参	井	鬼	柳	星	張

2032年

	1	2	3	4	5	6	7	8	9	10	11	12	13	14	15	16	17	18	19	20	21	22	23	24	25	26	27	28	29	30	31
1月	翼	軫	角	亢	氐	房	心	尾	箕	斗	女	虚	虚	危	室	壁	奎	婁	胃	昴	畢	觜	参	井	鬼	柳	星	張	翼	軫	角
2月	亢	氐	房	心	尾	箕	斗	女	虚	危	室	壁	奎	婁	胃	昴	畢	觜	参	井	鬼	柳	星	張	翼	軫	角	亢	氐		
3月	房	心	尾	箕	斗	女	虚	危	室	壁	奎	奎	婁	胃	昴	畢	觜	参	井	鬼	柳	星	張	翼	軫	角	亢	氐	房	心	尾
4月	箕	斗	女	虚	危	室	壁	奎	婁	胃	昴	畢	觜	参	井	鬼	柳	星	張	翼	軫	角	亢	氐	房	心	尾	箕	斗	女	
5月	虚	危	室	壁	奎	婁	胃	昴	畢	觜	参	井	鬼	柳	星	張	翼	軫	角	亢	氐	房	心	尾	箕	斗	女	虚	危	室	壁
6月	奎	婁	胃	昴	畢	觜	参	参	井	鬼	柳	星	張	翼	軫	角	亢	氐	房	心	尾	箕	斗	女	虚	危	室	壁	奎	婁	
7月	胃	昴	畢	觜	参	井	鬼	柳	星	張	翼	軫	角	亢	氐	房	心	尾	箕	斗	女	虚	危	室	壁	奎	婁	胃	昴	畢	觜
8月	参	井	鬼	柳	星	張	翼	軫	角	亢	氐	房	心	尾	箕	斗	女	虚	危	室	壁	奎	婁	胃	昴	畢	觜	参	井	鬼	柳
9月	星	張	翼	軫	角	亢	氐	房	心	尾	箕	斗	女	虚	危	室	壁	奎	婁	胃	昴	畢	觜	参	井	鬼	柳	星	張	翼	
10月	軫	角	亢	氐	房	心	尾	箕	斗	女	虚	危	室	壁	奎	婁	胃	昴	畢	觜	参	井	鬼	柳	星	張	翼	軫	角	亢	氐
11月	房	心	心	尾	箕	斗	女	虚	危	室	壁	奎	婁	胃	昴	畢	觜	参	井	鬼	柳	星	張	翼	軫	角	亢	氐	房	心	
12月	尾	箕	斗	女	虚	危	室	壁	奎	婁	胃	昴	畢	觜	参	井	鬼	柳	星	張	翼	軫	角	亢	氐	房	心	尾	箕	斗	女

2033年

	1	2	3	4	5	6	7	8	9	10	11	12	13	14	15	16	17	18	19	20	21	22	23	24	25	26	27	28	29	30	31
1月	虚	危	室	壁	奎	婁	胃	昴	畢	觜	参	井	鬼	柳	星	張	翼	軫	角	亢	氐	房	心	尾	箕	斗	女	虚	危	室	室
2月	壁	奎	婁	胃	昴	畢	觜	参	井	鬼	柳	星	張	翼	軫	角	亢	氐	房	心	尾	箕	斗	女	虚	危	室	壁			
3月	奎	婁	胃	昴	畢	觜	参	井	鬼	柳	星	張	翼	軫	角	亢	氐	房	心	尾	箕	斗	女	虚	危	室	壁	奎	婁	胃	胃
4月	昴	畢	觜	参	井	鬼	柳	星	張	翼	軫	角	亢	氐	房	心	尾	箕	斗	女	虚	危	室	壁	奎	婁	胃	昴	畢	觜	
5月	参	井	鬼	柳	星	張	翼	軫	角	亢	氐	房	心	尾	箕	斗	女	虚	危	室	壁	奎	婁	胃	昴	畢	觜	参	井	鬼	柳
6月	星	張	翼	軫	角	亢	氐	房	心	尾	箕	斗	女	虚	危	室	壁	奎	婁	胃	昴	畢	觜	参	井	鬼	鬼	柳	星	張	
7月	翼	軫	角	亢	氐	房	心	尾	箕	斗	女	虚	危	室	壁	奎	婁	胃	昴	畢	觜	参	井	鬼	柳	張	翼	軫	角	亢	氐
8月	房	心	尾	箕	斗	女	虚	危	室	壁	奎	婁	胃	昴	畢	觜	参	井	鬼	柳	星	張	翼	軫	角	亢	氐	房	心	尾	箕
9月	斗	女	虚	危	室	壁	奎	婁	胃	昴	畢	觜	参	井	鬼	柳	星	張	翼	軫	角	亢	氐	房	心	尾	箕	斗	女	虚	
10月	危	室	壁	奎	婁	胃	昴	畢	觜	参	井	鬼	柳	星	張	翼	軫	角	亢	氐	房	心	心	尾	箕	斗	女	虚	危	室	壁
11月	奎	婁	胃	昴	畢	觜	参	井	鬼	柳	星	張	翼	軫	角	亢	氐	房	心	尾	箕	斗	女	虚	危	室	壁	奎	婁	胃	
12月	昴	畢	觜	参	井	鬼	柳	星	張	翼	軫	角	亢	氐	房	心	尾	箕	斗	女	虚	斗	女	虚	危	室	壁	奎	婁	胃	昴

2034 年

	1	2	3	4	5	6	7	8	9	10	11	12	13	14	15	16	17	18	19	20	21	22	23	24	25	26	27	28	29	30	31
1月	畢	觜	参	井	鬼	柳	星	張	翼	軫	角	亢	氐	房	心	尾	箕	斗	女	虚	危	室	壁	奎	婁	胃	昴	畢	觜	参	井
2月	鬼	柳	星	張	翼	軫	角	亢	氐	房	心	尾	箕	斗	女	虚	危	室	室	壁	奎	婁	胃	昴	畢	觜	参	井			
3月	鬼	柳	星	張	翼	軫	角	亢	氐	房	心	尾	箕	斗	女	虚	危	室	壁	奎	婁	胃	昴	畢	觜	参	井	鬼	柳	星	張
4月	翼	軫	角	亢	氐	房	心	尾	箕	斗	女	虚	危	室	壁	奎	婁	胃	胃	昴	畢	觜	参	井	鬼	柳	星	張	翼	軫	
5月	角	亢	氐	房	心	尾	箕	斗	女	虚	危	室	壁	奎	婁	胃	昴	畢	觜	参	井	鬼	柳	星	張	翼	軫	角	亢	氐	房
6月	心	尾	箕	斗	女	虚	危	室	壁	奎	婁	胃	昴	畢	觜	参	井	鬼	柳	星	張	翼	軫	角	亢	氐	房	心	尾	箕	
7月	斗	女	虚	危	室	壁	奎	婁	胃	昴	畢	觜	参	井	鬼	鬼	柳	星	張	翼	軫	角	亢	氐	房	心	尾	箕	斗	女	虚
8月	危	室	壁	奎	婁	胃	昴	畢	觜	参	井	鬼	柳	張	翼	軫	角	亢	氐	房	心	尾	箕	斗	女	虚	危	室	壁	奎	婁
9月	胃	昴	畢	觜	参	井	鬼	柳	星	張	翼	軫	角	亢	氐	房	心	尾	箕	斗	女	虚	危	室	壁	奎	婁	胃	昴	畢	
10月	觜	参	井	鬼	柳	星	張	翼	軫	角	亢	氐	房	心	尾	箕	斗	女	虚	危	室	壁	奎	婁	胃	昴	畢	觜	参	井	鬼
11月	柳	星	張	翼	軫	角	亢	氐	房	心	心	尾	箕	斗	女	虚	危	室	壁	奎	婁	胃	昴	畢	觜	参	井	鬼	柳	星	
12月	張	翼	軫	角	亢	氐	房	心	尾	箕	斗	女	虚	危	室	壁	奎	婁	胃	昴	畢	觜	参	井	鬼	柳	星	張	翼	軫	角

2035 年

	1	2	3	4	5	6	7	8	9	10	11	12	13	14	15	16	17	18	19	20	21	22	23	24	25	26	27	28	29	30	31
1月	亢	氐	房	心	尾	箕	斗	女	虚	虚	危	室	壁	奎	婁	胃	昴	畢	觜	参	井	鬼	柳	星	張	翼	軫	角	亢	氐	房
2月	心	尾	箕	斗	女	虚	危	室	壁	奎	婁	胃	昴	畢	觜	参	井	鬼	柳	星	張	翼	軫	角	亢	氐	房	心			
3月	尾	箕	斗	女	虚	危	室	壁	奎	奎	婁	胃	昴	畢	觜	参	井	鬼	柳	星	張	翼	軫	角	亢	氐	房	心	尾	箕	斗
4月	女	虚	危	室	壁	奎	婁	胃	昴	畢	觜	参	井	鬼	柳	星	張	翼	軫	角	亢	氐	房	心	尾	箕	斗	女	虚	危	
5月	室	壁	奎	婁	胃	昴	畢	畢	觜	参	井	鬼	柳	星	張	翼	軫	角	亢	氐	房	心	尾	箕	斗	女	虚	危	室	壁	奎
6月	婁	胃	昴	畢	觜	参	井	鬼	柳	星	張	翼	軫	角	亢	氐	房	心	尾	箕	斗	女	虚	危	室	壁	奎	婁	胃	昴	
7月	畢	觜	参	井	鬼	柳	星	張	翼	軫	角	亢	氐	房	心	尾	箕	斗	女	虚	危	室	壁	奎	婁	胃	昴	畢	觜	参	井
8月	鬼	柳	星	張	翼	軫	角	亢	氐	房	心	尾	箕	斗	女	虚	危	室	壁	奎	婁	胃	昴	畢	觜	参	井	鬼	柳	星	張
9月	翼	角	亢	氐	房	心	尾	箕	斗	女	虚	危	室	壁	奎	婁	胃	昴	畢	觜	参	井	鬼	柳	星	張	翼	軫	角	亢	
10月	氐	房	心	尾	箕	斗	女	虚	危	室	壁	奎	婁	胃	昴	畢	觜	参	井	鬼	柳	星	張	翼	軫	角	亢	氐	房	心	心
11月	尾	箕	斗	女	虚	危	室	壁	奎	婁	胃	昴	畢	觜	参	井	鬼	柳	星	張	翼	軫	角	亢	氐	房	心	尾	箕	斗	
12月	女	虚	危	室	壁	奎	婁	胃	昴	畢	觜	参	井	鬼	柳	星	張	翼	軫	角	亢	氐	房	心	尾	箕	斗	女	虚	危	室

2036 年

	1	2	3	4	5	6	7	8	9	10	11	12	13	14	15	16	17	18	19	20	21	22	23	24	25	26	27	28	29	30	31
1月	壁	奎	婁	胃	昴	畢	觜	参	井	鬼	柳	星	張	翼	軫	角	亢	氐	房	心	尾	箕	斗	女	虚	危	室	室	壁	奎	婁
2月	胃	昴	畢	觜	参	井	鬼	柳	星	張	翼	軫	角	亢	氐	房	心	尾	箕	斗	女	虚	危	室	壁	奎	奎	婁	胃		
3月	昴	畢	觜	参	井	鬼	柳	星	張	翼	軫	角	亢	氐	房	心	尾	箕	斗	女	虚	危	室	壁	奎	婁	胃	胃	昴	畢	觜
4月	参	井	鬼	柳	星	張	翼	軫	角	亢	氐	房	心	尾	箕	斗	女	虚	危	室	壁	奎	婁	胃	昴	畢	觜	参	井	鬼	
5月	柳	星	張	翼	軫	角	亢	氐	房	心	尾	箕	斗	女	虚	危	室	壁	奎	婁	胃	昴	畢	觜	参	参	井	鬼	柳	星	張
6月	翼	軫	角	亢	氐	房	心	尾	箕	斗	女	虚	危	室	壁	奎	婁	胃	昴	畢	觜	参	井	鬼	柳	星	張	翼	軫	角	
7月	亢	氐	房	心	尾	箕	斗	女	虚	危	室	壁	奎	婁	胃	昴	畢	觜	参	井	鬼	柳	鬼	柳	星	張	翼	軫	角	亢	氐
8月	房	心	尾	箕	斗	女	虚	危	室	壁	奎	婁	胃	昴	畢	觜	参	井	鬼	柳	星	張	翼	軫	角	亢	氐	房	心	尾	箕
9月	斗	女	虚	危	室	壁	奎	婁	胃	昴	畢	觜	参	井	鬼	柳	星	張	翼	角	亢	氐	房	心	尾	箕	斗	女	虚	危	
10月	室	壁	奎	婁	胃	昴	畢	觜	参	井	鬼	柳	星	張	翼	軫	角	亢	氐	房	心	尾	箕	斗	女	虚	危	室	壁	奎	婁
11月	胃	昴	畢	觜	参	井	鬼	柳	星	張	翼	軫	角	亢	氐	房	心	心	尾	箕	斗	女	虚	危	室	壁	奎	婁	胃	昴	
12月	畢	觜	参	井	鬼	柳	星	張	翼	軫	角	亢	氐	房	心	尾	箕	斗	女	虚	危	室	壁	奎	婁	胃	昴	畢	觜	参	井

2037年

	1	2	3	4	5	6	7	8	9	10	11	12	13	14	15	16	17	18	19	20	21	22	23	24	25	26	27	28	29	30	31
1月	鬼	柳	星	張	翼	軫	角	亢	氐	房	心	尾	箕	斗	女	虚	危	室	壁	奎	婁	胃	昴	畢	觜	参	井	鬼	柳	星	張
2月	翼	軫	角	亢	氐	房	心	尾	箕	斗	女	虚	危	室	室	壁	奎	婁	胃	昴	畢	觜	参	井	鬼	柳	星	張			
3月	翼	軫	角	亢	氐	房	心	尾	箕	斗	女	虚	危	室	壁	奎	奎	婁	胃	昴	畢	觜	参	井	鬼	柳	星	張	翼	軫	角
4月	亢	氐	房	心	尾	箕	斗	女	虚	危	室	壁	奎	婁	胃	胃	昴	畢	觜	参	井	鬼	柳	星	張	翼	軫	角	亢	氐	
5月	房	心	尾	箕	斗	女	虚	危	室	壁	奎	婁	胃	昴	畢	觜	参	井	鬼	柳	星	張	翼	軫	角	亢	氐	房	心	尾	箕
6月	斗	女	虚	危	室	壁	奎	婁	胃	昴	畢	觜	参	参	井	鬼	柳	星	張	翼	軫	角	亢	氐	房	心	尾	箕	斗	女	
7月	虚	危	室	壁	奎	婁	胃	昴	畢	觜	参	井	鬼	柳	星	張	翼	軫	角	亢	氐	房	心	尾	箕	斗	女	虚	危	室	壁
8月	奎	婁	胃	昴	畢	觜	参	井	鬼	柳	張	翼	軫	角	亢	氐	房	心	尾	箕	斗	女	虚	危	室	壁	奎	婁	胃	昴	畢
9月	觜	参	井	鬼	柳	星	張	翼	軫	角	亢	氐	房	心	尾	箕	斗	女	虚	危	室	壁	奎	婁	胃	昴	畢	觜	参	井	
10月	鬼	柳	星	張	翼	軫	角	亢	氐	房	心	尾	箕	斗	女	虚	危	室	壁	奎	婁	胃	昴	畢	觜	参	井	鬼	柳	星	張
11月	翼	軫	角	亢	氐	房	心	尾	箕	斗	女	虚	危	室	壁	奎	婁	胃	昴	畢	觜	参	井	鬼	柳	星	張	翼	軫	角	
12月	亢	氐	房	心	尾	箕	斗	女	虚	危	室	壁	奎	婁	胃	昴	畢	觜	参	井	鬼	柳	星	張	翼	軫	角	亢	氐	房	心

2038年

	1	2	3	4	5	6	7	8	9	10	11	12	13	14	15	16	17	18	19	20	21	22	23	24	25	26	27	28	29	30	31
1月	尾	箕	斗	女	虚	危	室	壁	奎	婁	胃	昴	畢	觜	参	井	鬼	柳	星	張	翼	軫	角	亢	氐	房	心	尾	箕	斗	女
2月	虚	危	室	室	壁	奎	婁	胃	昴	畢	觜	参	井	鬼	柳	星	張	翼	軫	角	亢	氐	房	心	尾	箕	斗	女			
3月	虚	危	室	壁	奎	奎	婁	胃	昴	畢	觜	参	井	鬼	柳	星	張	翼	軫	角	亢	氐	房	心	尾	箕	斗	女	虚	危	室
4月	壁	奎	婁	胃	胃	昴	畢	觜	参	井	鬼	柳	星	張	翼	軫	角	亢	氐	房	心	尾	箕	斗	女	虚	危	室	壁	奎	
5月	婁	胃	昴	畢	觜	参	井	鬼	柳	星	張	翼	軫	角	亢	氐	房	心	尾	箕	斗	女	虚	危	室	壁	奎	婁	胃	昴	畢
6月	觜	参	参	井	鬼	柳	星	張	翼	軫	角	亢	氐	房	心	尾	箕	斗	女	虚	危	室	壁	奎	婁	胃	昴	畢	觜	参	
7月	井	鬼	柳	星	張	翼	軫	角	亢	氐	房	心	尾	箕	斗	女	虚	危	室	壁	奎	婁	胃	昴	畢	觜	参	井	鬼	柳	星
8月	張	翼	軫	角	亢	氐	房	心	尾	箕	斗	女	虚	危	室	壁	奎	婁	胃	昴	畢	觜	参	井	鬼	柳	星	張	翼	角	亢
9月	氐	房	心	尾	箕	斗	女	虚	危	室	壁	奎	婁	胃	昴	畢	觜	参	井	鬼	柳	星	張	翼	軫	角	亢	氐	氐	房	
10月	心	尾	箕	斗	女	虚	危	室	壁	奎	婁	胃	昴	畢	觜	参	井	鬼	柳	星	張	翼	軫	角	亢	氐	房	心	尾	箕	斗
11月	女	虚	危	室	壁	奎	婁	胃	昴	畢	觜	参	井	鬼	柳	星	張	翼	軫	角	亢	氐	房	心	尾	斗	女	虚	危	室	
12月	壁	奎	婁	胃	昴	畢	觜	参	井	鬼	柳	星	張	翼	軫	角	亢	氐	房	心	尾	箕	斗	女	虚	虚	危	室	壁	奎	婁

2039年

	1	2	3	4	5	6	7	8	9	10	11	12	13	14	15	16	17	18	19	20	21	22	23	24	25	26	27	28	29	30	31
1月	胃	昴	畢	觜	参	井	鬼	柳	星	張	翼	軫	角	亢	氐	房	心	尾	箕	斗	女	虚	危	室	壁	奎	婁	胃	昴	畢	觜
2月	参	井	鬼	柳	星	張	翼	軫	角	亢	氐	房	心	尾	箕	斗	女	虚	危	室	壁	奎	奎	婁	胃	昴	畢	觜			
3月	参	井	鬼	柳	星	張	翼	軫	角	亢	氐	房	心	尾	箕	斗	女	虚	危	室	壁	奎	婁	胃	胃	昴	畢	觜	参	井	鬼
4月	柳	星	張	翼	軫	角	亢	氐	房	心	尾	箕	斗	女	虚	危	室	壁	奎	婁	胃	昴	畢	觜	参	井	鬼	柳	星	張	
5月	翼	軫	角	亢	氐	房	心	尾	箕	斗	女	虚	危	室	壁	奎	婁	胃	昴	畢	觜	参	参	井	鬼	柳	星	張	翼	軫	角
6月	亢	氐	房	心	尾	箕	斗	女	虚	危	室	壁	奎	婁	胃	昴	畢	觜	参	井	鬼	参	井	鬼	柳	星	張	翼	軫	角	
7月	亢	氐	房	心	尾	箕	斗	女	虚	危	室	壁	奎	婁	胃	昴	畢	觜	参	井	鬼	柳	星	張	翼	軫	角	亢	氐	房	心
8月	尾	箕	斗	女	虚	危	室	壁	奎	婁	胃	昴	畢	觜	参	井	鬼	柳	星	張	翼	軫	角	亢	氐	房	心	尾	箕	斗	女
9月	虚	危	室	壁	奎	婁	胃	昴	畢	觜	参	井	鬼	柳	星	張	翼	角	亢	氐	房	心	尾	箕	斗	女	虚	危	室	壁	
10月	奎	婁	胃	昴	畢	觜	参	井	鬼	柳	星	張	翼	軫	角	亢	氐	氐	房	心	尾	箕	斗	女	虚	危	室	壁	奎	婁	胃
11月	昴	畢	觜	参	井	鬼	柳	星	張	翼	軫	角	亢	氐	房	心	尾	箕	斗	女	虚	危	室	壁	奎	婁	胃	昴	畢	觜	
12月	参	井	鬼	柳	星	張	翼	軫	角	亢	氐	房	心	尾	箕	斗	女	虚	危	室	壁	奎	婁	胃	昴	畢	觜	参	井	鬼	柳

2040年

	1	2	3	4	5	6	7	8	9	10	11	12	13	14	15	16	17	18	19	20	21	22	23	24	25	26	27	28	29	30	31
1月	星	張	翼	軫	角	亢	氐	房	心	尾	箕	斗	女	虚	危	室	壁	奎	婁	胃	昴	畢	觜	参	井	鬼	柳	星	張	翼	軫
2月	角	亢	氐	房	心	尾	箕	斗	女	虚	危	室	壁	奎	婁	胃	昴	畢	觜	参	井	鬼	柳	星	張	翼	軫	角	亢		
3月	氐	房	心	尾	箕	斗	女	虚	危	室	壁	奎	奎	婁	胃	昴	畢	觜	参	井	鬼	柳	星	張	翼	軫	角	亢	氐	房	心
4月	尾	箕	斗	女	虚	危	室	壁	奎	婁	胃	昴	畢	觜	参	井	鬼	柳	星	張	翼	軫	角	亢	氐	房	心	尾	箕	斗	
5月	女	虚	危	室	壁	奎	婁	胃	昴	畢	畢	觜	参	井	鬼	柳	星	張	翼	軫	角	亢	氐	房	心	尾	箕	斗	女	虚	危
6月	室	壁	奎	婁	胃	昴	畢	觜	参	参	井	鬼	柳	星	張	翼	軫	角	亢	氐	房	心	尾	箕	斗	女	虚	危	室	壁	
7月	奎	婁	胃	昴	畢	觜	参	井	鬼	柳	星	張	翼	軫	角	亢	氐	房	心	尾	箕	斗	女	虚	危	室	壁	奎	婁	胃	昴
8月	畢	觜	参	井	鬼	柳	星	張	翼	軫	角	亢	氐	房	心	尾	箕	斗	女	虚	危	室	壁	奎	婁	胃	昴	畢	觜	参	井
9月	鬼	柳	星	張	翼	軫	角	亢	氐	房	心	尾	箕	斗	女	虚	危	室	壁	奎	婁	胃	昴	畢	觜	参	井	鬼	柳	星	
10月	張	翼	軫	角	亢	氐	房	心	尾	箕	斗	女	虚	危	室	壁	奎	婁	胃	昴	畢	觜	参	井	鬼	柳	星	張	翼	軫	角
11月	亢	氐	房	心	心	尾	箕	斗	女	虚	危	室	壁	奎	婁	胃	昴	畢	觜	参	井	鬼	柳	星	張	翼	軫	角	亢	氐	
12月	房	心	尾	斗	女	虚	危	室	壁	奎	婁	胃	昴	畢	觜	参	井	鬼	柳	星	張	翼	軫	角	亢	氐	房	心	尾	箕	斗

2041年

	1	2	3	4	5	6	7	8	9	10	11	12	13	14	15	16	17	18	19	20	21	22	23	24	25	26	27	28	29	30	31
1月	女	虚	虚	危	室	壁	奎	婁	胃	昴	畢	觜	参	井	鬼	柳	星	張	翼	軫	角	亢	氐	房	心	尾	箕	斗	女	虚	危
2月	室	壁	奎	婁	胃	昴	畢	觜	参	井	鬼	柳	星	張	翼	軫	角	亢	氐	房	心	尾	箕	斗	女	虚	危	室			
3月	壁	奎	奎	婁	胃	昴	畢	觜	参	井	鬼	柳	星	張	翼	軫	角	亢	氐	房	心	尾	箕	斗	女	虚	危	室	壁	奎	婁
4月	胃	昴	畢	觜	参	井	鬼	柳	星	張	翼	軫	角	亢	氐	房	心	尾	箕	斗	女	虚	危	室	壁	奎	婁	胃	昴	畢	
5月	觜	参	井	鬼	柳	星	張	翼	軫	角	亢	氐	房	心	尾	箕	斗	女	虚	危	室	壁	奎	婁	胃	昴	畢	觜	参	参	井
6月	鬼	柳	星	張	翼	軫	角	亢	氐	房	心	尾	箕	斗	女	虚	危	室	壁	奎	婁	胃	昴	畢	觜	参	井	鬼	柳	星	
7月	張	翼	軫	角	亢	氐	房	心	尾	箕	斗	女	虚	危	室	壁	奎	婁	胃	昴	畢	觜	参	井	鬼	柳	星	張	翼	軫	角
8月	亢	氐	房	心	尾	箕	斗	女	虚	危	室	壁	奎	婁	胃	昴	畢	觜	参	井	鬼	柳	星	張	翼	軫	角	亢	氐	房	心
9月	尾	箕	斗	女	虚	危	室	壁	奎	婁	胃	昴	畢	觜	参	井	鬼	柳	星	張	翼	軫	角	亢	氐	房	心	尾	箕	斗	
10月	女	虚	危	室	壁	奎	婁	胃	昴	畢	觜	参	井	鬼	柳	星	張	翼	軫	角	亢	氐	房	心	心	尾	箕	斗	女	虚	危
11月	室	壁	奎	婁	胃	昴	畢	觜	参	井	鬼	柳	星	張	翼	軫	角	亢	氐	房	心	尾	箕	斗	女	虚	危	室	壁	奎	
12月	婁	胃	昴	畢	觜	参	井	鬼	柳	星	張	翼	軫	角	亢	氐	房	心	尾	箕	斗	女	虚	危	室	壁	奎	婁	胃	昴	畢

2042年

	1	2	3	4	5	6	7	8	9	10	11	12	13	14	15	16	17	18	19	20	21	22	23	24	25	26	27	28	29	30	31
1月	觜	参	井	鬼	柳	星	張	翼	軫	角	亢	氐	房	心	尾	箕	斗	女	虚	危	室	室	壁	奎	婁	胃	昴	畢	觜	参	井
2月	鬼	柳	星	張	翼	軫	角	亢	氐	房	心	尾	箕	斗	女	虚	危	室	壁	奎	婁	胃	昴	畢	觜	参	井	鬼			
3月	柳	星	張	翼	軫	角	亢	氐	房	心	尾	箕	斗	女	虚	危	室	壁	奎	婁	胃	奎	婁	胃	昴	畢	觜	参	井	鬼	柳
4月	星	張	翼	軫	角	亢	氐	房	心	尾	箕	斗	女	虚	危	室	壁	奎	婁	胃	昴	畢	觜	参	井	鬼	柳	星	張	翼	
5月	軫	角	亢	氐	房	心	尾	箕	斗	女	虚	危	室	壁	奎	婁	胃	昴	畢	觜	参	井	鬼	柳	星	張	翼	軫	角	亢	氐
6月	房	心	尾	箕	斗	女	虚	危	室	壁	奎	婁	胃	昴	畢	觜	参	参	井	鬼	柳	星	張	翼	軫	角	亢	氐	房	心	
7月	尾	箕	斗	女	虚	危	室	壁	奎	婁	胃	昴	畢	觜	参	井	鬼	柳	星	張	翼	軫	角	亢	氐	房	心	尾	箕	斗	女
8月	虚	危	室	壁	奎	婁	胃	昴	畢	觜	参	井	鬼	柳	星	張	翼	軫	角	亢	氐	房	心	尾	箕	斗	女	虚	危	室	壁
9月	奎	婁	胃	昴	畢	觜	参	井	鬼	柳	星	張	翼	角	亢	氐	房	心	尾	箕	斗	女	虚	危	室	壁	奎	婁	胃	昴	
10月	畢	觜	参	井	鬼	柳	星	張	翼	軫	角	亢	氐	氐	房	心	尾	箕	斗	女	虚	危	室	壁	奎	婁	胃	昴	畢	觜	参
11月	井	鬼	柳	星	張	翼	軫	角	亢	氐	房	心	心	尾	箕	斗	女	虚	危	室	壁	奎	婁	胃	昴	畢	觜	参	井	鬼	
12月	柳	星	張	翼	軫	角	亢	氐	房	心	尾	斗	女	虚	危	室	壁	奎	婁	胃	昴	畢	觜	参	井	鬼	柳	星	張	翼	軫

2043年

	1	2	3	4	5	6	7	8	9	10	11	12	13	14	15	16	17	18	19	20	21	22	23	24	25	26	27	28	29	30	31
1月	角	亢	氐	房	心	尾	箕	斗	女	虚	虚	危	室	壁	奎	婁	胃	昴	畢	觜	参	井	鬼	柳	星	張	翼	軫	角	亢	氐
2月	房	心	尾	箕	斗	女	虚	危	室	室	壁	奎	婁	胃	昴	畢	觜	参	井	鬼	柳	星	張	翼	軫	角	亢	氐			
3月	房	心	尾	箕	斗	女	虚	危	室	壁	奎	婁	胃	昴	畢	觜	参	井	鬼	柳	星	張	翼	軫	角	亢	氐	房	心	尾	箕
4月	斗	女	虚	危	室	壁	奎	婁	胃	胃	昴	畢	觜	参	井	鬼	柳	星	張	翼	軫	角	亢	氐	房	心	尾	箕	斗	女	
5月	虚	危	室	壁	奎	婁	胃	昴	畢	觜	参	井	鬼	柳	星	張	翼	軫	角	亢	氐	房	心	尾	箕	斗	女	虚	危	室	壁
6月	奎	婁	胃	昴	畢	觜	参	井	鬼	柳	星	張	翼	軫	角	亢	氐	房	心	尾	箕	斗	女	虚	危	室	壁	奎	婁	胃	
7月	昴	畢	觜	参	井	鬼	鬼	柳	星	張	翼	軫	角	亢	氐	房	心	尾	箕	斗	女	虚	危	室	壁	奎	婁	胃	昴	畢	觜
8月	参	井	鬼	柳	張	翼	軫	角	亢	氐	房	心	尾	箕	斗	女	虚	危	室	壁	奎	婁	胃	昴	畢	觜	参	井	鬼	柳	星
9月	張	翼	角	亢	氐	房	心	尾	箕	斗	女	虚	危	室	壁	奎	婁	胃	昴	畢	觜	参	井	鬼	柳	星	張	翼	軫	角	
10月	亢	氐	氐	房	心	尾	箕	斗	女	虚	危	室	壁	奎	婁	胃	昴	畢	觜	参	井	鬼	柳	星	張	翼	軫	角	亢	氐	房
11月	心	心	尾	箕	斗	女	虚	危	室	壁	奎	婁	胃	昴	畢	觜	参	井	鬼	柳	星	張	翼	軫	角	亢	氐	房	心	尾	
12月	斗	女	虚	危	室	壁	奎	婁	胃	昴	畢	觜	参	井	鬼	柳	星	張	翼	軫	角	亢	氐	房	心	尾	箕	斗	女	虚	虚

2044年

	1	2	3	4	5	6	7	8	9	10	11	12	13	14	15	16	17	18	19	20	21	22	23	24	25	26	27	28	29	30	31
1月	危	室	壁	奎	婁	胃	昴	畢	觜	参	井	鬼	柳	星	張	翼	軫	角	亢	氐	房	心	尾	箕	斗	女	虚	危	室	室	壁
2月	奎	婁	胃	昴	畢	觜	参	井	鬼	柳	星	張	翼	軫	角	亢	氐	房	心	尾	箕	斗	女	虚	危	室	壁	奎	奎		
3月	婁	胃	昴	畢	觜	参	井	鬼	柳	星	張	翼	軫	角	亢	氐	房	心	尾	箕	斗	女	虚	危	室	壁	奎	婁	胃	昴	畢
4月	觜	参	井	鬼	柳	星	張	翼	軫	角	亢	氐	房	心	尾	箕	斗	女	虚	危	室	壁	奎	婁	胃	昴	畢	畢	觜	参	
5月	井	鬼	柳	星	張	翼	軫	角	亢	氐	房	心	尾	箕	斗	女	虚	危	室	壁	奎	婁	胃	昴	畢	觜	参	井	鬼	柳	星
6月	張	翼	軫	角	亢	氐	房	心	尾	箕	斗	女	虚	危	室	壁	奎	婁	胃	昴	畢	觜	参	井	鬼	柳	星	張	翼	軫	
7月	角	亢	氐	房	心	尾	箕	斗	女	虚	危	室	壁	奎	婁	胃	昴	畢	觜	参	井	鬼	柳	星	張	翼	軫	角	亢	氐	房
8月	心	尾	箕	斗	女	虚	危	室	壁	奎	婁	胃	昴	畢	觜	参	井	鬼	柳	星	張	翼	張	翼	軫	角	亢	氐	房	心	尾
9月	箕	斗	女	虚	危	室	壁	奎	婁	胃	昴	畢	觜	参	井	鬼	柳	星	張	翼	角	亢	氐	房	心	尾	箕	斗	女	虚	
10月	危	室	壁	奎	婁	胃	昴	畢	觜	参	井	鬼	柳	星	張	翼	軫	角	亢	氐	氐	房	心	尾	箕	斗	女	虚	危	室	壁
11月	奎	婁	胃	昴	畢	觜	参	井	鬼	柳	星	張	翼	軫	角	亢	氐	房	心	尾	箕	斗	女	虚	危	室	壁	奎	婁	胃	
12月	昴	畢	觜	参	井	鬼	柳	星	張	翼	軫	角	亢	氐	房	心	尾	箕	斗	女	虚	危	室	壁	奎	婁	胃	昴	畢	觜	参

2045年

	1	2	3	4	5	6	7	8	9	10	11	12	13	14	15	16	17	18	19	20	21	22	23	24	25	26	27	28	29	30	31
1月	井	鬼	柳	星	張	翼	軫	角	亢	氐	房	心	尾	箕	斗	女	虚	虚	危	室	壁	奎	婁	胃	昴	畢	觜	参	井	鬼	柳
2月	星	張	翼	軫	角	亢	氐	房	心	尾	箕	斗	女	虚	危	室	室	壁	奎	婁	胃	昴	畢	觜	参	井	鬼	柳			
3月	星	張	翼	軫	角	亢	氐	房	心	尾	箕	斗	女	虚	危	室	壁	奎	奎	婁	胃	昴	畢	觜	参	井	鬼	柳	星	張	翼
4月	軫	角	亢	氐	房	心	尾	箕	斗	女	虚	危	室	壁	奎	婁	胃	昴	畢	觜	参	井	鬼	柳	星	張	翼	軫	角	亢	
5月	氐	房	心	尾	箕	斗	女	虚	危	室	壁	奎	婁	胃	昴	畢	畢	觜	参	井	鬼	柳	星	張	翼	軫	角	亢	氐	房	心
6月	尾	箕	斗	女	虚	危	室	壁	奎	婁	胃	昴	畢	觜	参	井	鬼	柳	星	張	翼	軫	角	亢	氐	房	心	尾	箕	斗	
7月	女	虚	危	室	壁	奎	婁	胃	昴	畢	觜	参	井	鬼	柳	星	張	翼	軫	角	亢	氐	房	心	尾	箕	斗	女	虚	危	室
8月	壁	奎	婁	胃	昴	畢	觜	参	井	鬼	柳	星	張	翼	軫	角	亢	氐	房	心	尾	箕	斗	女	虚	危	室	壁	奎	婁	胃
9月	昴	畢	觜	参	井	鬼	柳	星	張	翼	角	亢	氐	房	心	尾	箕	斗	女	虚	危	室	壁	奎	婁	胃	昴	畢	觜	参	
10月	井	鬼	柳	星	張	翼	軫	角	亢	氐	房	心	尾	箕	斗	女	虚	危	室	壁	奎	婁	胃	昴	畢	觜	参	井	鬼	柳	星
11月	張	翼	軫	角	亢	氐	房	心	心	尾	箕	斗	女	虚	危	室	壁	奎	婁	胃	昴	畢	觜	参	井	鬼	柳	星	張	翼	
12月	軫	角	亢	氐	房	心	尾	斗	女	虚	危	室	壁	奎	婁	胃	昴	畢	觜	参	井	鬼	柳	星	張	翼	軫	角	亢	氐	房

おわりに

私たちは今、心の時代を生きています。強くしなやかに、そして今の自分を味わい尽くしながら、

運命を自分で変えていく力があることを信じて歩んでいく時代です。見えないエネルギーを受け取り、「運」を自らの意思でコントロールしていけば、「運」は味方につき、自分の運命を操る存在へと成長できるでしょう。

「運」とは、生まれながらに天から授かったギフトです。誰もがその運を手にしていますが、ただ待っているだけでは運は開きません。「運」を使いこなすマスターになり、自分自身でチャンスを作り出し、夢や願いを倍速で叶えていくことができるのです。信じる力と、楽しむ心が「運」を引き寄せ、どんどんよい展開を引き寄せてくれるでしょう。

また、「運」は一人では開けません。人との交流を通じて「運」と「縁」が運ばれてきます。出会いの数が多いほど、いい人との巡り会いやチャンスも増え、「運」を味方にすることができます。

「運」のいい人は、自らチャンスをつかみ取るための考え方や行動を持っています。「運」とは偶然ではなく、意識して作り出していくものだということを、きっと理解していただけたと思います。

「運は天からの贈り物」。天が授けてくれた見えない力を信じ、「運」は自ら選ぶことができると、私は信じています。みなさまが最良の運気を手にし、人生を豊かに過ごされることを、心から祈願いたします。

参考資料

『あなたの未来を切り開く宿曜秘宝』　高畑三惠子／ビオ・マガジン
『強運を呼び込む47の習慣』　佐藤伝／ＰＨＰ研究所
『運命好転十二条』　小林正観／三笠書房
『運命を生かす 成功の金言３６５』　松下幸之助／ＰＨＰ研究所
『運を開く27宿の教え　宿曜占星術』　宇月田麻裕／説話社
『月が教えてくれる宿曜占い』　竹本光晴／アメーバブックス新社

著者紹介

高畑三恵子　たかはた みえこ

化粧品マックスファクター及び、P&GグループP&Gマックスファクター合同会社に36年間ビューティーカウンセラーの教育や人材管理・育成に専念。社内マネージメントに「宿曜」を活用。在職中６万人にトレーニングを行い、スキルアップ、売り上げ、ブランド構築に目覚ましい成果を上げる。定年退職後、独立。6000人にセミナーを開催。2018年、宿曜秘宝® 協会を設立。宿曜の統計学の基本を使い、NLPや心理学、交流分析の要素を研究、オリジナル宿曜秘宝をつくり上げる。認定講師コースを開講、講師の育成・輩出。起業家、経営者向けコンサルティング＆セッションを行っている。2023年「東《ひがし》久《く》邇宮《にのみや》文《ぶん》化《か》褒賞《ほうしょう》」、2024年「東久邇宮記念賞」を受賞。一般社団法人宿曜秘宝® 協会代表、株式会社人材教育研究所取締役代表。著書は『あなたの未来を切り開く宿曜秘宝』(ビオ・マガジン)、『空海の大予言』上野玄津氏と共著（平成出版）ほか多数。

「運《うん》」のトリセツ！ ～宿《しゅく》曜《よう》占《せん》星《せい》術《じゅつ》で見《み》つけた開《かい》運《うん》法《ほう》

発行日	2025 年 1 月 27 日　第 1 刷発行
著者	高畑三恵子
発行者	酒井文人
発行所	株式会社　説話社 〒102-0074　東京都千代田区九段南 1-5-6 りそな九段ビル５F https://www.setsuwa.co.jp
編集担当	酒井陽子／金子さくたろう
編集協力	中村富美枝
デザイン	菅野涼子(装丁)／苅谷涼子(本文デザイン・DTP)
印刷・製本	中央精版印刷株式会社

ISBN 978-4-910924-25-0　C2011

乱丁本・落丁本などのお問い合わせは弊社販売部へメールでお願いします。
E-Mail : hanbaibu-s@setsuwa.co.jp